한국 교회를 떠받치던 '터'가 무너지고 있다. 터가 무너지면 의인은 어찌해야 할까? 나라 잃고, 성전 없는 유배지, 바벨론 강가에서 하나님의 백성으로 살았던 다니엘이 하나의 대답이다. 그 다니엘이 우리 시대에 와서 자신이 쓴 책을 풀어 설명해 준다면, 딱 이 책이 아닐까? 저기 옛날 다니엘의 다니엘서와 여기 지금 조영민 목사의 다니엘서 설교를 읽으면서 한국 땅에서 하나님의 백성으로 사는 법을 배운다. 그리고 어느 곳에선가 누군가 새로운 터를 준비하고 있다는 확신을 얻었다. 아래로는 터를 닦고, 위로는 별이 되라는 초대에 응하는 이들이 하늘의 뭇별처럼 많아지기를 소망한다.

김기현_ 로고스교회 담임 목사, 「내 안의 야곱 DNA」, 「부전 자전 고전」 저자

세계에서 가장 빠르게 성장한 교회라는 찬사를 받았던 한국 교회가 박수 소리와 함께 세상에서 가장 빠르게 쇠퇴하는 교회가 될 위기에 처했다. 코로나가 드러낸 한국 교회의 민낯은 특히나 젊은 그리스도인이 세상을 살아가는 것을 부끄럽게 만들고 있다. 이 책은 세상 속에서 이제는 소수자로 살아가야 하는 오늘의 그리스도인, 특히 기독 청년들에게 하나님 나라를 소망하며 살자고 친형처럼 어깨를 겨안고 다독인다. 이 책을 사서 읽으라. 그리고 그리스도인으로 살아가려고 몸부림치고 있는 기특한 젊은 그리스도인들에게 이 책을 선물하라.

김유복_ 기쁨의교회 담임 목사, 「광야를 걷고 있는 그대에게」 저자

미래를 저당 잡힌 우리 청년들! 무슨 꿈을 꾸며 살아야 하는가? 직장과 결혼과 같은 개인적인 문제는 물론, 불안정한 정치경제와 회복 불가능한 생태계의 파괴와 같은 거대한 문제 모두, 우리를 겁박하고 숨쉬기조차 힘들게 한다.
우리 시대보다 더 쉽게 길들여지고 꿈을 박탈당한 시대를 살았던 다니엘! 그를 통해, 조영민 목사는 오늘날의 우리 청년들에게 따뜻한 격려와 함께, 구체적이며 실제적인 도전을 던진다. 깨어진 세상 속에서 하나님 나라를 살아 내기를 원하는 청년들은 이 책을 '먹으라.' 어둠 가운데 빛나는 별이 되리라!

김형국_ 하나복DNA네트워크 대표, 「청년아 때가 찼다」, 「위조된 각인」 저자

우리가 믿는 신앙을 온통 적대적으로 보는 세상, 같은 믿음을 공유하고 있는 이들이 부끄러운 상황은 작금의 대한민국이 처음이 아니었다. 다니엘과 친구들이 바벨론에서 공무원으로 사는 시절, 그들은 세상 속에서 살면서 세상과 달라야 했고, 신자의 정체성을 지키며 저항하면서도 세상을 사랑해야 했다. 조영민 목사는 이 다니엘의 이야기를 그의 장기인 속도감 있는 전개와 번뜩이는 묵상으로 풀어 간다. 어둠 가운데서 별로 남길 원하는 그리스도인, 특히 적대적 환경에서 분투하는 청년들에게 큰 위로가 될 거라고 확신한다!

이정규_ 시광교회 담임 목사, 「새가족반」 저자

세상을 사는 그리스도인

(주)죠이북스는 그리스도를 대신한 사신으로
문서를 통한 지상 명령 성취와 하나님 나라 확장을 위해 노력합니다.

세상을 사는 그리스도인
Copyright © 2021 조영민

이 책의 저작권은 저자와 (주)죠이북스에 있습니다. 신 저작권법에 의하여 한국 내에서 보호받는 저작물이므로 무단 전재와 무단 복제를 금합니다.

하나님께서 주신 환상을 바라보며, 세상의 별이 된 다니엘처럼

세상을 사는
그리스도인

조영민 지음

죠이북스

차례

들어가며 네가 별이 되기를 _8

1부
세상을 사는 그리스도인이 살아야 하는 삶

1장 세상을 살되, 세상에 선을 긋는 성도　_14
2장 불안에 떠는 세상, 답이 되는 성도　_33
3장 압박하는 세상, 저항하는 성도　_54
4장 결국 허물어질 세상의 실체　_73
5장 선을 넘고, 결국 침몰하다　_91
6장 '이미' 사자 굴에 와 계신 하나님　_108
7장 세상 속 성도, 그 특별함의 비밀　_130

2부
세상을 사는 그리스도인이 품어야 하는 꿈

8장　짐승들을 이기시는 '인자 같은 이'　_150
9장　역사를 아는 그리스도인　_170
10장　주의 얼굴빛 비추소서　_186
11장　이때는 그때가 아니다　_207
12장　큰 은총을 받은 자여, 두려워 말라　_234
13장　하나님을 아는 백성아, 강하라　_256
14장　너는 별이 될 거란다　_272

나가며　당신이 별이 되길 원한다면　_295

들어가며 ✶ 네가 별이 되기를

이 시대는 '묵시가 필요한 시대'입니다. 성경의 묵시 장르는 어려운 현실을 살아가는 성도들에게 하나님이 보여 주시는 꿈이 무엇인지 들려주는 이야기입니다. 코로나19로 인한 팬데믹 상황이 길어지면서 세상의 눈에 비친 한국 교회의 위상이 드러났습니다. 교회가 내놓는 메시지에 아무런 반응이 없는 세상의 모습을 보면서, 이제 이전보다 훨씬 힘들게 신앙을 유지해야 하는 상황들을 예견합니다. 전도가 어려워졌을 뿐 아니라 자신의 신앙을 유지하기도 쉽지 않은 시대입니다.

세상이 성도의 신앙을 적대할 때, 많은 경우 성도의 선택은 두 가지 극단으로 나뉘기 쉽습니다. 기독교에 적대적인 세상의 문화를 거부하며 그 안에서 함께 살지 않으려는 '세상과 분리된 신앙'과, 세상에 들어가 세상과 같아지는 '세상과 하나 된 신앙'으로 말입니다. 그런데 제가 믿기에 이 두 가지 방식 모두 하나님이 성도에게 원하시는 삶의 방식이 아닙니다. 제3의 선택이 있습니다. 바로 '세상을 살되, 세상에 선을 긋는 신앙'입니다.

이것은 하나님이 오늘이라는 현실의 삶을 우리에게 주셨음을 알고 충실하되, 그 속에서 성도로서 합당한 삶을 위해 치열하게 고민하며 하루를 살아 내는 삶입니다. 잘 만들어진 신앙 공식대로 사는 삶이 아니라 인격이신 우리 주님께 날마다 물어야 하는 삶이고, 하루하루 치열하게 고민해야 하는 삶입니다. 정답이 없습니다. 인생 전체가 지향하는 목표는 선명하지만, 그 목표를 향하는 과정에 수많은 선택이 있습니다. 역사와 인생을 하나님이 주관하신다는 믿음 없이는 이 길을 걸을 수 없습니다.

'세상을 살되, 세상에 선을 긋는 신앙'이라는 '제3의 길'을 가장 잘 보여 준 책이 다니엘서입니다. 처음에는 다니엘과 세 친구가 만들어 내는 1-6장의 이야기들을 살펴볼 예정이었습니다. 나라가 망하고 포로가 되어 바벨론으로 끌려간 유대인 소년들, 그리고 그들에게 새로운 언어와 학문을 익히게 하고, 식습관까지 훈련시켜 그들을 바벨론화하려는 바벨론왕, 하나님을 신뢰함으로 그런 세상 속에서 하나님 백성으로서 정체성을 지켜 낸 다니엘과 세 친구……. 오늘 우리에게 필요한 이야기가 바로 이것이라는 생각이 들었기 때문입니다.

하지만 차근차근 이야기를 들려주는 과정에서 질문이 생겼습니다. '다니엘과 세 친구는 어떻게 왕의 음식을 먹지 않겠다고 결단할 수 있었는가?', '세 친구가 타는 풀무 앞에서도 신앙을 포기하지 않을 수 있었던 이유는 무엇인가?', '노년의 다니엘이 사자 굴에 들어가면서도 기도를 쉬지 않을 수 있었던 이유는 무엇인가?' 각각의 이야기에 담겨 있는 실마리들만으로는 납득하기 어려운 그들의 놀라운 삶의 이유가 궁금해진 겁니다. 그러다 찾은 답이 7장 이후에 있는 묵시, 다니엘이 본 환상들입니다.

다양한 견해가 있지만 다니엘서 후반부에는 네 편의 환상이 있습니다. 이 환상들을 해석하는 것은 결코 쉬운 작업이 아닙니다. 정해진 시간 안에 최대한 쉽고 선명하게 정리하고 싶었지만, 연구가 부족하여 미진한 부분도 있었습니다. 다니엘서 후반부가 왜 많은 교회 강단에서 설교되지 않았는지 충분히 이해할 수 있었습니다. 고대 근동 역사를 정리해야 했습니다. 묵시에 나오는 상징을 어떻게 이해해야 하는지에 관한 논의를 살펴봐야 했습니다. 일반적 성경 본문에서 만나기 어려운 갑작스러운 시간과 장소의 변화를 설명해야 했고, 모호하게 설명되어 있는 다양한 인물들에 대한 해설도 필요했습니다. 그러나 저는 성도들과 이 묵시의 길을 걸어가며 행복했습니다. 다니엘과 세 친구가 성도로서 '제3의 길'을 걸을 수 있었던 이유가 이 묵시 가운데 있었기 때문입니다.

묵시는 현실 너머에 무엇이 있는지 보여 주는 동시에 현실을 피하지 않고 직시하게 합니다. 세상이 주장하는 허세와 거짓을 꿰뚫어 보는 해석의 틀을 제공합니다. 저는 이 시대 이 땅을 살아가는 성도에게 가장 필요한 것 가운데 하나가 바로 묵시가 제공하는 관점이라 생각합니다. 오늘이라는 어두운 현실을 살아야 하는 성도들에게, 믿음의 선배들이 경험한 묵시와 그 묵시를 품은 삶의 내용을 살펴보는 것, 그것이 이 책의 목적입니다.

다니엘은 별을 보는 사람이었습니다. 현실 너머 저 먼 곳에서부터 현실을 향해 빛으로 속삭이는 별을 보고, 그 별을 좇아 살았던 사람입니다. 하나님은 그런 다니엘의 삶을 '별과 같이 영원토록 빛나는 인생'(단 12:3)이라고 평가하십니다. 평생 별을 보다 별이 된 사람, 우리는 다니엘서를 통해 다니엘이라는 별을 봅니다. 그리고 그 다니엘이라는 별을 통해, 다니엘이 평생 바라봤던 그 별, 모든 것 위에 빛나는 유일한 별까지 만나게 됩니다. 이 책을 들고 있는 모든 이가 이 별을 보며, 이 별을 닮아 또 다른 이들에게 별이 되어 줄 수 있기를 기도합니다.

어두운 밤, 별을 바라보며
조영민 목사 드림

● 이 책은 코로나19 감염병이 한창이던 2020년 9월부터 12월까지 나눔교회 강단에서 선포된 메시지를 담고 있습니다. 팬데믹을 염두에 두고 읽으시면 감사하겠습니다.

1부

✳

세상을 사는 그리스도인이 살아야 하는 삶

1장 ✸ 세상을 살되, 세상에 선을 긋는 성도

단 1:1-21

'포스트크리스텐덤' 시대가 열리다

백석대학교 장동민 역사신학 교수는 「포스트크리스텐덤 시대의 한국 기독교」(새물결플러스 펴냄)에서 한국 사회가 변화했고, 교회가 그 변화에 발맞추지 않으면 쇠락을 피할 수 없다고 주장했습니다. 한국 교회는 이미 1990년부터 한국 사회와 점점 멀어지기 시작했으므로, 이제는 사고를 획기적으로 전환해야 한다는 내용입니다. 장 교수가 말하는 '포스트크리스텐덤'을 이해하려면 먼저 '크리스텐덤'이라는 단어를 이해해야 합니다. '크리스텐덤'이란 아주 간단히 말하면 '기독교 세계'를 의미합니다. 기독교라는 신앙이 그 나라의 법과 정치, 사회적 이념과 관습 및 문화를 지배하며, 또한 기독교의 교리

및 예배와 선교 활동이 국가의 지지를 받는 세계입니다.

대표적 사례가 구약 성경에 나오는 이스라엘입니다. 이스라엘은 제정일치 사회였습니다. 왕이 있지만 왕보다 중요한 여호와 하나님이 계셨고, 법이 있지만 그 법보다 중요한 율법이 있었습니다. 세속 권력과 종교 권력이 혼연일체가 되었던 사회이지요. 중세 시대의 유럽도 마찬가지입니다. 교황과 왕, 종교 권력과 세속 권력은 결코 분리될 수 없었고 상호 보완 관계였습니다. 이런 사회에서 기독교적 가치는 곧 정치 철학이 되었습니다. 즉, 성경은 세상을 다스리는 법 위의 법이었습니다.

책에 따르면 한국에서는 기독교가 유입된 초창기부터 이러한 크리스텐덤 사상이 나타났습니다. 한국에 들어와 기독교를 전파한 선교사들이 대부분 크리스텐덤 사고를 형성하고 있었고, 한국 사회 역시 적극적으로 이런 기독교의 형태를 지지했기 때문입니다. 그런데 그런 사고가 1990년대부터 무너지기 시작했고, 지금은 일부를 제외한 대부분의 사람들이 크리스텐덤을 인정하지 않게 되었습니다. 그리고 이러한 시대 변화를 정확히 이해하여 미래를 준비해야 한다고 이 책은 주장합니다.

이 책을 처음 접했을 때, 저는 이 책에서 말하는 포스트크리스텐덤 시대가 한참 후에 오리라고 예상했습니다. 그 당시만 해도 여전히 한국 사회 많은 부분이 기독교 리더십에 의해 움직이고 있다고 생각했고, 교회는 여전히 사회에 많은 영향을 끼치고 있다고 여겼습니다. 그런데 코로나 팬데믹 상황이 닥쳤습니다. 그리고 이 감염병 창궐에 대응하는 일부 기독교의 방식, 그런 기독교를 바라보는 세상의 시선을 보며 이 책이 말하는 핵심을 이해하게 되었습니다. 기독교 왕국 시대는 지나갔고, 기독교의 가치를 전혀 인정하지 않는 시대가 이미 도래한 것입니다. 성경의 메시지를 아무리 전해도 전혀 귀 기울이지 않고 종교적 표현들이 세상에 아무런 영향력을 발휘하지 못하고 있습니다. 마치 이스라엘이 바벨론의 포로로 끌려가 더 이상 율법의 명령대로 살 수 없었던 것처럼, 낯선 세상 속에서 완전히 새로운 방식으로 살아 내야 했던 것처럼, 이제 이 시대 교회에도 새로운 생각이 필요해졌습니다.

이런 상황에서 우리 그리스도인들이 어떤 사고로 이 세상을 살아야 하는지 고민했습니다. 그리고 이런 사고의 전환을 온몸으로 겪어 낸 성경 속 인물이 떠올랐습니다. 바로 다니엘입니다. 그는 어릴 적 '기독교 왕국'에서 살았습니다. 하나님 백성으로 율법을 지키며 살기만 하면 훌륭하다고 인정받는 유년기를 보냈습니다. 그런데 한순간 바벨론의 포로가 되어 이국으로 끌려갑니다. 하나님의 법이 더 이상 통하지 않는 것 같은 세상 한복판에 던져진 셈입니다. 그는 이후 그 세속 세상을 '섬기는 사람'으로 살았습니다. 그는 바벨론식 이름인 벨드사살로 불렸고 바벨론의 번영을 위해 살았습니다. 그런데 그럼에도 그는 거기서 하나님 나라 백성이라는 자신의 정체성을 잃지 않았습니다. 저는 그의 전 생애를 살펴보며 기독교적 가치로 살 수 없는 세상에서 참된 그리스도인은 어떻게 살아야 하는지를 나누고 싶었습니다.

다니엘서는 아주 짧은 배경을 설명하며 시작합니다.

여전히 이 땅을 통치하시는 하나님

> 유다왕 여호야김이 다스린 지 삼 년이 되는 해에 바벨론왕 느부갓네살이 예루살렘에 이르러 성을 에워쌌더니 주께서 유다왕 여호야김과 하나님의 전 그릇 얼마를 그의 손에 넘기시매 그가 그것을 가지고 시날 땅 자기 신들의 신전에 가져다가 그 신들의 보물 창고에 두었더라(단 1:1, 2).

주전 605년, 여호야김이 남 유다를 통치한 지 3년이 되었을 때입니다. 바벨론의 왕 느부갓네살이 유다의 수도 예루살렘을 포위해 함락히었습니다. 성전에 있는 성물들까지 탈취해 자신들의 신전으로 가져가 전시하는 사건이 일어났습니다. '성전에 있는 성물을 탈취당했다'는 사실은 나라가 완전히 패망했음을 의미합니다. 하나님의 말씀으로 세워진 이스라엘이 멸망한 것입니다.

우리는 대부분 이 구절을 읽을 때 별다른 생각을 하지 않습니다. '아, 이런 상황에서 다니엘과 세 친구가 음식을 거부하는 사건이 있었구나!' 정도로 생각하며 빠르게 훑고 지나가기 쉽습니다. 그런데 이 1, 2절은 대단히 중요한 내용을 포함할 뿐 아니라, 사실 다니엘서 전체의 주제를 담고 있습니다.

고대에는 민족마다 그 민족 고유의 신이 있어 그 민족과 운명을 같이한다고 믿었습니다. 그 민족이 강해지면 그 신도 강해지고, 그 민족이 망하면 그 신도 망하는 것입니다. 그래서 예루살렘이 함락당함과 동시에 성전 물건들이 약탈당해 바벨론 신전 창고에 보관되었다는 기록이 함께 나오는 것입니다. 유다가 멸망했다는 것은 곧 유다의 신인 여호와 역시 망했다는 의미입니다. 바벨론은 그렇게 생각했고, 멸망당한 유다 역시 그렇게 생각했습니다.

그런데 여호와 하나님은 그렇지 않다고 말씀하고 계십니다.

> 주께서 유다왕 여호야김과 하나님의 전 그릇 얼마를 그의 손에 넘기시매(단 1:2a).

본문은 이 사건 전체의 주어를 "주께서"로 기록합니다. 유다왕 여호야김을 바벨론에 넘기신 분도, 성전 안에 있는 그릇 얼마를 바벨론 신전에 넘기신 분도 바로 여호와 하나님이라는 것입니다. 하나님은 남 유다에 끌려다니시지 않습니다. 바벨론에 지시거나 바벨론의 신에게 패배하시지도 않았습니다. 하나님이 친히 남 유다와 성전 그릇을 바벨론에 넘기신 것입니다.

한때 한국 교회는 국민의 25퍼센트가 그리스도인이라고 자랑스럽게 말했습니다. 공공연하게 1,000만 성도를 언급했고, 어떤 곳에서는 1,200만 성도라고 주장하기도 했습니다. 그러나 최근 통계청에서 조사한 결과에 따르면 기독교인은 800만 명 정도이고, 정통 교단에서 이단으로 분류하는 교단에 속한 200만 명을 제외하면 600만 명 정도입니다. 이 중에는 '가나안 성도'라 불리는 '교회에 출석하지 않는 그리스도인'도 100만 명에 이른다고 합니다. 한국 교회는 이제 다수가 아닙니다. 신앙을 가진 이들의 수가 현격히 줄어들었고 더불어 교회의 영향력도 급감했습니다. 그래서 우리는 은연중 이렇게 생각합니다. '교회가 이렇게 약해졌으니, 우리 하나님도 약해지셨을 거야.' 그러나 결코 그렇지 않습니다. 하나님은 이 땅에 있는 어떤 요소 때문에 강해지거나 약해지는 분이 아닙니다. 그분은 여전하신 분입니다. 남 유다가 멸망하고 성전이 유린당한 이유가 무엇입니까? 하나님이 약해서가 아니라, 하나님의 '뜻과 계획이 있어' 남 유다를 세상에 넘기셨기 때문입니다.

우리는 지금, 하나님도 어쩔 수 없는 상황을 경험하고 있는 것이 아닙니다. 우리는 여전히 하나님이 계획하신 상황, 통제하고 있는 상황 속에 있습니다. 하나님이 교회를 약하게 만드시고 기독교인의 수를 줄이셨습니다. 세상을 향한 교회의 영향력을 줄이셨고, 세상이 더 이상 교회를 두려워하지 않도록 허용하셨습니다. 이 모든 현상의 배후에 여전히 우리 하나님이 계십니다. 그리고 우리는 역사의 주관자로서 이 모든 상황을 움직이고 계시는 하나님을 신뢰함으로, 하나님이 허용하신 상황 속에서 그분이 원하시는 최선을 살아내야 합니다.

성도를 향한 세상의 도전

3-7절을 보면 바벨론왕 느부갓네살이 관원들에게 한 가지 지시를 내립니다. 남 유다의 포로들 가운데 얼마를 택하여, 바벨론 왕궁을 섬기도록 특별 훈련을 진행하라는 내용입니다. 그 가운데 다니엘과 세 친구가 발탁되었습니다. 느부갓네살은 전쟁을 통해 제국을 확장했고, 다른 민족들을 억압했으며, 성전을 약탈했을 뿐 아니라 이후 성전을 불태웠습니다. 남 유다의 시각에서, 그는 가장 악한 정복자였습니다. 그런데 그런 그가 바벨론에 포로로 끌려온 남 유다 귀족의 자녀 일부에게 이런 교육의 기회를 제공해 왕궁에 들이게 한 것입니다.

우리 민족 역시 역사 속에서 이와 비슷한 일을 경험했습니다. 피지배국인 우리나라를 향해 지배국 일본도 그런 정책을 펼쳤습니다. 식민 통치 초창기에 일본의 통치 방식은 폭력을 사용하는 무단 통치였습니다. 무력으로 한민족을 압제하는 방식이었지요. 그런데 3·1 운동 이후 그들은 무단 통치 방식으로는 저항을 불러일으키게 된다는 사실을 깨닫게 됩니다. 그래서 이후 문화 통치로 방식을 전환합니다. 그 이면에는 한민족의 전통과 문화를 존중한다는 명분을 내세워 당시 조선인들의 마음을 얻고자 하는 의도가 깔려 있었습니다. 그럼으로써 조선인들이 자신들의 식민 통치를 지지하도록 유도하여 그 힘을 이용해 통치를 이어 갈 생각이었던 겁니다. 훨씬 지능적이고 교묘한 통치 방식입니다. 느부갓네살 역시 자신이 통치하는 제국이 커지자 이런 '문화 통치'가 필요함을 절감했습니다.

그는 환관장에게 이스라엘 자손 중 왕족과 귀족 몇 사람을 선발하라고 명령합니다. 그들은 흠이 없고 용모가 아름다워야 하고, 모든 지혜를 통찰하며 지식에 통달하고 학문에 익숙하여 왕궁에 설 만한 자격을 갖추어야 했습니다(4절). 그리고 그들에게 '두 가지 사항'을 지시합니다. 갈대아 사람의 학문과 언어를 배우는 것과, 3년간 매일 왕이 지정한 왕의 음식과 포도주를 먹는 것입니다(5절). 다니엘과 세 친구를 선발한 환관장은 그들에게 바벨론식 이름까지 지어 주었습니다(6, 7절).

많은 포로 가운데 극소수만 선발되는 그 기회가 다니엘에게 주어졌습니다. 제국의 학문을 공부할 수 있는 기회와 최고의 숙식이 제공됩니다. 이후에는 제국에서 자유롭게 활동할 수 있도록 제국식 이름까지 하사받습니다. 국비 장학생으로 발탁되었을 뿐 아니라 평생직장까지 보장받은 것입니다. 다니엘과 세 친구는 엄청난 행운을 거머쥔 것 같아 보입니다. 그래서 우리는 다니엘과 세 친구가 큰 복을 받았다고 생각하기 쉽습니다. 만약 이와 유사한 일이 우리에게 일어난다면, 우리는 '하나님이 살아 계시고, 나를 편애하신다'며 의기양양할지도 모릅니다. 그런데 정말 이 일이 복된 일일까요?

이 선발과 훈련에는 분명한 목적이 있습니다. 바로 이스라엘을 이끌어 갈 다음 세대 엘리트들의 정체성을 바꾸는 것입니다. 그 소년들은 바벨론의 언어와 학문을 배우게 됩니다. 새로운 이름도 얻게 됩니다. 또한 3년간 바벨론에서 제공하는 새로운 음식도 먹게 됩니다. 그렇게 3년이 지나면 어떻게 될까요? 그 과정을 잘 이수해 좋은 성적을 받으면 유능한 '바벨론 사람'이 되는 것입니다. 혈통은 이스라엘 사람이지만 알맹이는 완전히 바벨론 관료가 되어 버리는 것이지요.

다니엘과 세 친구는 바벨론에서 살아가야 했던 이스라엘의 차세대 리더 그룹이었습니다. 바벨론에 끌려오기는 했지만 그 속에서 이스라엘 백성이 하나님 백성으로서 정체성을 지키며 살도록 이끌 사명을 감당할 이들이란 말입니다. 그런데 그런 이들을 끌어다 훈련하여 바벨론 정신으로 가득 채우는 것, 그것이 이 호화로운 훈련소의 목적이었습니다.

성도를 무너뜨리는 것은 고난만이 아닙니다. 고난보다 더욱 강력한 사탄의 무기가 있습니다. 겉으로는 축복처럼 보이지만 성도의 정체성을 더 심각하게 망가뜨리는 무기, 바로 '유혹'입니다. 다니엘과 세 친구는 지금 그 엄청난 유혹 앞에 섰습니다. 3년간 국비 장학생으로 특별 대우를 받으며 평생 고액 연봉이 보장된 안정된 직장까지 제공받는 유혹입니다. 과연 이 유혹 앞에 하나님의 백성은 어떻게 반응해야 할까요?

세상 속에서 세상과 선을 긋다

요즘 기독교를 바라보는 사회의 시선은 싸늘함을 넘어 적대적이기까지 합니다. 우리 교회 한 청년은 직장에서 "주일에 교회 대면 예배에 다녀왔으면 책상을 빼라"는 경고까지 받았다고 합니다. 직종에 따라 아예 "교회 나가지 말라"고 대놓고 말하는 회사가 있다는 이야기도 들립니다. 자신의 일터에서 점심 식사하기 전, 잠깐 식사 기도를 했다는 이유로 고용주에게 혼났다는 분과 상담한 적도 있습니다. 기독교 신앙을 지키기가 정말 어려운 시대입니다. 전도는커녕 자신의 신앙을 유지하기도 쉽지 않습니다. 이런 상황에서 우리는 어떻게 처신해야 할까요?

이런 상황에 처한 사람이 상담을 요청해 온다면, 어떤 조언을 건네야 할까요? "다 때려치우고 그 회사에서 나와! 하나님이 너를 먹이고 입히실 거야!"라고 말할까요? 저는 이전에 이런 소신을 지닌 분들을 만나 보았습니다. 자신의 직장이 신앙 양심에 어긋나는 일을 요구하자 사표를 던지고 나온 분들, 주일 성수가 가능한 직장을 찾아 잘 다니던 회사를 그만둔 분들을 말입니다. '그렇게 하는 것'이 참된 신앙이라는 설교도 여러 번 들었습니다. "하나님을 인정하지 않는 세상 권위에 복종하지 말고, 당장 직장을 그만두고 하나님이 공급하시는 만나와 메추라기를 먹으며 살자!"라고 말입니다. 그러나 저는 제 입으로 그렇게 권면하고 도전할 수가 없습니다. 제가 겪은 이 짧은 인생 경험만으로도 이미 알 수 있기 때문입니다. 하나님이 제공하시는 만나와 메추라기만 먹으며 사는 삶은 일상적인 삶이 아니라는 것을.

다니엘서에서는 세상에서 나타나는 세 부류의 신앙을 볼 수 있습니다. 첫 번째 신앙은 '세상과 분리된 신앙'입니다. 세상은 악합니다. 그래서 우리가 생각하는 가장 기본적 신앙 행위조차 용납하고 인정하지 않는 것 같습니다. 이런 세상이라면 과감히 그곳을 떠나 담을 쌓고, 하나님을 잘 믿는 지체들과 모여 함께 살고 싶습니다. 세상 사람들이 별로 없는 곳에 신앙 공동체를 만들어 함께 살면 얼마나 좋을까요. 그렇게 해서라도 신앙의 순수성을 지키고 싶은 겁니다. 이렇게 생각하는 사람들은 다니엘과 세 친구의 처신이 못마땅하게 느껴질 수 있습니다. 그들은 아마 다니엘과 세 친구에게 이렇게 책망하겠지요. "너희는 어떻게 하나님 백성을 버리고, 느부갓네살이 만든 왕립 학교에 들어가서 살 수 있느냐? 처음부터 거기 따라가지 말았어야지. 만약 들어갔다고 해도 그렇게 열심히 공부하지 말았어야지. 거기서 수석을 차지해 관료가 되는 게 말이 되느냐?"

두 번째 신앙은 '세상과 하나 된 신앙'입니다. 제가 만든 표현입니다. 이러한 신앙을 추구하는 사람들은 아마도 다니엘과 세 친구에게 이렇게 권면하겠지요. "너희가 그곳에 선발된 것은 하나님의 뜻이다. 그러니 그 안에 들어가 최선을 다해 공부하고 승승장구해라! 바벨론왕의 뜻을 따라라. 철저히 바벨론에 동화되어 그곳에서 높은 지위와 강한 권력을 얻어 영향력 있는 사람이 돼라." 이러한 신앙을 견지할 때 예상되는 문제가 있습니다. 그렇게 바벨론 왕립 학교에서 3년을 보내면 다니엘과 세 친구가 과연 하나님 백성이라는 정체성을 유지할 수 있을까요? 세속화되어 세상 속에서 세상과 똑같은 모습으로 살다 보면, 자신이 그리스도인이라는 고백만 남아 있는 신앙인으로 전락하기 쉽습니다.

다니엘은 첫째도 둘째도 아닌 제3의 길, 세 번째 신앙의 길을 만들었습니다. 저는 이것을 '세상을 살되, 세상에 선을 긋는 신앙'이라고 부르겠습니다. 그리고 저는 다니엘이 만든 이 '좁은 길'이, 이 시대를 사는 우리가 따라 걸어가야 할 길이라 확신합니다.

다니엘은 왕립 학교에 들어갔습니다. 그곳에서 갈대아 언어와 학문을 공부했습니다. 이후 알게 되겠지만, 이 학문은 바벨론 점성술사가 되기 위한 과정이었습니다. 다니엘은 율법이 금하는 점성술과 천문학을 배운 겁니다. 그는 최선을 다해 그 학문들을 익혔습니다. 또한 자신이 바벨론식 이름 '벨드사살'로 불리는 데 저항하지 않았습니다. 어쩌면 이것은 신앙인으로서 수치스러운 이름입니다. 벨드사살은 '벨이여 당신의 생명을 보존하소서'라는, 바벨론의 신 '벨'을 찬양하는 의미이기 때문입니다. 다니엘은 그 이류조차 수용합니다. 그래서 죽는 날까지 공식 석상에서 벨드사살로 불렸습니다. 자, 이렇게 보면 다니엘은 앞서 말한 신앙의 부류 중 두 번째 신앙, '세상과 하나 된 신앙'을 추구하는 것 같아 보입니다. 과연 그럴까요?

> 다니엘은 뜻을 정하여 왕의 음식과 그가 마시는 포도주로 자기를 더럽히지 아니하리라 하고 자기를 더럽히지 아니하도록 환관장에게 구하니(단 1:8).

그런데 아니었습니다. 그는 바벨론의 언어와 학문, 이름과 관료직은 수용했지만 왕의 음식과 포도주에 관해서는 단호히 선을 긋고 있기 때문입니다. 다니엘은 왕이 주는 음식과 포도주를 먹고 마시지 않겠다고 결단합니다. 그 이유는 '뜻을 정했기' 때문입니다.

이 구절과 관련하여 많은 해석이 있습니다. 가장 일반적인 해석은, 다니엘이 거부한 그 음식이 히브리인들의 율법에서 부정하다고 규정된 것이라는 해석입니다. 그것을 먹지 않음으로써 스스로 정결을 유지하려 했다는 의미이지요. 이와 비슷한 맥락으로, 음식의 종류 때문이 아니라 이 음식들이 이미 바벨론 신들의 제물로 사용되었기 때문에 먹지 않으려 했다는 해석도 있습니다. 모두 충분히 일리가 있어 보입니다. 과연 다니엘이 이 음식을 거부했던 분명한 이유는 무엇일까요?

저는 그 음식 자체를 율법이 금했기 때문이라거나, 그 음식이 우상에게 이미 드려져 부정한 상태였기에 다니엘이 그 음식을 받지 않았다는 전통적 해석에 동의하기 어렵습니다. 일단 바벨론에서 포로 신분으로 살아야 하는 다니엘과 세 친구는 자신의 조상이 이스라엘에서 지키던 율법의 금기들을 그대로 지키기가 불가능하기 때문입니다. 다니엘과 세 친구가 왕의 음식과 포도주를 먹지 않겠다고 한 것은 이스라엘의 전통 규례 때문이 아니었습니다. 이것은 그들이 율법을 온전히 지킬 수 없는 세상 속에서, 율법의 원리를 토대로 만들어 낸 원칙, 즉 스스로 뜻을 세워 '그들이 정한 원칙'인 것입니다.

왕립 학교에서 3년 동안 왕이 제공하는 고기와 포도주를 끊임없이 공급받았다면 다니엘과 세 친구는 어떤 모습이 될까요? 바벨론의 왕이 먹는 고기와 포도주의 품질은 상당히 좋았을 것입니다. 이걸 계속 먹게 되면, 절대로 그것에서 벗어날 수 없습니다. 끊임없이 공급되는 양질의 고기와 극상품의 포도주. 그 맛에 익숙해지고 길들면, 그것 없이는 살 수 없게 되어 버립니다. 그것을 공급하는 대상, 바벨론왕에게서 결코 벗어날 수 없는 사람이 되어 버립니다. 그 기름짐과 달콤함에 중독되는 것이지요. 결코 그것을 끊지 못하게 될 것입니다. 계속 그렇게 먹어야 하고, 마셔야 합니다. 결말은 어떻게 될까요? 바벨론왕에게 충성하는 바벨론의 개가 되는 겁니다. 왕의 고기와 포도주는 지속적이고 반복적이며 매력적인 독이었습니다. 먹기 시작하면 끊을 수 없습니다. 그래서 다니엘과 세 친구는 뜻을 정하여 이 고기와 포도주를 거부하고 있는 겁니다. 이것이 다니엘과 세 친구가 만들어 낸 '제3의 길', '세상을 살되, 세상에 선을 긋는 신앙의 길'입니다.

오늘날 기독교에 우호적이지 않은 세상 속에서 우리는 어떤 길을 걸어가야 할까요? 세상과 담을 쌓고 살아가는 첫 번째 길도, 세상 속에서 세상과 하나 되는 두 번째 길도, 우리 주님이 원하시는 길이 아닙니다. 하나님은 우리에게 제3의 길을 가야 한다고 말씀하고 계십니다. '세상을 살되, 세상에 선을 긋는 길' 말입니다. 세상에 들어가십시오. 세상에서 사용하는 말을 배우고 세상이 활용하는 기술을 익히십시오. 그러나 여전히 우리에게 '율법의 원리'는 남아 있습니다. 세상을 살아야 하지만 세상과 똑같아져서는 안 됩니다. 우리 삶의 현장에서 하나님의 법의 원리에 기초해 '나만의 신앙의 선'을 정하고 그어야 한다는 말입니다. 다니엘과 세 친구에게는 그것이 음식이었습니다. 그렇다면 우리에게는 어떤 것일까요? 하나님께 묻고 듣고 깨달아 뜻을 정하여 우리도 믿음의 선을 그어야겠습니다.

'제3의 길'을 닦고, 그 길을 걷는 이들

이제 이야기의 끝부분입니다. 하나님은 다니엘과 세 친구가 믿음의 결단을 내리고, 그들이 스스로 뜻을 세워 선을 그은 후 그 선을 중심으로 제3의 길을 걸어간 것을 어떻게 평가하셨을까요? 그리고 그런 하나님의 백성을 어떻게 대우하실까요? 본문의 몇 구절을 보겠습니다. 9절, 15절, 17절, 20절입니다.

> 하나님이 다니엘로 하여금 환관장에게 은혜와 긍휼을 얻게 하신지라(단 1:9).

> 열흘 후에 그들의 얼굴이 더욱 아름답고 살이 더욱 윤택하여 왕의 음식을 먹는 다른 소년들보다 더 좋아 보인지라(단 1:15).

> 하나님이 이 네 소년에게 학문을 주시고 모든 서적을 깨닫게 하

시고 지혜를 주셨으니 다니엘은 또 모든 환상과 꿈을 깨달아 알더라(단 1:17).

왕이 그들에게 모든 일을 묻는 중에 그 지혜와 총명이 온 나라 박수와 술객보다 십 배나 나은 줄을 아니라(단 1:20).

각 구절을 정리하면 다음과 같습니다. 하나님이 믿지 않는 환관장에게 역사하셔서, 왕의 음식과 포도주를 거부한 다니엘과 세 친구를 은혜와 긍휼의 눈으로 바라보게 만드셨습니다. 채소와 물만 먹는 열흘의 테스트 기간에 하나님은 다니엘과 세 친구의 얼굴빛을 더 윤택하게 하시는 일상의 기적을 행하셨습니다. 그리고 뜻을 정하여 신앙의 길을 걸었던 다니엘과 세 친구에게, 학문과 깨달음과 지혜와 환상을 해석할 능력을 부여하셨습니다. 결국 이들의 지혜와 총명이 다른 이들과 비교할 수 없을 정도로 빼어나 왕에게 인정받게 하셨습니다. 결과적으로 다니엘과 세 친구는 바벨론 왕궁에서 중요한 관료로 선발되어 국가를 섬기는 일을 감당하게 됩니다.

이 성경 구절들이 보여 주는 의미가 무엇입니까? 뜻을 정하여 세상에 선을 긋고 세상을 살겠다고 결심한 다니엘과 세 친구를 하나님이 기뻐하셨던 겁니다. 그리고 그들이 정한 믿음의 행동들을 지지하셨습니다. 하나님이 이들과 함께 걷고 계신 겁니다. 하나님의 긍휼과 능력이 용기 내어 제3의 길을 걷고 있는 이들에게 넘치도록 부어지고 있는 것이지요. 신앙에 적대적인 세상 속에서 그들이 신앙의 원리를 견고히 붙들고 정체성을 온전히 지키며 살아가도록 하나님이 모든 것을 공급하셨습니다.

오늘 우리는 기독교를 냉담하게 바라보는 세상의 시선을 느낍니다. 교회에 다닌다는 이유로 차별받을 수도 있는 상황에 놓였습니다. '교인임을 숨겨야 하는 것 아닐까?'라고 고민할 정도로 위축되는 분위기를 온몸으로 경험하고 있습니다. 상황이 나아지면 좋겠지만 현실적으로는 이런 현상이 더욱 악화될 것 같습니다. 세우는 데는 오랜 시간이 걸리지만 무너지는 것은 한순간이기 때문입니다. 이런 세상에서 성도로서 어떻게 살아야 할지 암담하고 답답합니다.

그러나 우리보다 훨씬 막막한 상황을 이미 멋지게 살아 낸 이들의 이야기가 성경과 교회사 곳곳에 자리하고 있습니다. 그들은 그런 상황 가운데 '새로운 신앙의 길'을 만들어 냈고, 그 길을 하나님과 함께 걸음으로 은혜의 통로가 되었습니다. 오늘 우리에게 하나님이 요구하시는 것도 그와 같습니다.

이 제3의 길이 우리가 걸어야 할 신앙의 길입니다. 여기서 어느 한쪽으로 치우치면 안 됩니다. 세상을 등져서도, 세상과 섞여 하나가 되어서도 안 됩니다. 우리는 그 사이에 난 좁은 길을 걸어야 합니다. 이 길에 설 때 주님이 우리와 함께하시며, 이 길을 걸어갈 수 있도록 모든 자원을 부어 주실 것입니다. 우리 모두 그분을 신뢰함으로 이 제3의 길, '세상을 살되, 세상에 선을 긋는 길' 위에 설 수 있기를 소망합니다.

나눔과 적용

1 책 전체의 배경이 되는 '크리스텐덤'이라는 용어의 의미는 무엇입니까? 그리고 '이러한 시대가 지났다'는 의미에서 이 시대를 '포스트크리스텐덤'으로 부르는 것을 어떻게 생각하십니까?

시대 상황에 따라 하나님 백성이 그 시대를 살아가는 구체적인 모습은 다를 수 있습니다. 우리 시대가 '포스트크리스텐덤 시대'라면, 이때를 살아갈 새로운 지혜가 필요합니다. 다니엘서는 이런 새로운 시대를 사는 지혜를 담고 있습니다.

2 남 유다 백성과 다니엘이 처한 시대 상황은 어떠했습니까?(1, 2절) 이 사건의 기술 방식을 보면, 상황을 주도하는 이는 누구입니까?

고대인의 상식상, 이방 신을 섬기는 바벨론에 의해 남 유다가 멸망한 것은 여호와의 실패를 의미합니다. 그러나 성경은 남 유다의 멸망이 하나님의 실패가 아니라 그분이 주도하신 일이었다고 기록합니다. 하나님이 '모든' 역사를 주관하신다는 선언입니다.

● 한국 사회의 변화로 교회와 성도가 경험하는 어려움도 하나님이 계획하신 상황일 수 있습니다. 하나님이 이 상황을 통해 우리에게 가르치시려는 것은 무엇일까요?

3 바벨론은 포로 된 남 유다 귀족의 자녀 중 일부에게 어떤 혜택을 제공합니까?(3-7절) 이것을 통해 바벨론이 기대한 것은 무엇일까요?

바벨론은 폭력과 힘으로 군림하는 방식과 함께 하나님 백성의 정체성을 바꾸는 유화 정책을 펼쳤습니다. 바벨론의 언어와 학문을 배우게 하고, 왕이 제공하는 기름진 음식과 좋은 포도주를 먹이는 것으로 하나님 백성을 이끌어 갈 차세대 리더들의 정체성을 바벨론화하는 방법을 시도했습니다.

● 하나님 백성을 흔드는 사단과 그 세력의 공격은 두 갈래입니다. 하나는 힘으로 압제하는 것이고, 다른 하나는 혜택으로 유혹하는 것입니다. 압제도 견디기 힘들지만 유혹에 더 많은 이가 무너졌습니다. 오늘 우리를 바벨론화하려는 세상의 유혹이 있다면 무엇입니까? 우리는 그것에 어떻게 반응하고 있습니까?

4 바벨론의 유화 정책에 다니엘과 세 친구는 어떻게 반응합니까?(8절) 다니엘과 친구들이 선택한 '왕의 음식을 거부하는 것'은 어떤 의미를 담고 있을까요? 하나님은 어떻게 반응하십니까?(17-21절)

다니엘과 세 친구는 유화 정책 전부가 아니라 일부를 거절합니다. 이것은 바벨론의 많은 부분을 수용하지만, '중심(정체성)은 바꾸지 않겠다'는 신앙의 선 긋기입니다. 하나님은 관리의 마음을 움직이고 기적을 행함으로, 믿음의 선택을 한 이들에게 복을 주십니다.

● 우리는 세상의 많은 것을 배우고 취해야 합니다. 그러나 동시에 세상이 되지 않기 위해 세상과 선을 긋고, 포기할 수 없는 신앙의 원칙을 세워 지켜 내야 합니다. 뜻을 정한 다니엘과 세 친구에게 하나님이 복을 주심은 우리에게 위로와 힘이 됩니다. 주님의 도움을 구하면서 '세상을 살되, 선을 긋는 성도의 길'에 서기를 결단합시다. 그 길을 가기에 필요한 힘을 달라고 하나님께 구합시다.

2장 ✳ 불안에 떠는 세상, 답이 되는 성도

단 2:1-49

바벨론 문화를 바라보는 성도의 시각

기독교 윤리학자 리처드 니버는 자신의 책 「그리스도와 문화」(IVP 역간)에서 그리스도와 문화가 맺는 관계를 다섯 가지로 분류했습니다.

(1) 문화와 대립하는 그리스도 : 문화에서 빠져나와 교회 공동체로 들어오는 분리 모델

(2) 문화 속의 그리스도 : 하나님이 문화 가운데 일하심을 인정하고 이것을 확인하려는 순응 모델

(3) 문화 위의 그리스도 : 그리스도와 함께 문화 안에 있는 좋은 것들을 보충하고 사용하는 합성 모델

(4) 역설 관계에 있는 그리스도와 문화 : 그리스도인이 성(聖)과 속(俗)의 두 영역에서 살고 있다고 보는 이원론 모델
(5) 문화를 변혁하는 그리스도 : 그리스도와 함께 문화의 모든 부분을 변혁하려고 하는 회심주의 모델

이 다섯 가지 방식은 '문화를 어떻게 보느냐'라는 기준을 토대로 다시 세 가지로 분류할 수 있습니다. 문화를 바라보는 시각이 '비관적인가', '낙관적인가', 아니면 '가치중립적인가'입니다. 니버는 다섯 번째, '문화를 변혁하는 그리스도'를 가장 바른 입장으로 제시합니다. 세상과 문화를 무조건 악하거나 선하다고 판단하지 않고, 그리스도 안에서 변화시켜 가야 한다는 입장입니다.

성도는 세상으로부터 분리되면 안 됩니다. 세상을 무조건 악하다고 생각해 저항하거나 피할 대상으로 여기는 것이 옳은 태도는 아닙니다. 반대로 아무 비판 없이 세상으로 들어가 그들과 하나가 되어서도 곤란합니다. 문화는 강력한 힘을 가지고 있으므로 무비판적으로 그 안에 들어가 버리면 얼마 후 세상과 구별되지 않는 성도가 되어 버립니다. 우리는 문화를 분별하여 어떤 부분은 거부해야 합니다. 동시에 문화 안에 들어가 그 문화를 누리고 새롭게 조성하는 일을 감당해야 합니다. 이것이 하나님이 당신의 백성에게 기대하시는 바입니다. 이러한 그리스도인의 삶의 방식을, 바벨론의 포로가 된 다니엘의 삶을 통해 살펴볼 수 있습니다.

1장과 2장을 연결하는 '그리고'

다니엘서는 놀라울 정도로 잘 쓰인 한 편의 글입니다. 제가 다니엘서를 적은 분량씩 세세히 나누어 이야기하지 않는 이유도 바로 그 때문입니다. 한 편의 글을 너무 잘게 쪼개어 전하다 보면, 그 글 특유의 아름다움을 느낄 수 없기 때문입니다. 그래서 이번 장에서는 다니엘 2장 전체를 다루어 보겠습니다. 1절은 2장 사건 전체를 요약한 내용입니다.

> 느부갓네살이 다스린 지 이 년이 되는 해에 느부갓네살이 꿈을 꾸고 그로 말미암아 마음이 번민하여 잠을 이루지 못한지라(단 2:1).

느부갓네살이 왕이 된 지 2년 차가 되었습니다. 어느 날 왕은 꿈을 꾸게 됩니다. 그 꿈 때문에 깊은 고민에 빠져 잠을 이루지 못하는 상태에 이릅니다. 그리고 왕을 번민하게 했던 꿈을 다니엘이 해몽하는 장면이 2장 전체에서 펼쳐집니다. 이 2장 1절 앞에는 우리말 성경에 번역되지 않은, '그리고'를 의미하는 아람어 접속사가 있습니다. 1장 내용이 2장과 연결된다는 의미입니다.

우리는 2장뿐 아니라 다니엘서 전체를 읽어 나가며 다니엘 1장의 내용들을 계속 염두에 두어야 합니다. 1장 2절에 성전 그릇들을 약탈당했다는 내용이 나옵니다. 이와 관련해 5장에서는 그 그릇들에 벨사살 왕이 술을 부어 마시다 죽습니다. 1장 8절에서 다니엘과 세 친구가 '선을 긋겠다'고 결심하고, 3장과 6장에서는 그 결심에 따라 다니엘과 세 친구가 구체적으로 선을 긋는 모습이 나옵니다. 1장 7절에서 하나님이 다니엘에게 환상과 꿈을 해석하는 능력을 주셨다는 내용이 언급되는데, 2장과 4장에서는 다니엘이 꿈을 해석하고 있습니다. 1장에서 언뜻 암시한 요소들을 다니엘서 이후에 하나씩 풀어 가고 있습니다. 이 장에서는 꿈을 해석하는 다니엘의 모습을 살펴보겠습니다.

느부갓네살의 꿈을 둘러싼 소동

2장에 나오는 사건을 간단히 정리해 보겠습니다. 왕은 여러 차례 반복하여 꿈을 꿉니다. 당시 바벨론 사람들은 신이 왕을 통해 앞으로 일어날 일들을 알려 준다고 믿었습니다. 왕은 자신이 꾼 꿈을 해석하기 위해 "박수와 술객과 점쟁이와 갈대아 술사"(단 2:2)와 같이 당시 종교 전문가, 지혜자로 불리는 이들을 다 불러 모았습니다. 그리고 자신이 꾼 꿈이 무엇이며, 그 꿈의 의미가 어떠한지 밝혀내라고 요구합니다. 지혜자들은 원래 꿈을 해몽하는 자입니다. 그들은 꿈을 해몽하기 위해 훈련을 받고 통계를 내며 사람의 심리를 파악하는 전문가였습니다. 그런데 왕의 명령은 도무지 납득하기 어려웠습니다. 꿈을 들려주지도 않은 채, 해몽하라고 명령했기 때문입니다. 그들은 이런 왕의 태도를 지적하며 다음과 같이 자신들의 한계를 인정합니다.

왕께서 물으신 것은 어려운 일이라 육체와 함께 살지 아니하는 신들 외에는 왕 앞에 그것을 보일 자가 없나이다(단 2:11).

왕은 지혜자들의 대답에 진노합니다. 그리고 사형 집행관 아리옥에게 지혜자들을 모두 죽이라고 명령합니다. 지혜자들에는 다니엘과 세 친구도 포함되어 있었습니다. 이 일을 알게 된 다니엘은 세 친구에게 함께 기도하자고 요청하고, 하나님은 다니엘에게 왕의 꿈과 그 꿈의 의미를 환상으로 알려 주십니다. 다니엘은 자신에게 환상을 주신 하나님을 이렇게 찬양합니다.

다니엘이 말하여 이르되 영원부터 영원까지 하나님의 이름을 찬송할 것은 지혜와 능력이 그에게 있음이로다 그는 때와 계절을 바꾸시며 왕들을 폐하시고 왕들을 세우시며 지혜자에게 지혜를 주시고 총명한 자에게 지식을 주시는도다 그는 깊고 은밀한 일을 나타내시고 어두운 데에 있는 것을 아시며 또 빛이 그와 함께 있도다 나의 조상들의 하나님이여 주께서 이제 내게 지혜와 능력을 주시고 우리가 주께 구한 것을 내게 알게 하셨사오니 내가 주께 감사하고 주를 찬양하나이다 곧 주께서 왕의 그 일을 내게 보이셨나이다(단 2:20-23).

다니엘은 왕에게 나아가 꿈의 내용과 그 의미를 들려줍니다. 아울러, 자신이 그 꿈을 깨닫고 해석한 것이 아니라 자신이 믿는 여호와 하나님이 이 일을 알려 주셨다고 명확히 선포합니다. 꿈에 나온 신상과 그 신상이 돌에 맞아 부서지는 장면은, 이후에 일어날 제국에 대한 이야기임을 밝힙니다. 그리고 마지막에 등장하여 모든 세상의 제국을 무너뜨리는 '영원히 망하지 않는 나라'에 대해 설명합니다.

> 이 여러 왕들의 시대에 하늘의 하나님이 한 나라를 세우시리니 이것은 영원히 망하지도 아니할 것이요 그 국권이 다른 백성에게로 돌아가지도 아니할 것이요 도리어 이 모든 나라를 쳐서 멸망시키고 영원히 설 것이라 손대지 아니한 돌이 산에서 나와서 쇠와 놋과 진흙과 은과 금을 부서뜨린 것을 왕께서 보신 것은 크신 하나님이 장래 일을 왕께 알게 하신 것이라 이 꿈은 참되고 이 해석은 확실하니이다(단 2:44, 45).

왕은 다니엘이 자신의 꿈을 정확히 맞추고, 해몽한 내용을 듣고 놀라 다니엘 앞에 엎드려 다니엘의 하나님 여호와께 찬양을 올려 드립니다.

> 왕이 대답하여 다니엘에게 이르되 너희 하나님은 참으로 모든 신들의 신이시요 모든 왕의 주재시로다 네가 능히 이 은밀한 것

을 나타내었으니 네 하나님은 또 은밀한 것을 나타내시는 이시로다(단 2:47).

이 사건으로 다니엘은 왕궁에 거하며, 바벨론 온 지방을 다스리는 자와 바벨론 모든 지혜자의 어른이 되었습니다. 여기까지가 다니엘 2장의 이야기를 정리한 내용입니다.

절대 권력은 불안에 떨고, 세상의 지혜는 무능하다

우리는 이 이야기에서 무슨 의미를 찾을 수 있을까요? 어떤 부분을 우리 삶에 적용할 수 있을까요?

신이 내린 꿈을 반복해서 꾼 느부갓네살의 반응을 보겠습니다. 그는 이 꿈으로 말미암아 "마음이 번민하여 잠을 이루지 못[하고]"(단 2:1) 있습니다. 그는 지혜자들의 정당한 요구에 격분하고 있습니다. "너희가 만일 꿈과 그 해석을 내게 알게 하지 아니하면 너희 몸을 쪼갤 것이며 너희의 집을 거름더미로 만들 것이[다]"(단 2:5)라고 엄포를 놓았습니다. 그리고 꿈과 해몽을 내놓지 못하는 지혜자들을 죽이라는 구체적 명령까지 내립니다.

바벨론왕 느부갓네살은 절대 권력을 가졌습니다. 그는 지난 3년 여간 수많은 전쟁을 치르면서 혁혁한 승리를 거두었습니다. 여러 나라를 무너뜨려 많은 사람을 포로로 데려왔습니다. 그는 당시 세계에서 가장 강력한 힘과 능력을 가진 자였습니다. 그런데 그렇게 강력한 절대 권력자가 자신의 꿈 때문에 잠을 이루지 못하고, 번민이 가득해 어찌할지 모르는 처지로 전락했습니다. 그는 정상적인 분별력을 잃은 채 분노하고 슬퍼하며 잔혹한 명령을 내립니다. 왜 그럴까요? 내일을 알 수 없어 불안하기 때문입니다.

이 느부갓네살의 모습에서 이 세상의 힘을 가진 사람들의 중심을 엿볼 수 있습니다. 모든 것을 가진 것 같고, 강한 힘을 쥐고 있는 것 같습니다. 두려울 것이 없어 보입니다. 그래서 성도 앞에서 떵떵거리며 살아갑니다. 하나님 없이도 잘 살고 있고, 앞으로도 하나님이 필요 없는 것 같아 보입니다. 그런데 그 마음에는 미래에 대한 불안이 가득해 잠을 편히 자지 못합니다. 번민합니다. 쉽게 격분합니다. 이것이 성경이 드러내는, 절대 권력을 가진 세상 왕의 모습이었습니다. 세상 전부를 움직이는 것 같으나 자신의 마음에 생긴 번민조차 해결할 능력이 없는 상태 말입니다.

한편으로 눈에 띄는 것은 지혜자들의 반응입니다. 그들은 지혜를 가진 자들입니다. 꿈에 관한 한 그들은 전문가였습니다. 수많은 꿈을 들었고 그것을 해몽한 사례와 통계를 가지고 있습니다. 왕이 자신의 꿈을 해몽하기 위해 지혜자들을 부른다는 말을 듣고, 아마도 그들은 자신만만했을 것입니다. "왕이여 만수무강하옵소서!"(단 2:4) 그들의 인사에는 자신감이 묻어납니다. 왕이 꿈을 말하면 그들은 그 꿈을 해석하리라는 그림이 있었습니다. 그런데 왕이 자신이 꾼 꿈을 알려 주지 않은 채, 꿈의 내용과 해몽까지 밝히라는 명령을 내리자 문제가 발생했습니다. 그들에게는 왕의 머릿속에 있는 꿈을 볼 방법이 없었기 때문입니다. 결국 그들과 그들의 가족은 다 왕의 칼에 죽게 될 지경에 이릅니다. 왕의 꿈을 밝히고 해동하는 문제 앞에 그들은 철저히 무능했습니다.

우리는 이 바벨론 지혜자들의 모습에서 이 세상에서 지혜를 가진 이들, 이 세상을 움직이고 있는 이들과 그들의 사상을 엿볼 수 있습니다. 오늘날 이 세상을 움직이는 권위를 지닌 이들은 누구일까요? 경제학자와 과학자, 의사일 것입니다. "세상이 어떻게 움직이는가?", "또 어디를 향하고 있는가?", "앞으로 문명은 어떻게 변화할 것인가?" 등 수많은 문제에 관하여 세상의 지혜자들은 소리를 내고 있습니다. 그 예측은 대부분 맞아떨어집니다. 그런데 오늘 그들은 전혀 예상하지 못한 일을 경험하고 있습니다.

코로나 바이러스 하나만 생각해 보아도 그렇습니다. 바이러스에 관하여 그들은 잘 알고 있었습니다. 이런 존재 자체를 모르지는 않았습니다. 그러나 꼼짝 못한 채 당하고 있습니다. 과학과 의학, 경제가 가장 발달했다고 여겨지는 나라들도 사망자를 줄이지 못합니다. 감염병 유행 사태가 좀처럼 끝나지 않고 여전히 확산세가 지속되고 있습니다. 앞으로 펼쳐질 상황을 예측했지만, 그 예측이 빗나가는 일들을 경험하고 있습니다. 답을 찾기 위해 애쓰지만 답을 내놓지 못하는 상황입니다. 오늘도 세상의 권위자들은 이런저런 대안을 제시합니다. 그러나 그들의 지식과 경험을 뛰어넘는 문제 앞에 그들 역시 무능합니다. 가장 지혜롭다는 이들마저 날마다 자신의 무능함을 목도하고 고백할 수밖에 없는 일이 지금 일어나고 있습니다. 꿈과 그 꿈의 해석을 모두 요구하는 왕의 명령 앞에 바벨론의 지혜자들이 속수무책이었던 상황과 마찬가지입니다.

세상에서 가장 강력한 권력을 지닌 이도 평안하게 잠을 이루지 못하고, 세상에서 가장 지혜롭다고 평가받는 이들도 자신과 가정의 안전을 보장받지 못하는 일들을 경험합니다. 마음의 번민이 끊이지 않고, 불안합니다. 분노하며, 슬퍼합니다. 자신의 생명조차 보존할 수 없습니다. 세상은 겉으로는 더 강한 척, 더 똑똑한 척합니다. 그러나 그것은 모두 허세입니다. 앞으로 어떤 일이 일어날지 아무도 예측할 수 없기 때문입니다.

성도가 가는 길이 세상의 길이 되다

한 치 앞도 알 수 없는 세상, 그 세상 가운데 하나님 백성도 함께 살고 있습니다. 다니엘과 세 친구가 바로 그 세상 속에 살던 자들입니다. 그래서 이 세상 지혜자들의 위기가 곧 그들의 위기로 이어졌습니다.

> 왕의 명령이 내리매 지혜자들은 죽게 되었고 다니엘과 그의 친구들도 죽이려고 찾았더라(단 2:13).

느부갓네살 재위 2년, 이때는 다니엘과 세 친구가 3년간의 왕립 기숙 학교를 졸업한 후 왕의 관원이 된 시기였습니다. 이들은 왕이 죽이라고 명령한 지혜자 그룹에 이미 들어간 상태였습니다. 세상의 지혜자들이 죽임당할 때, 그 안에 들어가 있던 하나님의 사람들도 함께 죽게 된 겁니다.

세상과 문화를 생각할 때, 우리는 이 부분을 늘 기억해야 합니다. "죄 많은 이 세상은 내 집이 아니다. 내 집은 저 하늘에 있다!"라는 찬양이 있습니다. 맞습니다. 우리는 나그네와 행인으로 이 땅을 살아야 합니다. 이곳은 결코 우리의 본향이 아닙니다. 우리는 이 세상에 정이 들어서도, 이 세상에서 영구히 거할 집을 쌓아 올려서도 안 되는 사람들입니다. 그런데, 그럼에도 불구하고 이 세상과 우리의 삶은 아주 긴밀히 연결되어 있습니다. 세상이 죽으면 성도도 죽습니다. 세상 지혜자들의 운명과 다니엘과 세 친구의 운명이 하나로 연결되어 있었던 상황과 마찬가지이지요. 그래서 우리는 '세상 속에서 세상을 섬기는 자'로 살아야 합니다.

나라가 멸망하면 우리도 망하고, 회사가 쓰러지면 우리 삶도 무너집니다. 방역이 제대로 이루어지지 않으면 세상만 곤란해지는 게 아니라 성도 역시 어려움을 겪게 됩니다. 법을 지키는 문제, 세상의 문화를 건전하게 조성하는 문제……. 신앙과 관련되지 않아 보이는 수많은 문제 안에 우리가 들어가 그 영역들을 돌봐야 하는 이유가 바로 이것입니다. 세상은 우리와 결코 분리될 수 없는 운명 공동체이기 때문입니다.

다니엘은 이 상황에서 세 친구를 찾아가 함께 기도하자고 요청합니다. 그리고 왕에게 기도 응답을 들을 수 있는 시간을 요구합니다. 하나님은 그렇게 하나님 앞에 나와 하나님의 비밀을 알려 달라고 간구하는 다니엘에게 역사하셔서 왕의 꿈과 해석을 보여 주셨습니다. 다니엘은 그 꿈과 해석으로 왕을 가르치고 위로하고, 지혜자들을 구원합니다.

이것이 세상 속에서 하나님 백성이 살아가는 방식입니다. 세상과 다른 방식입니다. 세상은 성도의 기도가 필요하지 않습니다. 하나님께 묻지 않습니다. 그러나 하나님의 백성은 함께 기도하면서 하나님의 지혜를 구합니다. 그리고 세상이 해결할 수 없는 문제와 상황 속으로 들어가 하나님이 주신 지혜로 위로하고 길을 제시하는 것이지요. 성도는 세상을 사랑합니다. 세상이 주는 유익 때문에 세상을 사랑하는 것이 아니라 사명 때문에 세상을 사랑합니다.

다니엘과 세 친구는 오랜 시간 생각했을 것입니다. '왜 하필 우리에게 이런 기회가 주어진 걸까? 왜 유다에서 끌려온 그 많은 포로 가운데 우리가 선택되어 왕립 기숙 학교에 들어오게 되었고, 바벨론의 언어와 학문을 교육받아 이런 지위를 얻게 되었을까?' 그들이 해야 할 일은 이 세상의 한복판에서 이 세상을 하나님의 뜻 안에서 '섬기는 것'이었습니다. 남 유다를 멸망시킨 바벨론이 망하기를 바라는 것도, 우상을 숭배하며 점을 치는 지혜자들이 해를 당하기를 원하는 것도 아니었습니다.

성도는 누군가 해를 당하기를 간절히 바라고 그것을 위해 행동하는 사람들이 아닙니다. 기독교를 핍박하는 유대인들의 공격 앞에서 교회는 그들을 축복했습니다. 로마 제국이 열 차례에 걸쳐 잔혹하게 박해한 250년 동안, 기독교는 제국을 뒤엎는 유혈혁명을 시도하지 않았습니다. 하나님의 백성은 선으로 악을 이기는 자들입니다. 성도는 늘 세상을 변화시켰습니다. 그러나 그 방식은 세상의 방식이 아니었습니다. 성도는 선으로 세상을 섬겼습니다. 진심으로 세상을 사랑하고 섬겼습니다. 성도가 할 수 있는 최선이 세상을 변화시켰습니다. 오늘날 이 시대 교회도 바로 그 선을 행하기를, 세상은 원하고 있는 겁니다.

꿈의 의미_ 세상 나라와 하나님 나라

여기서 한 가지 생각해 봐야 할 내용이 있습니다. 느부갓네살이 꾼 꿈의 의미입니다. 느부갓네살의 꿈은 다니엘 7-13장에 나오는 예언을 통해 좀 더 구체적인 형태를 띠게 됩니다. 아주 간략하게 말하면 '이 세상 나라의 흥망성쇠'를 예언하는 내용입니다.

환상 속에는 거대한 신상이 등장합니다. 그런데 그 신상은 각 부위가 다른 재료로 이루어져 있습니다. 금으로 만든 머리, 은으로 만든 가슴, 놋으로 만든 배와 넓적다리, 쇠로 만든 두 종아리, 철과 진흙을 섞어 만든 발. 신상의 모습은 장차 제국의 권세가 점점 쇠할 것을 나타냅니다. 그리고 이후 등장할 나라에 대해 이야기합니다.

하나님이 이 환상을 보여 주신 이유가 무엇일까요? 우리는 이 환상에서 무엇을 깨달아야 할까요? 이 환상은 바로 하나님이 이 세상의 모든 것을 주관하고 계시고, 이 세상이 어떤 방향으로 나아갈지 다 계획하셨음을 보여 줍니다. 하나님의 주권입니다. 심지어 그 나라의 성격이 어떠하며, 장차 그 나라가 맞이할 운명까지 이 환상은 일부 보여 주고 있습니다.

우리는 이 세상이 하나님의 손 밖에 있다고 생각할 때가 있습니다. 교회는 하나님의 통치하에 있고 성도는 하나님의 뜻 안에 있지만, 세상과 하나님을 믿지 않는 자들은 그들 스스로의 힘으로 살고 있다고 생각하지요. 그러나 그렇지 않습니다. 하나님이 여전히 온 세상을 통치하고 계십니다. 하나님과 가장 관련 없을 것이라 여겨졌던 거대한 고대 제국들조차 모두 하나님의 계획 가운데 있었습니다. 하나님은 이 세상을 여전히 통치하십니다. 하나님은 여전히 보좌에 계십니다. 그분의 통치가 흔들렸던 적은 한 번도 없었습니다. 오늘 우리의 삶에서 일어나는 모든 사건이 다 하나님의 손안에 있습니다.

결국 이 세상 나라들, 이 신상은 마지막에 완전히 파괴되어 무너집니다.

> 또 왕이 보신즉 손대지 아니한 돌이 나와서 신상의 쇠와 진흙의 발을 쳐서 부서뜨리매 그때에 쇠와 진흙과 놋과 은과 금이 다 부서져 여름 타작마당의 겨같이 되어 바람에 불려 간 곳이 없었

고 우상을 친 돌은 태산을 이루어 온 세계에 가득하였나이다(단 2:34, 35).

사람의 손으로 깨지 않은 돌이 하나 등장합니다. 그 돌이 거대한 신상을 향해 날아와 신상을 완전히 파괴합니다. 신상에서 떨어진 조각조차 하나도 남기지 않습니다. 그 돌은 점점 커져 온 세계에 가득해집니다. 제국을 상징하는 신상을 철저히 파괴하는 돌, 이 세상을 가득 채운 돌은 무엇을 의미할까요?

이 여러 왕들의 시대에 하늘의 하나님이 한 나라를 세우시리니 이것은 영원히 망하지도 아니할 것이요 그 국권이 다른 백성에게로 돌아가지도 아니할 것이요 도리어 이 모든 나라를 쳐서 멸망시키고 영원히 설 것이라(단 2:44).

영원히 망하지 않을 나라, 그 이전에 있었던 모든 제국을 무너뜨릴 나라, 사람이 왕이 되지 않는 나라를 '하늘의 하나님'이 친히 세우신다는 것입니다. 이 나라가 처음에는 그저 흔해 보이는 돌덩이로 왔지만 제국을 무너뜨리고 점점 커져 결국에는 온 세상을 다 채워 거대한 태산 같게 될 것입니다. 그리고 그렇게 만들어진 나라는 영원할 것입니다.

다니엘은 하나님이 친히 세우시는 나라를 보고 있습니다. 그런데 이미 우리가 그 나라에 살고 있습니다. 거룩한 산 돌이신 예수께서 이 세상 한복판에 들어오셨습니다. 그리고 이 세상 나라와 부딪치셨습니다. 처음에는 거룩한 돌이신 예수께서 강력한 세상 나라의 힘 앞에 깨지고 부서진 것 같았습니다. 십자가에 달려 죽어 가시는 예수는 구원자 같지 않았습니다. 그러나 건축자의 버린 돌 같았던 예수께서 주님이 세우시는 나라, 이 땅의 모퉁잇돌이 되셨습니다. 이제 이 예수를 자신의 구원자와 주인으로 인정하는 이마다 이 나라에 들어갈 수 있게 되었습니다.

> 이 예수는 너희 건축자들의 버린 돌로서 집 모퉁이의 머릿돌이 되었느니라 다른 이로써는 구원을 받을 수 없나니 천하 사람 중에 구원을 받을 만한 다른 이름을 우리에게 주신 일이 없음이라 하였더라(행 4:11, 12).

다니엘은 환상 속에서 장차 오실 예수를 보았습니다. 그리고 그 예수를 통해 세워질 영원한 나라를 보았습니다. 그 나라가 세상의 모든 나라를 이기는 광경을 목격했습니다. 영원한 나라와 그 영원한 나라로 우리를 인도하고 계시는 거룩한 산 돌이신 예수를 목도했습니다. 이후에 그가 '인자'라고 부르는 바로 그분을, 이 환상 가운데 본 것입니다.

떨고 있는 세상에 답을 주다

이 일화의 마지막 부분에서 느부갓네살은 하나님을 경배합니다.

> 왕이 대답하여 다니엘에게 이르되 너희 하나님은 참으로 모든 신들의 신이시요 모든 왕의 주재시로다 네가 능히 이 은밀한 것을 나타내었으니 네 하나님은 또 은밀한 것을 나타내시는 이시로다(단 2:47).

모든 신의 신, 모든 왕의 주재, 은밀한 것을 나타내신 '여호와 하나님'을 느부갓네살은 찬양합니다. 왕은 다니엘 앞에 엎드렸지만, 사실 다니엘의 하나님께 엎드린 것입니다. 이방 왕, 하나님의 전을 무너뜨리고 그 전 안의 기구들을 약탈한, 당시 세계의 최고 권력자가 여호와 하나님께 엎드려 경배하고 있는 것입니다. 압도하는 진리 앞에 왕이 굴복했습니다. 어떻게 이 일이 일어날 수 있었을까요? 다니엘이 자신의 모든 지식의 근원이 하나님임을 소개했기 때문입니다. 다니엘이 하나님을 찬양했고 높여 드렸기에, 다니엘의 찬양을 통해 하나님을 알게 된 왕도 여호와 하나님을 찬양하고 있는 것입니다.

세상은 지금 두려워 떨고 있습니다. 무슨 일이 일어나는지 알 길이 없기 때문입니다. 세상의 힘을 가진 이들이 답을 찾았다고 자신만만하게 말하지만 사실 그들은 밤잠을 자지 못하고 있습니다. 문제를 해결하기 위해 자신이 가진 모든 힘으로 세상의 지혜자를 다 그치고 있지만 아직 답을 찾지 못했습니다. 세상의 지혜자들도 지금 열심을 내고 있습니다. 처음에는 쉽게 해결될 줄 알았는데 생각만큼 쉽지 않습니다. 과연 언제 어떻게 이 모든 상황이 끝날지 알 수 없는 시간을 보내고 있습니다. 전문가들은 지금도 계속 해결책을 제시하고 있습니다. 하지만 그것이 답이 될 수 있을지 그들 스스로도 알지 못합니다. 그들은 궁극적 대답을 가지고 있지 않기 때문입니다.

그들은 하나님이 지금도 이 땅을 통치하고 계심을 알지 못합니다. 하나님이 오늘도 당신의 계획과 뜻대로 이 세상을 운행하고 계심을 모릅니다. 하나님이 그들 가운데 이미 거룩한 산 돌이신 구원자를 주셨고, 그 구원자로 인해 이 땅에 세워진 영원한 나라가 점점 확장되어 가고 있음을 알지 못합니다. 그 모든 일을 지금도 행하고 계시는 우리 하나님, 모든 신의 신, 모든 왕의 주재, 은밀한 것을 나타내시는 분을 모릅니다. 그래서 그들은 불안합니다. 단잠을 자지 못합니다. 분노합니다. 앞에서는 큰소리를 치지만 혼자서는 깊은 한숨을 내쉽니다.

우리는 역사를 주관하시는 하나님을 알고 있습니다. 그리고 이 역사 가운데 들어오신 거룩한 산 돌, 구원자 예수를 믿습니다. 그 나라가 이미 심겨졌고 지금 자라고 있음을, 그리고 우리가 그 나라에 속해 있음을 압니다. 그래서 우리는 세상 속에 들어가야 합니다. 세상이 보지 못한 이 환상을 보여 주고 그 의미를 들려줌으로 세상을 위로해야 합니다.

하나님의 사람들은 답을 가지고 있는 자입니다. 우리는 그 답으로 세상 사람들의 불안을 위로해야 합니다. 세상이 그 하나님의 계획을 알지 못하고 이해하지 못하기에 우리는 그들이 알아듣는 언어로 그것들을 설명하고 보여 주어야 합니다. 이 모든 과정을 통해 마침내 우리 하나님이 어떠한 분인지 알려 주어야 합니다. 그때 세상은 이 놀라운 하나님을 찬양하게 될 것입니다.

세상으로 하여금, 하나님을 찬양하게 만드는 우리가 되길 소망합니다.

나눔과 적용

1 책에서 말하는 '세상에 대한 그리스도인의 태도'를 정리해 보십시오. 이 가운데 이제껏 내가 가지고 있던 태도는 무엇이었습니까? 그 태도를 갖게 된 이유는 무엇입니까?
(1) 세상으로부터 분리된, 경건을 추구하는 삶
(2) 세상과 하나 되어, 구별되지 않는 삶
(3) 세상을 살되, 세상과 선을 긋는 삶

많은 성도가 (1) 세상과 분리되거나 (2) 세상과 하나 되는 길을 선택하던 시대에 다니엘은 제3의 길, (3) '세상을 살되, 세상과 선을 긋는 삶'을 선택했습니다. 다니엘이 바벨론 포로기를 살았음을 생각할 때, 포스트크리스텐덤을 사는 우리가 걸어야 할 길도 바로 이 길일 것입니다. 이런 성도의 삶은 어떤 모습일까요? 자유롭게 나눠 봅시다.

2 다니엘 2장의 문단 구성과 핵심 구절은 다음과 같습니다. 이것을 활용하여 각 문단의 내용을 요약하십시오.
1-13절[11절]:
14-24절[20-23절]:
25-30절[28절]:
31-45절[44절]:
46-49절[47절]:

3 본문은 인물의 대조를 통해 주제를 드러내고 있습니다. 느부갓네살, 이방신의 사제들, 그리고 다니엘이 핵심 인물입니다. 각각의 행동과 말을 통해

확인하게 되는 교훈은 무엇입니까?

느부갓네살 :

이방 사제들 :

다니엘 :

강력한 권력을 가진 왕은 불안해하고, 지혜롭다고 하는 세상의 지혜자들은 답을 말하지 못합니다. 이런 상황에서 하나님의 사람 다니엘이 아무도 풀지 못한 답을 말함으로 문제를 해결합니다. 이것이 하나님을 대적하는 세상 가운데 성도를 남겨 두신 이유입니다.

● 이 역할을 감당하기 위해 필요한 것은 무엇일까요? 세상을 향한 우리의 마음은 어떠해야 하며, 이런 역할을 위해 구체적으로 갖춰야 할 것은 무엇일까요? 성도가 갖춰야 할 '마음 자세'와 '준비'에 관해 나눠 봅시다.

4 다니엘은 이 지혜를 누구에게 얻었다고 말하고 있습니까?(11절) 또 그가 느부갓네살의 꿈에서 본 궁극적인 소망은 무엇이었습니까?(34, 35절) 이것이 오늘을 사는 우리에게 주는 교훈은 무엇입니까?

● 다니엘의 지혜는 하나님에게서 나온 것이었고, 세상을 구원할 궁극적인 소망은 신상을 한순간에 무너뜨리는 '손대지 아니한 돌'이신 예수 그리스도(행 4:11, 12 참조)였습니다. 우리가 제3의 길을 살게 하는 지혜는 하나님에게서 나오는 것입니다. 또 끝까지 인내하며 성도로 살아갈 소망은 그리스도 안에 있습니다. 하나님께 날마다 지혜를 공급받으며 예수님이 우리 인생의 소망이 되는 삶은 어떤 삶일지, 자유롭게 나눠 보십시오.

3장 ✳ 압박하는 세상, 저항하는 성도
단 3:1-30

무너지는 마음

많은 사람의 의견이 하나로 통일되어 모두 똑같이 행동하는 상황에서 혼자 반대편에 서기란 쉬운 일이 아닙니다. 군중이 갖는 힘이 있기 때문입니다. 아울러 자신이 사람들과 다르게 행동했다는 이유로 피해를 입을 수도 있는 상황이라면, 반대편에 홀로 서는 일은 더욱 어렵습니다.

    1936년 독일 함부르크 항구에서는 해군 훈련함 진수식이 개최되고 있었습니다. 제2차 세계 대전 직전, 독일이 히틀러를 중심으로 군비를 확장하던 시기였습니다. 당시 독일인의 마음을 사로잡은 히틀러가 이 행사에서 축사했고, 이에 열광한 사람들은 전부 손바

닥을 아래로 향한 채 오른팔을 앞으로 펴는 이른바 '나치 경례'로 반응했습니다. 그곳에 모인 모든 사람이 히틀러를 향해 예를 표할 때, 의도적으로 손을 들지 않은 한 사람이 있었습니다. 이 사람은 아우구스트 란트메서라는 독일인으로, 아리아인이자 나치 당원이었습니다. 그는 이 사건으로 인해 체포되어 감옥에 갇혔다가 결국 실종되었습니다. 정확히 밝혀지진 않았지만 공식 석상에서 히틀러에게 노골적으로 반항했다는 이유로 당시 다른 사람들처럼 비밀경찰에 의해 사라진 것이 아닌가 예상됩니다.

란트메서의 법정 죄목과 관계 없이 그가 감옥에서 실종된 이유는 모든 사람이 손을 들어 경례할 때, 손을 들지 않았기 때문입니다. 사람들이 모두 엎드릴 때 그러한 분위기에 편승하지 않고 엎드리지 않았기 때문입니다. 그래서 우리는 지금도 그를 기억하고 있습니다.

우리가 읽은 본문에도 이와 유사한 이야기가 있습니다.

세 친구의 순종과 하나님의 구원 이야기

이 장 본문은 잠시나노 교회를 다닌 사람이라면 한 번쯤 들었을 법한 이야기입니다. 청소년 시기에 바벨론 포로로 끌려와 다니엘과 함께 왕립 학교를 다녔고, 신앙을 지키며 바벨론 관료가 되어 세상을 섬기는 자로 세워진 세 친구에 관한 일화입니다.

느부갓네살이 바벨론 지방의 두라 평지에 금으로 만든 높이 27미터, 너비 2.7미터의 커다란 신상을 세웁니다. 그리고 모든 관료는 그 신상에 절해야 한다는 포고를 내립니다. 이 명령을 듣지 않으면 화형에 처해지게 됩니다. 그런데 다니엘의 세 친구가 왕의 명령을 어깁니다. 다른 이들의 고소로 잡혀 온 세 친구에게 왕은 한 번 더 우상에 절할 기회를 줍니다. 세 친구는 완강히 거부했고 결국 풀무 불에 던져집니다. 그리고 기적이 일어납니다. 엄청난 화력으로 불타는 풀무 안에서 이 세 친구는 전혀 해를 입지 않았습니다. 왕은 이들을 밖으로 불러내어 이들이 그토록 신뢰하는 여호와 하나님께 감탄하고 그 하나님을 찬양합니다. 세 친구는 왕의 신임을 얻어 더 높은 직책을 얻게 됩니다.

하나님께 순종하기 위해 우상에게 절하라는 왕의 명령을 어긴 신앙의 용사, 순교를 각오하며 불 속에 던져졌지만 하나님의 기적으로 살아난 신앙인. 우리는 이 세 친구를 이렇게 기억하고 있습니다. 맞습니다. 이 세 친구는 그런 사람들입니다. 이 장에서는 그 익숙한 이야기로 조금 더 깊이 들어가 '어떻게' 이 세상의 거대한 압력으로부터 자신을 지켜 하나님의 말씀에 순종할 수 있었는지 함께 살펴보겠습니다.

너희도 우리와 같은 바벨론 사람이 되어라

일단 세 친구의 반대편에 있는 바벨론왕 느부갓네살을 살펴볼 필요가 있습니다. 느부갓네살은 왜 갑자기 두라 평지에 금으로 된 신상을 세웠을까요?

다니엘서 본문에는 이 시기에 대한 언급이 없습니다. 그런데 다니엘서를 최초로 헬라어로 번역한 70인역의 번역자들은 이 다니엘 3장의 시기를 느부갓네살 재위 18년이라고 보고 있고, 성경학자들도 대부분 그 무렵이라고 추측합니다. 남 유다가 애굽에 기대어 반란을 모의한다는 구실로, 그동안 간신히 명맥을 유지하던 남 유다를 완전히 멸망시켜 버린 해이기 때문입니다.

예루살렘성과 성전이 바벨론에 의해 완전히 무너진 해, 남 유다가 역사에서 완전히 지워져 버린 해입니다. 이것은 느부갓네살의 정복 전쟁이 끝났음을 의미합니다. 느부갓네살은 거의 20년 내내 정복 전쟁을 이어 왔습니다. 그리고 마침내 이 전쟁이 끝났습니다. 느부갓네살은 자신의 위대한 업적을 기릴 수 있도록 기념비를 세워 행사를 열고 싶었던 겁니다.

느부갓네살은 당시 기준으로 엄청난 규모의 신상을 만들어 그것을 모두 금박으로 입혔습니다. 당시 기술로는 순금으로 거대한 신상을 만들 수 없었기 때문에 금으로 신상을 입혔으리라고 추정됩니다. 온통 금으로 덮인 신상. 다니엘 2장에서 느부갓네살이 환상 속에서 목도한 신상을 떠올려 봅시다. 신상을 이루는 각종 재료가 차

례로 등장했습니다. 그리고 다니엘은 그 재료들이 앞으로 일어날 제국을 의미한다고 해석해 주었습니다. 바벨론 이후 메대와 바사를 거쳐 로마가 등장하고, 로마 제국 말기에 거룩한 산 돌이신 그리스도께서 오셔서 이 모든 제국을 무너뜨리고 하나님이 통치하시는 나라를 세우리라는 내용이었습니다. 그는 그 예언을 듣고 즉시 다니엘의 하나님께 경배하며 그 하나님의 예언을 수용하는 듯한 태도를 보였습니다. 그런데 그로부터 16년이 지난 후 느부갓네살은 자신이 꿈에서 본 것과 다른 신상을 세웁니다. 머리부터 발끝까지 모두 금으로 이루어진 신상입니다.

느부갓네살은 힘을 가졌고 그 힘으로 세상을 정복했습니다. 그리고 자신이 그토록 멋지게 이룩한 바벨론 왕국이 얼마 가지 않아 무너진다는 사실을 인정할 수 없었습니다. 하나님의 계획과 뜻을 알았지만 그대로 성취되어서는 안 된다는 생각이 들었던 것입니다. 훗날 산에서 날아온 한 돌에 의해 세워지는 하나님 나라보다 지금 자신이 세운 나라가 더 훌륭하고 강하며 영원하기를 원했습니다. 그는 하나님이 주신 꿈을 막아서고 싶었습니다. 그 꿈이 성취되는 것을 방해하기로 결단한 겁니다.

이것이 세상의 속성입니다. 세상은 하나님의 꿈이 성취되는 것을 싫어합니다. 한순간은 하나님을 인정하는 것 같습니다. 잠깐은 자신의 잘못과 죄를 고백할 수도 있습니다. 그러나 중심이 변화되지 않는 세상은 언제든 상황이 좋아지면 대번에 하나님의 계획을 방해하려 합니다. 하나님처럼 되고 싶어 하는 인간의 악한 본성이 늘 튀어나오기 때문입니다. 죄의 속성은 '자기중심성'입니다. 내가 내 인생의 주인이 되고 싶은 마음입니다. 그러기 위해서는 내 나라, 내 왕국, 내 왕권이 영원해야 합니다.

오늘도 세상은 '하나님 나라'와 '하나님의 계획'을 인정하지 않습니다. 그래서 우상을 만들고 그 우상을 숭배하게 하여 하나님 백성이 하나님의 꿈과 계획, 법대로 살지 못하게 통제하려 합니다.

바벨론의 모체가 된 인간들은 옛날 바벨탑을 쌓았던 노아 이후의 인류였습니다. 그들은 흩어짐을 면하여 신을 대적하려는 의도로 바벨탑을 쌓았습니다. 그 바벨탑의 정신을 이어받은 나라가 바벨론입니다. 바벨론 역시 거대한 금 신상을 세워 그 앞에 모두 무릎 꿇게 억압하는 방식으로 흩어짐을 면하여 자신의 권력을 영원히 유지하려고 시도한 것입니다. 모든 이가 같은 신 앞에 엎드리면 모든 이의 마음이 하나가 되어, 제국이 흩어지거나 나뉘지 않으리라 생각한 것이지요.

그렇다면 느부갓네살의 목적을 조금 더 쉽게 정리하면 무엇일까요? 다니엘의 세 친구까지 이 금 신상에 절하게 하려는 이유는 무엇입니까? 본문은 끊임없이 이 세 사람의 이름을 언급합니다. '사드락, 메삭, 아벳느고'라는 이름입니다. 어릴 적 교회학교 성경 퀴즈에서 어려운 문제로 자주 등장하면 이름입니다. '다니엘과 세 친구의 이름을 쓰라!' 그런데 다니엘은 벨드사살이라는 바벨론식 이름이 있음에도 주로 우리는 히브리식 이름인 '다니엘'로 부릅니다. 반면, 세 친구는 '하나냐와 미사엘과 아사랴'라는 히브리식 이름이 있는데도 늘 바벨론식 이름인 '사드락, 메삭, 아벳느고'라고 부릅니다. 3장에서 이 바벨론식 이름이 그만큼 빈번히 등장하기 때문입니다. 이렇듯 세 친구의 바벨론식 이름이 계속 반복되는 이유가 무엇일까요? 이것이 느부갓네살이 원하는 바였습니다. 즉, '우리와 같은 바벨론 사람이 되라'는 메시지입니다.

세상은 오늘 우리에게 "너희는 우리와 같아져야 한다!"라고 끊임없이 외치고 있습니다. 하나님이 만드시는 영원한 나라 같은 건 믿지 말라고 합니다. 장래의 소망을 품지 말라고 합니다. 이 땅에서 그분을 믿고 살았던 이들에게 하나님의 존재를 믿지 말라고, 그분이 상을 주실 것임을 믿지 말라고 말합니다. 지금 이 세계, 지금 이 삶이 영원하다고, 이 땅에서 먹고 마시고 시집가고 장가가는 것에만 집중하라고 속삭입니다. 굳이 그들과 다른 사람이 되려 하지 말고, 그들과 같은 사람이 되어 그들과 함께 이곳에서 누릴 수 있는 모든 것을 누리며 살자고 유혹하는 겁니다. 세상은 오늘도 우리를 향해 이렇게 외치고 있습니다. 과연 이 세상의 외침 앞에 우리는 어떻게 반응해야 할까요?

느부갓네살의 압박

세상의 이러한 외침 앞에서 자신을 지키기란 쉬운 일이 아닙니다. 당장 이 세 친구의 경우를 생각해 봐도 그렇습니다. 왕의 압박은 매우 강력했습니다. 간단히 살펴보면 압박은 세 가지로 나타납니다.

첫째, '느부갓네살'이라는 왕의 이름이 계속 등장합니다. 이 명령을 내린 주체가 '느부갓네살'이라는 말이지요. 우리는 '느부갓네살'이라는 이름을 들어도 별다른 감흥이 없지만 고대 사회에서 왕의 이름이 갖는 무게는 엄청났습니다. 아카드어로 '나부 쿠두리 우추르'입니다. 위대한 정복 왕의 이름, 이 이름으로 나오는 명령은 반드시 시행되어야 합니다. 그 위대한 이름의 권세로 지금 이 압박이 진행되는 것입니다.

둘째, '모든'이라는 표현이 반복하여 등장하고 있음을 주목해 봅시다. 악기를 언급할 때도 '모든' 악기가 동원되었다고 기록하고 관료를 부를 때도 '모든'이라는 수식을 붙입니다. 2절과 3절만 봐도 행정 관료들의 명칭이 반복됩니다. "총독과 수령과 행정관과 모사와 재무관과 재판관과 법률사와 각 지방 모든 관원." 5절에 보면 악기들의 명칭도 반복됩니다. "나팔과 피리와 수금과 삼현금과 양금과 생황과 및 모든 악기." 둘 다 '모든'이 강조됩니다. 모든 사람을 신상 앞에 모아 놓고, 모든 악기를 울려 절할 시간을 알립니다. 같은 장소에서 같은 시간에, 모든 사람이 신상을 향해 엎드립니다. 그러한 상황에서 다른 사람들의 행동에 동참하지 않기가 과연 쉬울까요?

셋째, 실제적 위협입니다. 왕의 명령을 어겨 신상에 절하지 않으면 어떤 일이 벌어집니까? 산 채로 맹렬히 타오르는 풀무 불에 던져지게 됩니다. 모든 사람이 보는 앞에서 가장 잔혹한 형벌을 받으며 죽어 가게 되는 것입니다. 명령을 어기면 죽임을 당할 뿐만 아니라 죽음에 이르는 과정마저 극도로 고통스러우리라는 세상의 위협입니다.

세상과 같아지려 하지 않는 성도를 세상은 다양한 방식으로 압박합니다. 때때로 지나치게 폭력적 방식으로 압박을 가하기도 합니다. 세상과 같은 패거리가 되지 않으면 살아남을 수 없을 것이라 으름장을 놓습니다. 세상은 힘으로 끊임없이 압박합니다. 우리의 이름을 버리고 세상의 이름으로 살라고요. 위협으로 끝나는 경우도 있겠지만 실제로 폭력을 행사하기도 합니다. 손해를 볼 수도 있습니다. 더 나아가 완전히 망하고 죽음을 맞을 수도 있습니다. 세상은 그냥 위협만 가하는, 묶여 있는 사자가 아닙니다. 때로 그 발톱과 이빨로 우리를 찢어 삼킬 수 있는 실제적 위협을 가합니다. 우리는 '우리를 세상과 하나 되게 하려는 폭력'에 어떻게 맞설 수 있을까요? 과연 맞서는 게 가능하긴 할까요? 세 친구는 하나님 나라 백성으로서 정체성을 지켜야 하는 우리에게 세상과 맞설 수 있는 세 가지 힘을 보여 줍니다.

압박에 맞서는 힘 1_ 세상의 실체를 아는 지식

세상의 압박을 견딜 수 있는 첫째 힘은 '세상의 실체를 아는 지식'입니다. 본문에서는 엄청난 규모로 '신상 낙성식'이 거행되고 있습니다. 각양각색의 악기가 동원되고 수많은 사람이 모였습니다. 제국이 동원할 수 있는 것을 모두 동원한 자리입니다. 그런데 다니엘 3장의 본문을 찬찬히 읽다 보면 신상과 관련해 눈에 띄는 표현이 있습니다. 유독 신상을 의미하는 '쩨렘' 앞에 '만든' 또는 '세운'이라는 수식이 들어가 있는 겁니다. '세운'을 뜻하는 '쿰'이라는 단어가(1, 2, 3[2회], 5, 7, 12, 14, 18절) 이야기의 전반부를 꽉 채우고 있습니다.

다니엘서는 우리에게 거듭 알려 줍니다. 저 거대한 신상, 저 금빛으로 찬란한 신의 형상은 사람이 만들어 세웠다고 말입니다. 그것은 처음에 아무것도 아닌 재료였을 것입니다. 사람이 노력과 수고를 들여 깎고 쌓고 덧칠해 그 신상을 만들었습니다. 스스로 일어날 힘도 없습니다. 그래서 누군가가 일으켜 세워야 합니다. 어딘가로 이동할 수도 없습니다. 세워진 채로 가만히 눈비 맞아야 하는 게 신상입니다. 지나가는 새의 배설물도 피하지 못해 그대로 다 맞을 수밖에 없는 게 금 신상의 정체입니다. 아무것도 아니라는 것이지요. 다니엘은 '쿰'이라는 단어를 반복함으로 그 신상의 허구성을 드러낸 겁니다.

세상은 우리를 위협합니다. 세상이 힘과 능력을 모두 가지고 있다며, 자신들의 생각대로 움직이지 않으면 가만두지 않겠다고 위협합니다. 그 힘은 신상처럼 압도적으로 거대합니다. 신상처럼 눈부시게 화려합니다. 그러나 신상은 움직일 수 없습니다. 그 신상은 남을 지키지 못할 뿐 아니라 자신도 지키지 못합니다. 성도는 이 세상의 허망함을 볼 수 있어야 합니다. 우상은 참신이 아니고, 이 왕은 영원한 왕이 아니며, 이 나라는 영원한 나라가 아닙니다. 세상 사람들이 말하는 행복은 진짜 행복이 아닙니다. 진짜가 아니라 거짓임을 감추기 위해 열심히 치장하나 그 치장으로도 감춰지지 않는 부분들이 있습니다. 성도는 이 세상의 허구를 보는 지혜가 있기에 이 세상 신에게 절하지 않는 것입니다.

압박에 맞서는 힘 2_ 하나님을 향한 온전한 믿음

세상의 압박을 견딜 수 있는 둘째 힘은, 하나님을 향한 '온전한 믿음'입니다. 왕은 세 친구가 금 신상에 절하지 않았다는 사실을 알고 이들에게 한 번 더 기회를 줍니다.

> 이제라도 너희가 준비하였다가 나팔과 피리와 수금과 삼현금과 양금과 생황과 및 모든 악기 소리를 들을 때 내가 만든 신상 앞에 엎드려 절하면 좋거니와 너희가 만일 절하지 아니하면 즉시 너희를 맹렬히 타는 풀무 불 가운데에 던져 넣을 것이니 능히 너희를 내 손에서 건져 낼 신이 누구이겠느냐 하니(단 3:15).

느부갓네살의 중심이 정확히 드러나는 부분입니다. "능히 너희를 내 손에서 건져 낼 신이 누구이겠느냐?" 즉, 그런 신은 '없다'는 말입니다. 자신의 손에서 그들의 생명을 보존할 능력을 가진 신은 세상에 존재하지 않는다는 뜻이지요. "나는 신보다 강하며, 내가 곧 신이다"라고 주장한 겁니다. 이에 대해 세 친구는 이렇게 대답합니다.

> 사드락과 메삭과 아벳느고가 왕에게 대답하여 이르되 느부갓네살이여 우리가 이 일에 대하여 왕에게 대답할 필요가 없나이다 왕이여 우리가 섬기는 하나님이 계시다면 우리를 맹렬히 타는 풀무 불 가운데에서 능히 건져 내시겠고 왕의 손에서도 건져 내시리이다 그렇게 하지 아니하실지라도 왕이여 우리가 왕의 신들을 섬기지도 아니하고 왕이 세우신 금 신상에게 절하지도 아니할 줄을 아옵소서(단 3:16-18).

세 친구의 고백이 3장 전체의 주제입니다. 이 고백은 참된 믿음이 무엇인지 생생하게 보여 줍니다.

첫째, 하나님의 능력을 신뢰하는 태도입니다. 하나님은 그들을 불 가운데서 긴지실 뿐 아니라 왕의 손에서도 능히 구해 내실 수 있다는 고백이지요.

둘째, 자신들은 '하나님이 지금 하시고자 하는 일에 대해 모름'을 인정하는 고백입니다. "그렇게 하지 아니하실지라도"는 '우리를 불과 왕의 손에서 건지지 않으신다 할지라도'라는 의미입니다. '내가 불에 타고, 왕의 칼에 죽고, 병이 들고, 사고가 나며, 경제적으로 무너지고, 자식에게 문제가 생긴다 할지라도'입니다. '지금 내 삶에 일어나는 모든 일이 내 생각과 내 뜻대로 흘러가지 않는다 할지라도'입니다. '내가 생각하는 대로 하실 능력을 가지신 하나님이, 내 생각대로 행하시지 않는다 할지라도'를 말합니다. 그들은 하나님을 자신의 생각대로 움직일 수 없다는 사실을 겸허히 인정하고 있습니다. 하나님의 생각을 자신이 다 알 수 없음을 고백하고 있습니다. 지금 자신 앞에 놓인 상황이 어떻게 해결될지 모른다고 여기고 있습니다.

마지막 셋째, 이것이 믿음의 핵심입니다. 이미 밝혀진 '하나님의 뜻'에 순종하는 것입니다. 우상에게 절하는 행위는 십계명의 첫째 계명과 둘째 계명을 어기는 일입니다. 이것은 고민해 보고 생각해 보고 검토해 봐야 할 문제가 아닙니다. 하나님이 매우 선명하게 금하신 죄입니다. 아무리 생각해 봐도 하나님이 정한 법을 어기는 일입니다. 그래서 그들은 이렇게 선언합니다. "우리가 왕의 신들을 섬기지도 아니하고 왕이 세우신 금 신상에게 절하지도 아니할 줄을 아옵소서"(단 3:18). 이미 드러난 하나님의 뜻에 순종하기를 선택한 겁니다.

"그리 아니하실지라도……." 이 얼마나 비장한 고백입니까? "하나님이 이것과 저것과 그것을 해주시면…… 나도 이렇게 하겠습니다"라는 태도를 우리는 신앙이라고 생각하지 않았습니까? 아니면, "하나님, 제가 이 일과 저 일을 할 테니까 나중에 이것과 저것을 꼭 공급해 주셔야 합니다"라며 하나님과 거래하듯 신앙생활하지 않았나요? 둘 다 믿음입니다. 그러나 온전한 믿음, 세상을 이기는 믿음은 아닙니다. 세상을 이기는 참된 믿음, 성숙한 믿음은 '그리 아니하실지라도'라는 고백 속에 들어 있습니다.

우리의 믿음이 이렇게 자라면 좋겠습니다. 우리의 신앙이 이렇게 견고해지기를 원합니다. 우리 믿음의 고백이 이렇게 달라지기 바랍니다. '그리 아니하실지라도'라는 비장한 고백이 우리 안에 있기를 소망합니다.

압박에 맞서는 힘 3_ 네 번째 사람

압박을 이기는 마지막 힘은, 풀무 불에 던져진 세 친구가 만나게 되는 '네 번째 사람'에게 있습니다.

> 왕이 또 말하여 이르되 내가 보니 결박되지 아니한 네 사람이 불 가운데로 다니는데 상하지도 아니하였고 그 넷째의 모양은 신들의 아들과 같도다 하고 …… 느부갓네살이 말하여 이르되 사드락과 메삭과 아벳느고의 하나님을 찬송할지로다 그가 그의 천사를 보내사 자기를 의뢰하고 그들의 몸을 바쳐 왕의 명령을 거역하고 그 하나님 밖에는 다른 신을 섬기지 아니하며 그에게 절하지 아니한 종들을 구원하셨도다(단 3:25, 28).

여기 등장하는 네 번째 사람이 누구인지에 대해 다양한 해석이 있습니다. 그러나 다니엘이 특별히 부연 설명을 하지 않은 것으로 미루어 다니엘도 모르는 존재이거나 아니면 누구라도 다 아는 존재인 것으로 생각됩니다. 이것은 구약 시대를 살았던 모든 하나님의 사람이 지닌 한계입니다. 아무리 훌륭하다 할지라도 구약에 등장하는 인물은 신약을 살고 있는 우리에 비해 부족한 지식이 있습니다. 바로 '우리 주 예수 그리스도를 아는 지식'입니다.

이미 우리는 이 네 번째 사람이 누구인지 알고 있습니다. '성육신 이전의 성자 하나님', 곧 '예수'이십니다. 인간의 몸을 입으시고 온전한 인간으로 이 땅에 오시기 전, 성자께서는 종종 이런 모습으로 세상 속에 오셨습니다. 여기서는 그 성자 하나님이 불 가운데 있는 다니엘의 세 친구 사이에 서셨습니다. 이쯤 되면 우리는 궁금해집니다. 성자 하나님이 불 속에 던져진 세 친구를 건지기 위해 어떤 일을 행하실지 말입니다.

네 번째 사람은 우리가 예상하는 방식으로 세 친구를 구하지 않습니다. 우리는 그분이 나타나신다면 세 친구가 불 가운데로 던져지지 못하도록 막으시리라고 생각합니다. 불 가운데 던져지는 세 사람을 거기서 곧바로 건져 내시고, 세 친구를 적대하던 이들을 그 불로 치시리라 생각합니다. 그런데 그분은 우리의 예상과는 너무나도 다른 방식으로 세 친구를 구원하십니다. 그분은 불 밖이 아니라 불 가운데 들어와 세 친구와 함께 계십니다. 그분은 우리가 당하는 모든 고통과 위험에서 항상 우리를 보호하시지는 않습니다. 그러나 그분은 우리가 고통을 당할 때 우리와 함께 그 고통의 자리에 거하십니다. 우리가 불 가운데 던져졌을 때, 우리는 그곳에서 우리를 향해 불 속으로 뛰어들어 오시는 그분을 만나게 됩니다.

왜 그렇게 하실까요? 그분은 우리를 사랑하시기 때문입니다. 왜 우리를 이 불 가운데 두시는지는 정확히 알 길이 없습니다. 아무리 설명을 들어도 납득할 수 없을 때가 많습니다. 그러나 그런 혼란 속에서도 결코 흔들리지 않는 한 가지 확신이 있습니다. 그분이 나를 사랑하신다는 진리입니다. 그분은 이미 나를 위해 십자가에 달려 죽으심으로, 다시 말해 타는 불 가운데 있는 우리를 위해 불 가운데 들어오심으로, 우리를 향한 자신의 사랑을 증명하셨습니다. 그분은 나를 사랑하십니다. 우리는 그분이 나를 사랑하심을 십자가에서 확인했습니다. 그래서 우리는 그분을 사랑합니다. 그리고 그 사랑 때문에 우리는 세상의 폭력 앞에 굴복하지 않을 수 있습니다. 나는 세상의 힘 앞에 무릎 꿇지 않겠습니다.

사랑, 압박을 이기는 강력한 힘

앞으로 돌아가 다시 아우구스트 란트메서를 보겠습니다. 그가 어떻게 히틀러 앞에서 경례하지 않을 수 있었을까요? 이 남자가 사랑한 여인 일마 에클러가 유대인이기 때문입니다. 그는 한때 히틀러 지지자였습니다. 그러나 그가 사랑하게 된 여인은 히틀러가 세상에서 지워 버리고 싶어 한 유대인이었습니다. 그는 사랑하는 아내의 생명과 자신의 가정을 파괴하려는 히틀러를 더 이상 지지할 수 없었습니다. 그의 저항에 뭔가 거대한 대의명분이 있었던 게 아니었습니다. 사랑 때문이었습니다.

　오늘날 세상은 끊임없이 자신의 힘과 능력으로 다양한 방식을 동원해 우리의 정체성을 규정하려 합니다. 세상과 우리를 똑같이 만들려 하고, 세상의 신인 맘몬에게 절하게 합니다. 대학 입시에 목숨을 걸라고 하고 인생의 자랑들로 사람들을 줄 세우려 합니다. 세상은 강력합니다. 그리고 다수입니다. 그 속에서 어떻게 다르게 살 수 있습니까? 수많은 악기가 울리는 순간, 주변의 모든 이가 엎드릴 때, 우리는 무엇으로 그 압력을 견디며 하나님의 백성이라는 정체성을 고백할 수 있습니까?

　사랑 때문입니다. 죽기까지 나를 사랑하신 우리 주님, 우상이 아니라 참신이시며 인간이신, 나보다 나를 더 사랑하시는 바로 그 삼위 하나님을, 내가 사랑하기 때문입니다. 그 사랑을 품고 세상에 굴하지 않고 당당히 살아가는 우리가 되길 소망합니다.

나눔과 적용

1 한 시대는 그 안에 있는 이들에게 그 시대가 만드는 흐름을 따르도록 요구합니다. 개인이 그 요구를 거부하기란 결코 쉬운 일이 아닙니다. 혹시 자신의 신앙에 반하는 사회적 요구를 경험해 본 적이 있습니까? 그때 어떻게 행동했어야 한다고 생각합니까?

2 바벨론 왕 느부갓네살이 바벨론에 거하는 모든 이에게 어떤 명령을 내립니까? 여러분이 당시 바벨론에 있었다면 이 명령에 어떻게 반응했을까요?
배경(1절) :
전개(2-6절) : [대상/방법/불응한 자에 대한 경고]

● '모든 정복 전쟁을 마쳤다'고 생각한 느부갓네살은 자신의 업적을 기념하는 신상을 세우고 바벨론에 사는 이들에게 예배를 요구했습니다. 오늘도 세상은 하나님의 백성에게 세상을 두려워하고, 세상에 순종하며, 세상을 예배하라고 압박합니다. 여러분이 만약 이런 상황 가운데 놓인다면 어떤 심정일까요? 또 어떤 선택을 하게 될까요?

3 느부갓네살은 다니엘의 세 친구의 행동에 어떻게 반응합니까?(13-15절) 이런 왕에게 세 친구는 어떻게 대답합니까?(16-18절) 이 대답의 의미를 나눔틀 안에서 정리해 보십시오.
하나님의 능력 :
하나님의 의지 :
우리의 결단 :

세 친구는 "하나님께서는 그 어떤 상황에서도 우리를 구원할 능력이 있습니다. 그러나 하나님이 오늘 이 상황에서 우리를 구원하실지, 즉 그분의 의지에 대해서는 알 수 없습니다. 그러나 우리는 지금 하나님이 우리에게 바라시는 것이 이것(즉, 신상에 절하지 않음)임을 확신하기에, 드러난 하나님의 뜻에 순종하여 왕의 신상에 절하지 않겠습니다"라고 대답합니다.

● 이 세 친구의 고백에 담겨 있는 하나님의 능력과 의지에 대한 지식과, 드러난 뜻에 대한 순종이 여러분에게도 있습니까? "그리 아니하실지라도"라는 말로 시작해야 하는 결단의 상황에서 여러분은 어떻게 행동해 왔습니까?

4 세 친구는 뜨겁게 달궈진 풀무 불에 던져졌지만 타지 않았습니다. 풀무 불 가운데 한 분이 들어와 그들을 불 가운데서 보호했기 때문입니다(25, 27절). 느부갓네살이 본 '신들의 아들과 같은 모습을 한' 네 번째 사람(?)은 누구를 의미합니까?

● 불 가운데 들어오셔서 '우리와 함께하시는 성자 하나님'을 믿을 때, 우리는 세상의 압력과 흐름에 반하는 삶을 살 수 있습니다. 우리에게 순종의 삶이 없는 것은 단지 행함의 문제가 아니라 그리스도를 향한 믿음의 문제일 수 있습니다. 그리스도를 향한 우리의 믿음은 어떠합니까? 이 믿음을 더하기 위해 우리가 할 수 있는 일에는 어떤 것들이 있습니까?

4장 ✶ 결국 허물어질 세상의 실체
단 4:1-37

가장 강하나 평안이 없는 자

중국 베이징에는 세계에서 가장 큰 궁궐인 '자금성'이 있습니다. 이 성은 중국 명나라와 청나라의 황제가 거했던 곳으로, 자신들이 세계의 중심이며 세계를 다스리고 있음을 과시하기 위해 모든 역량을 동원해 건축한 궁궐입니다. 자금성에는 크고 작은 방이 9,999개가 있습니다. 중국 문화에서는 하늘의 옥황상제가 사는 궁궐의 방 개수가 1만 개라고 여겼기 때문에 황제가 그보다 큰 집에는 살 수 없었던 겁니다. 따라서 인간이 만들 수 있는 집 가운데 가장 큰 집, 가장 많은 방을 거느린 집이 바로 이 자금성입니다. 막상 자금성에 다녀온 사람도 자금성의 전체 규모를 실감할 수는 없을 것입니다. 그래서 조금 더 피부에 와닿게, 한국에서 가장 큰 궁궐인 경복궁과 비교해 보면 도움이 될 것입니다. 결코 작지 않은 궁궐인 경복궁의 방은 모두 350개입니다. 이것으로 미루어 보면 자금성이 얼마나 큰 성인지 대충 짐작이 갑니다.

  이 자금성을 지은 황제, 그리고 자금성에서 살았던 황제들은 어떤 생각을 했을까요? 자신을 위해 만들어진 이 거대한 집에서 그들은 세상을 어떻게 내려다 봤을까요? 우리도 집 평수가 커지면 뭔가 조금 당당해지는 기분이 듭니다. 그런데 자신의 집이 세상에서 가장 크다면 어떤 느낌일까요? 그 성안의 거대한 마당에 수많은 신하가 엎드려 자신에게 '만세 만세 만만세!'를 외치고 있다면 기분이 어떨까요? 그런 상황을 경험한 적이 없기 때문에 상상하기가 쉽지 않습니다. 아무튼 좋을 겁니다.

  '황제처럼 살고 싶다.' 이러한 욕망이 모든 사람의 마음속에는 한번쯤 자리했을 것입니다. 그런데 이 황제의 집이었던 중국 자금성에 독특한 점이 하나 있습니다. 황제의 침소라고 불리는, 똑같이 생긴 10평짜리 방이 399개가 있는 것입니다. 황제는 늘 한 명이었습니다. 그런데 그 황제가 자는 방은 399개입니다. 황제는 날마다 다른 방에서 잠들었습니다. 늘 암살의 위협에 시달리기 때문이었습니다. 황제가 그날 밤 어디서 자는지는 오직 황제의 경호원들만 알았고, 심지어 황제도 자신이 그날 밤 어디서 잘지 알 수 없었다고 합니다. 황제는 모든 것 위에 군림했습니다. 세상에서 가장 큰 집에서 살고 있습니다. 가장 좋은 것을 누리는 것처럼 보였습니다. 그런데 자기가 원하는 대로, 자기가 자고 싶은 곳에서 잘 수가 없습니다. 자기가 먹고 싶은 것을 먹을 수도 없습니다. 언제든 암살당할 수 있다는 생각에 불안해하며 아무도 모르게 10평 침실에서 잠을 청해야 했던 존재가 바로 황제였습니다.

 우리는 지금 바벨론의 왕 느부갓네살과 다니엘의 이야기를 살펴보고 있습니다. 느부갓네살은 모든 것을 가진 것 같습니다. 전쟁에 능했고 권모술수가 뛰어났습니다. 결국에는 여러 민족을 삼켜 제국을 이룩하여 가장 강대한 나라를 세웠습니다. 엄청난 건축물들을 만들었습니다. 그가 바벨론에 세운 성은 거의 자금성에 맞먹는 크기였습니다. 그가 자신의 아내를 위해 만든 공중 정원은, 어떻게 만들었는지 지금도 알 수 없어 세계 7대 미스터리 중 하나가 되었습니다. 그런데 그 느부갓네살 역시 좀처럼 잠을 이루지 못하고 있습니다. 다니엘 2장에서 그랬듯이 이 장에서 다룰 본문인 4장에서도 꿈을 꾼 후, 그 꿈 때문에 잠을 청하지 못합니다. 두려워 떨고 있습니다. 세상의 어떤 것도 자신을 지켜 주지 못함을 그는 은연중 알고 있었기 때문입니다.

 자금성과 바벨론성이 우리를 지켜 줄 수 없습니다. 많은 경호원이 우리를 보호하지 못합니다. 수많은 의료 장비와 의료 전문가 들이 우리를 살리지 못합니다. 즉, 우리는 안전하지 않습니다. 그래서 우리도 어쩌면 모든 것을 갖고 있는 것 같으나 잠을 이루지 못할 수 있습니다. 이번 본문에서 우리는 잠 못 이루는 세상을 만납니다. 그리고 참된 안식을 주시는 하나님을 이 세상에 소개하는 하나님의 사람을 만납니다. 다니엘이 감당했던 일을 우리도 감당할 수 있기를 바라며, 말씀으로 들어가도록 하겠습니다.

구조와 이야기

다니엘 4장은 '봉투 구조'로 이루어져 있습니다. 1-3절에 느부갓네살이 여호와 하나님을 찬양하는 내용이 나옵니다. 그리고 1-3절에 기록된 찬양과 비슷한 내용이 마지막 34-37절에 반복됩니다. 그 중간 부분인 4-33절에는 느부갓네살이 여호와 하나님을 찬양하게 된 사건이 기록되어 있습니다. 이러한 구조로 부각시키고자 하는 메시지는 한 가지입니다. 이 이야기를 읽은 독자들 역시, 느부갓네살처럼 여호와 하나님을 찬양해야 한다는 사실입니다.

이야기는 왕이 꿈을 꾸는 장면으로 시작합니다. 왕은 그 꿈이 신적인 꿈이라고 생각하여 바벨론 지혜자들을 불러 자신의 꿈을 들려준 후 해석을 요구합니다. 술사들이 해석을 내놓지 못하자 왕은 다니엘을 불러 자신의 꿈을 들려줍니다. 즉 하늘까지 이른 거대한 나무와 그 나무가 베이는 이야기를 들은 다니엘은 그 꿈의 의미를 해석합니다. 왕이 교만해지면 하늘이 치시리라는 해석이었습니다. 다니엘의 권면을 무겁게 듣지 않은 느부갓네살은 1년 후 어떤 정신질환을 겪으며 7개월 동안 짐승처럼 살게 됩니다. 이후 총명을 되찾은 왕이 여호와 하나님을 찬양함으로써 이 이야기는 마무리됩니다.

이 이야기는 우리에게 무엇을 보여 주고 있을까요? 이야기의 중심에 들어가 우리에게 들려주시고자 하는 하나님의 교훈을 찾아보도록 하겠습니다.

세상의 실체

우선 이 이야기는 세상의 실체를 알려 줍니다.

> 내가 침상에서 나의 머릿속으로 받은 환상이 이러하니라 내가 본즉 땅의 중앙에 한 나무가 있는 것을 보았는데 높이가 높더니 그 나무가 자라서 견고하여지고 그 높이는 하늘에 닿았으니 그 모양이 땅끝에서도 보이겠고 그 잎사귀는 아름답고 그 열매는 많아서 만민의 먹을 것이 될 만하고 들짐승이 그 그늘에 있으며 공중에 나는 새는 그 가지에 깃들이고 육체를 가진 모든 것이 거기에서 먹을 것을 얻더라(단 4:10-12).

느부갓네살은 꿈속에서 한 나무가 땅의 중앙에 서 있는 장면을 보게 됩니다. 나무는 계속 자라더니 하늘에 닿을 만큼 커졌습니다. 심지어 땅끝에서도 보일 만큼 높이 자랐습니다. 많은 생명이 그 나무에 깃들여 그 나무의 열매와 그늘이 주는 혜택을 누렸습니다. 이 거대한 나무는 무엇을 의미할까요? 이후 다니엘이 해석한 대로 이 나무는 느부갓네살과 바벨론 제국을 상징합니다.

당시 신화 중에는 하늘까지 자란 나무, 생명의 원천인 생명수에 관한 내용이 있었습니다. 그런데 지금 바벨론과 느부갓네살이 그 위치에 있다는 의미이지요. 세상은 하늘까지 닿은 나무, 모든 것에게 생명을 제공하는 나무를 긍정적으로 바라봅니다. 식량 문제, 주거 문제를 해결할 수 있기 때문입니다. 그러나 성경은 이 나무를 그런 시선으로 바라보지 않습니다.

"그 높이는 하늘에 닿았으니"라는 표현이 갖는 의미 때문입니다. 이 표현에서, 홍수 이후 인류가 시날 평지에 바벨탑을 쌓는 장면이 자연스럽게 떠오릅니다. 다시 말하면 이 표현은 신에게 도전하는 태도를 가리킵니다. 신은 하늘에 거하고 인간은 땅에 머물러야 하는데 인간이 무언가를 만들어 신의 영역을 침공하겠다는 의지를 표현한 말입니다. 하나님이 가장 싫어하시는, 인간의 교만이 하늘을 찌르는 상태인 것이지요. 세상에 있는 모든 생명은 하나님이 먹이시고 입히십니다. 그러나 이 나무는 하나님의 영역을 침범하여 모든 생명을 자신의 열매로 먹이고 자신의 그늘에 모읍니다. 이것이 하나님을 대적하는 세상의 방법, 하나님을 필요 없는 존재로 만들어 하나님께로 향하는 사람들의 마음을 자신에게로 끌어당기는 세상의 전략입니다.

역사적으로 느부갓네살은 위대한 왕이었습니다. 그는 수많은 정복 전쟁을 치러 영토를 확장했습니다. 수많은 나라와 민족을 굴복시켰습니다. 느부갓네살은 단지 전쟁에만 능한 왕이 아니었습니다.

그는 포로로 끌려온 수많은 인력을 동원해 거대한 도시를 건설했습니다. 고대 사회에서 바벨론은 현재로서도 상상하기 어려운 상당한 수준의 건축물을 만들어 냈습니다. 이후 느부갓네살은 자신의 도시를 바라보며 이렇게 감탄합니다.

> 이 큰 바벨론은 내가 능력과 권세로 건설하여 나의 도성으로 삼고 이것으로 내 위엄의 영광을 나타낸 것이 아니냐(단 4:30).

엄청난 규모의 성벽과 건물 들을 세우고, 그 모든 건축물로 자신의 이름을 널리 알린 자다운, 기세등등한 자부심입니다. 그런데 그가 그렇게 자신의 성과에 도취되어 있는 순간, 꿈속에서 2부의 막이 올랐습니다.

하늘에서 한 순찰자, 곧 거룩한 자가 내려옵니다. 그리고 그 거대한 나무, 하늘까지 닿고 모든 생명에게 양식과 그늘을 제공하던 그 나무를 베어 버립니다. 나무는 쓰러지고 밑동만 남습니다. 순찰자는 이 밑동을 사슬로 묶습니다. 그 거대한 나무는 이렇게 초라한 결말을 맞이하고 맙니다.

하나님이 이 환상을 우리에게 보여 주시는 이유가 바로 여기에 있습니다. 나무는 거대했습니다. 그 나무는 풍요를 상징하고, 생명을 약속했습니다. 결코 꺾이는 일은 없을 것만 같았습니다. 이 나무를 무너뜨릴 방법은 없어 보였습니다. 그런데 하늘의 순찰자가 오는 순간 거대한 나무는 생명을 유지할 수 없었습니다. 베이고 묶이는 신세가 되어 버립니다. 세상 앞에서 자신을 뽐내던 나무의 오만함이 꺾였습니다. 자신의 생명조차 지켜 낼 수 없는 존재였음이 들통난 겁니다. 이것이 우리가 보고 있는 세상입니다.

오늘날 이 세상은 모든 것을 가진 것 같습니다. 인공 지능, 로봇, 유전자 기술 등 여러 분야에서 신의 경지에 도전하여 거의 도달했다고 주장합니다. 신의 경지에 도달한 세상은 그 능력으로 우리가 먹는 것, 입는 것, 사는 것을 책임지겠다고 장담합니다. 그 세상의 그늘에 들어가기만 하면, 그 세상의 힘에 의지하기만 하면 이 땅에서 생명을 보장받고 행복을 누리며 살아갈 수 있을 것만 같습니다.

그런데 하늘의 순찰자가 오시면, 그분이 받으신 명령대로 치시면 한순간 그 거대한 나무는 쓰러지게 됩니다. 그 나무가 남발한 모든 약속은 공수표로 전락하겠지요. 자신을 지킬 수 없는 이는 남도 지키고 보호할 수 없습니다. 성도는 이 화려하고 강력해 보이는 세상의 이면에 숨은 불안을 보는 안목을 길러야 합니다. 화려한 자금성 속 10평짜리 황제의 침실 399개를 보며, 불안에 떨며 잠드는 한 인간을 볼 수 있어야 한다는 겁니다. 성도는 이 세상이 무엇 위에 세워져 있는지 아는 자이기 때문입니다.

세상 속 하나님의 사람

다니엘은 이런 세상 속에서 세상과 함께 살아가는 성도였습니다.

그는 세상 속에서 살고 있습니다. 그는 이 세상을 떠나지 않았습니다. 숨거나 피하지 않았습니다. 그는 세상 한복판에 있습니다. 그러나 그는 세상에 물들지 않았고 세상에 선을 그었습니다. 그는 세상을 살되 세상과 다른 방식으로 살아가는 성도였습니다. 본문에서는 다니엘에게 세 가지 특징이 발견됩니다.

첫째, 다니엘은 하나님 백성으로서 자신의 신실함을 드러냈습니다. 다니엘이 왕 앞에 서자 느부갓네살은 다니엘을 향해 이렇게 말합니다.

> 박수장 벨드사살아 네 안에는 거룩한 신들의 영이 있은즉 어떤 은밀한 것이라도 네게는 어려울 것이 없는 줄을 내가 아노니 내 꿈에 본 환상의 해석을 내게 말하라(단 4:9).

왕이 첫 번째 꿈을 꾼 시기는 재위 2년이었습니다. 본문에서 두 번째 꿈을 꾼 시기는 재위 18년입니다. 첫 번째 꿈을 꾼 뒤 16년이 지났습니다. 다니엘은 바벨론 왕궁에서 박수장, '지혜자들의 머리'가 되어 있습니다. 왕은 다니엘을 전폭적으로 신뢰합니다. 다니엘 안에 '거룩한 신들의 영'이 있음을 믿기 때문입니다.

하나님을 믿지 않는 왕이, 하나님을 신실하게 섬기는 다니엘을 철저히 신뢰한 이유가 무엇일까요? 지난 16년간, 다니엘이 일상 속에서 한결같이 보인 신실함 때문일 것입니다. 다니엘은 박수장이 되어 있습니다. 바벨론에서 박수는 주로 점을 치고 꿈을 해몽하는 사람이었습니다. 그들에게 그것은 과학이자 일상이었기에 다니엘도 바벨론에서 갈대아어를 사용하며 바벨론 박수들이 하는 일을 해 왔을 것입니다. 그가 하던 일은 이스라엘 민족의 신앙과 관련된 일이 아니었습니다. 그는 단지, 자신에게 맡겨진 일을 감당했고, 그 영역에서 두각을 나타내어 신뢰를 얻게 된 것입니다.

하나님의 백성은 신실해야 합니다. 자신이 맡은 영역에서, 하나님의 도우심을 입고 지혜를 얻어 자신이 할 수 있는 최선을 감당해야 합니다. 우리는 최고가 되라고 부름받은 것이 아닙니다. 최고가 되는 것은 우리의 영역이 아닙니다. 최고가 되기 위해서는 그 사람의 재능뿐 아니라 그것을 둘러싼 상황과 여건 들이 다 맞아야 가능합니다. 그러나 성도는 최선을 다할 수 있습니다. 그리고 성도가 처한 모든 상황에서 최선으로 세상을 섬기며 세상과 함께 살 때, 세상은 신실한 성도의 삶 가운데 성도와 함께하시는 하나님을 만나게 됩니다.

아브라함은 세겜 사람들에게 "하나님이 세우신 지도자"(창 23:6)로 불리고 있습니다. 이삭도 아비멜렉에게 '하나님이 함께하시는 자'(창 26:28)로 지칭됩니다. 요셉도 보디발과 바로에게 '하나님이 함께하시는 자'(창 39:3)로 여겨집니다. 그들이 자신의 종교성을 열심히 드러냈기에 그런 호칭을 받게 된 것이 아닙니다. 그들이 있는 자리에서, 세상과 더불어 사는 자리에서 일상의 신실함을 보였기 때문입니다. 우리 역시 우리가 서 있는 자리에서 하나님이 우리에게 힘을 채워 주시기를 구하며, 신실함으로 일상을 채워 가기를 소망합니다.

둘째, 다니엘은 왕이 꾼 꿈의 의미를 전했습니다. 과연 바벨론 술사들이 왕이 꾼 꿈의 의미를 몰랐을까요? 저는 술사들이 그 꿈을 해석할 수 있었다고 생각합니다. 너무 뻔한 꿈이기 때문입니다. 제국의 왕이 꾼 꿈에 하늘까지 닿은 나무와 그 나무의 열매와 그늘에서 사는 생명들이 등장합니다. 꿈 해석 전문가가 아니라 할지라도 누구나 이 이야기를 들으면 자연스럽게 왕과 제국을 떠올릴 것입니다. 그런데 술사들은 그 꿈을 해석할 수 없다고 뒤로 물러섰습니다. 왜 그랬을까요? 꿈의 후반부 내용 때문입니다. 거대한 나무가 베이고, 밑둥까지 쇠사슬에 매입니다. 나무의 그늘에서 그 나무의 열매를 먹던 이들이 흩어집니다. 제국과 왕의 몰락, 나라와 민족의 흩어짐을 상징하고 있습니다. 그들은 차마 느부갓네살에게 그 내용을 전달할 수 없었겠지요. 그래서 해석하지 못하겠다며 뒤로 물러선 겁니다.

반면 다니엘은 어떻게 하고 있습니까?

> 벨드사살이라 이름한 다니엘이 한동안 놀라며 마음으로 번민하는지라 왕이 그에게 말하여 이르기를 벨드사살아 너는 이 꿈과 그 해석으로 말미암아 번민할 것이 아니니라 벨드사살이 대답하여 이르되 내 주여 그 꿈은 왕을 미워하는 자에게 응하며 그 해석은 왕의 대적에게 응하기를 원하나이다 (단 4:19).

다니엘도 두렵습니다. 왕에게 이 해석을 말하는 순간 어떤 일이 일어날지 알 수 없습니다. 내용은 분명 왕의 나라와 왕이 어떻게 망하게 될지에 관한 것입니다. 그러나 다니엘은 자신의 두려움에 머물러 있지 않고, 왕에게 그 꿈의 의미를 정확히 설명합니다. 다니엘은 왜 다른 지혜자들처럼 지혜롭게 행동하지 않았을까요? 스스로 이 일을 말하기를 두려워했음에도 그는 왜 위험을 감수하면서까지 진실을 말한 것일까요?

느부갓네살이 꾼 꿈이, 여호와 하나님이 느부갓네살에게 주신 계시, 즉 말씀임을 알았기 때문입니다. 다니엘은 꿈을 해석하는 자입니다. 하나님이 그에게 꿈을 해석하는 은사를 주셨습니다. 다시 말하면 하나님이 꿈으로 말씀하신 내용을 풀어 전하는 것이 그의 사명입니다. 오늘날 설교자, 목사의 역할입니다. 설교자가 해야 할 가장 중요한 일은 하나님이 주신 말씀을 그대로 전하는 것입니다. 그 말씀을 들은 사람들의 반응은 중요하지 않습니다. 그 말씀을 내가 잘 전할 수 있느냐 그렇지 않느냐도 중요하지 않습니다. 중요한 것은 '하나님이 말씀하신 내용을 그대로 전하는 것'입니다.

하나님이 내게 말씀하셨다면, 내게 마음을 주셨다면, 우리는 그 마음에 반응하는 사람입니다. 이것저것 다 재고, 내가 가능할 때, 내가 괜찮을 때 입을 여는 자가 아닙니다. 하나님이 내게 마음을 주시면, 내게 꿈을 주시면, 내게 말씀을 주시면, 그 말씀과 계시에 순종하는 자가 성도입니다. 우리의 입술과 우리의 삶이, 우리에게 주신 하나님 말씀의 해석을 전하고 나누게 되길 소망합니다.

해석과 대안

> 그런즉 왕이여 내가 아뢰는 것을 받으시고 공의를 행함으로 죄를 사하고 가난한 자를 긍휼히 여김으로 죄악을 사하소서 그리하시면 왕의 평안함이 혹시 장구하리이다 하니라(단 4:27).

다니엘은 단순히 미래에 일어날 일을 예측하는 것으로 그치지 않습니다. 다니엘은 왕에게 조언합니다. 이 심판을 면할 수 있는 길이 있다는 겁니다. 이제라도 공의를 행하고, 가난한 자를 긍휼히 여겨 죄를 사하라는 말입니다.

이 부분에서 우리는 놀라지 않을 수 없습니다. 다니엘은 느부갓네살에게 "여호와 하나님을 믿고, 율법에 따라 죄를 사하는 제사를 드리라"고 조언하지 않습니다. 그는 공평과 긍휼을 제안합니다. 이것은 바벨론 정신, 세국의 정신에 완전히 배치되는 정신입니다. 제국은 폭력으로 세워졌습니다. 제국은 약육강식 세계의 정점입니다. 강한 자가 약한 자를 힘으로 눌러 이룩되었기에 불평등과 착취가 일어나는 것은 당연합니다. 가난한 자들은 그들의 무능 때문에 가난하다고 여겨졌기에 결코 긍휼의 대상이 될 수 없습니다. 제국은 그런 정신으로 세워졌고 그렇게 유지되고 있었습니다. 그런데 다니엘은 그 제국의 정신에 도전하고 있습니다. 다니엘이 제시하는 대안은 무엇입니까? 공평과 긍휼입니다. 이것은 '하나님 나라'가 품어야 하는 정신이었습니다.

하나님은 이미 구약의 율법을 통해 이 내용을 가르치셨습니다. 구약의 선지자들은 이스라엘이 망할 때까지 끊임없이 이 정신을 회복해야 한다고 선포했습니다. 공평과 긍휼, 세상 왕의 논리나 제국의 논리가 아니라 하나님 나라의 논리와 법입니다.

성도는 세상의 변화를 위해 노력합니다. 단지 기도하는 것을 넘어 세상에 하나님 나라의 가치가 구현되기를 원합니다. 인간 삶의 모든 영역이 하나님을 찬양하게 되기를 원합니다. 물론 그렇게 될 수 있을지 우리는 모릅니다. 성경은 그것이 어려우리라 말합니다. 그럼에도 하나님이 성도에게 원하시는 바가 그것이기에 성도는 오늘도 세상을 움직이는 가치가 하나님 나라의 가치로 변화되도록 애쓰고 수고합니다.

다니엘은 제국의 왕에게 하나님 나라의 가치를 지키며 살도록 권면하고 있습니다. 물론 그 제안은 받아들여지지 않습니다. 느부갓네살은 회개하지 않고 바벨론도 돌이키지 않았습니다. 그들은 그들 앞에 놓여 있는 심판을 그대로 당할 수밖에 없었습니다. 그러나 성도는 그럼에도 오늘 하나님 나라의 법을 세상 속에서 살아 내고, 또 그 정신을 세상에 전하는 일을 감당해야 합니다.

오늘도 이 땅을 통치하시는 하나님

마지막으로 살펴봐야 하는 내용은 이 이야기 전체가 보여 주는 '하나님에 관한 진리'입니다. 오늘날에는 문서를 작성할 때 중요한 내용을 강조할 수 있는 기법과 방식이 많이 발달되어 있지만, 고대 문서에서 특정 내용을 강조하기란 쉽지 않았습니다. 그래서 가장 많이 사용하는 방법이 '반복'입니다. 본문 전체의 주제는 17절, 25절, 32절에서 반복되는 한 문장에 나타나 있습니다.

> "지극히 높으신 이가 사람의 나라를 다스리시며 자기의 뜻대로 그것을 주신다."

지극히 높으신 이, 우리 하나님이 이 세상을 다스리고 계십니다. 그분은 자신의 뜻대로 이 세상을 주시기도, 다시 빼앗기도 하십니다. 주인이시고 왕이신 그분은 한 번도 그 보좌에서 내려오신 적이 없습니다. 느부갓네살은 긴 고통의 시간을 지난 후 이 진리를 깨닫습니다. 그가 그 깨달음을 고백하는 내용이 본문 가장 앞부분인 1-3절에 나온 찬양입니다.

> 느부갓네살 왕은 천하에 거주하는 모든 백성들과 나라들과 각 언어를 말하는 자들에게 조서를 내리노라 원하노니 너희에게 큰 평강이 있을지어다 지극히 높으신 하나님이 내게 행하신 이적과 놀라운 일을 내가 알게 하기를 즐겨 하노라 참으로 크도다 그의 이적이여, 참으로 능하도다 그의 놀라운 일이여, 그의 나라는 영원한 나라요 그의 통치는 대대에 이르리로다(단 4:1-3).

우리는 이 하나님을 알고 믿고 따르는 자들입니다. 성도는 하나님이 다스리지 않는 것 같은 세상을 살아가야 합니다. 세상은 자신의 힘을 자랑하고 그 능력을 끊임없이 과시합니다. 성도는 그 안에서 고통스럽습니다. 하루하루 지쳐 갈 수밖에 없습니다. 그러나 성도는 자신의 강함을 주장하는 세상의 실체를 정확히 꿰뚫어 아는 사람들입니다. 그 거대한 나무는 모든 생명체가 쉴 그늘을 제공할 수 있을 것 같지만, 결국 그분이 보내시는 파수꾼에게 베이게 될 것입니다. 하나님 앞에서 교만한 모든 것은 그 교만의 대가를 치르게 될 것입니다. 결국은 하나님이 이 땅의 모든 피조물에게 찬양받으실 것입니다. 하나님이 그런 분이기 때문입니다.

그렇기에 우리는 모든 것을 가진 것 같으나 평안이 없는 제국과 왕의 삶이 아니라, 부족한 우리와 함께하시며 역사를 주관하시는 여호와 하나님을 신뢰하는 삶을 택할 수 있습니다. 그 믿음으로 오늘 우리에게 주어진 삶을 즐거이 살기를 바랍니다. 우리 하나님이 이기시는 날을 꿈꾸며, 믿음으로 살아가는 우리 가운데 주님이 함께하시기를 축원합니다.

나눔과 적용

1 이 시대 교회와 성도는 '이제 이 세상에 영향을 끼칠 수 없다'는 생각에 무력감을 느낍니다. 어떤 이들은 기독교의 말에 힘이 있었을 때를 그리워합니다. 점점 기독교의 가치를 부인하는 세상을 향해 성도는 어떤 일을 해야 할까요? 그렇게 할 수 있는 힘은 어디에서 나오는 걸까요?

2 본문에서 느부갓네살이 꾼 꿈의 내용을 정리해 보십시오(10-17절). 이 꿈에 대한 다니엘의 해석은 어떤 내용이었습니까?(20-26절) 하나님이 느부갓네살에게 이런 꿈을 꾸게 하신 이유와, 그 꿈을 다니엘이 해석하게 하는 것을 통해 들려주고 싶으신 교훈은 무엇일까요?

'땅의 중앙에 존재하며 하늘까지 자라 만물의 필요를 제공하는 나무'는 고대 신화에 등장하는 '세계수'를 의미합니다. 또한 이 나무는 정복 전쟁을 마치고 바벨론 성 건축을 끝낸 느부갓네살을 의미합니다. 그런데 느부갓네살의 꿈은 이 나무가 베이는 것으로 끝납니다. 강력해 보이는 왕과 제국, 절대 무너질 것 같지 않던 '하나님 없는 세상'의 결국을 보여 주는 꿈입니다.

● 이 꿈은 또 다른 한 나라에 대한 예고이기도 합니다(3, 17, 37절). 우리는 보이는 '이 세상 나라'만 보고 있습니까? 하나님이 약속하신 나라까지 보고 있습니까? 세상 나라의 결국과 완성될 하나님 나라를 아는 것은 우리 삶을 어떻게 변화시킬까요?

3 다니엘은 왕의 꿈을 해석하는 과정에서 세상 나라를 대표하는 왕에게 무언

가를 제안하고 있습니다. 그 내용은 무엇입니까?(47절) 다니엘의 행동이 오늘 우리에게 주는 교훈은 무엇일까요?

다니엘의 제안은 이 시대를 사는 성도인 우리가 세상 속에서 해야 하는 일이 무엇인지를 보여 줍니다. 다니엘은 세상 나라 왕에게 '공평과 긍휼'이라는 하나님 나라 가치로 통치하기를 제안하고 있습니다. 세상 나라가 그 가치를 수용하는지와 상관없이 하나님 나라 백성이 이 땅에서 해야 하는 일이 무엇인지 보여 준 것입니다.

● 여러분은 하나님 나라 가치가 무엇인지 알고 있습니까? 그 가치가 구현되는 세상을 만들기 위해 애쓰고 있습니까? 우리 삶의 현장에서 이것을 구현할 구체적인 방법은 무엇일까요?

4 4장 전체는 성전을 허물어 버린 바벨론 왕 느부갓네살이 여호와 하나님을 찬양하는 내용으로 둘러싸여 있습니다(1-3, 34-37절). 다니엘의 꿈 해석을 통해, 세상이 하나님께 영광을 돌리는 구조입니다. 하나님은 우리가 세상을 향해 하나님 나라의 가치를 들려주어야 한다고 말씀하십니다. 그리고 그 일을 통해 세상에 일어날 변화를 말씀하십니다.

● 변화될 것 같지 않은 세상을 보며 '무력감'에 빠질 수 있는 우리에게 하나님이 주시는 이 명령에 여러분은 어떻게 반응하겠습니까? 우리가 함께 할 수 있는 일은 무엇일까요?

5장 ✦ 선을 넘고, 결국 침몰하다

단 5:1-31

타이타닉

1912년 4월 10일 영국 사우샘프턴에는 수많은 기자가 몰려들었습니다. 당시 최신 기술로 만든, 세상에서 가장 큰 여객선이 처음으로 출항하는 날이었기 때문입니다. 배에는 승객 1,317명과 선원 885명이 타고 있었습니다. 언론은 선장의 말을 인용해 이 배를 '불침선'이라고 불렀습니다. 어떠한 상황에도 그 배는 결코 파선하지 않으리라는 믿음을 반영한 이름이었습니다.

우리는 이 배가 첫 출항에서 빙하와 충돌해 침몰했다는 사실을 알고 있습니다. 당시 인간의 모든 지식과 능력을 동원하여 건조한 타이타닉은 북극 어디에선가 흘러내려 온 빙하를 미처 피하지 못했고, 그로 인해 단 한 번도 항구에 도착하지 못한 채 바다에 침몰하고 말았던 것입니다. 거기다 '결코 침몰하지 않으리라'는 믿음 때문에, 위기 시 필요한 구명정을 충분히 구비해 놓지 않아 1,514명이 사망하는 엄청난 희생이 있었습니다.

특이한 점은 배가 빙하에 부딪혔다는 사실을 알고서도 승객들은 대부분 전혀 침몰을 염두에 두지 않았다는 부분입니다. 선상 파티는 계속 이어지고, 배와 부딪혀 떨어진 빙하 조각으로 갑판 위에서 축구를 하고, 자신의 위스키에 이 빙하를 넣어 마시겠다며 얼음을 챙기는 이도 있었다고 합니다. 그들은 그들의 과학 문명을 믿었고, 엄청나게 많은 돈을 들여 만든 그 배의 견고함을 믿었습니다. 그리고 얼마 지나지 않아 자신의 생명이 가라앉는 순간, 그 믿음이 잘못되었음을 확인하게 되었습니다.

바벨론이 멸망하는 날

본문은 느부갓네살이 세운 제국이 멸망하는 날의 기록입니다. 세월이 많이 지났습니다. 느부갓네살은 43년을 치리하고, 자신의 아들 에윌므로닥에게 왕위를 넘기고 죽었습니다. 에윌므로닥은 왕위에 오른 지 1년 만에 이복형제인 네리글리사르에게 암살되었습니다. 네리글리사르는 제국을 4년간 통치한 후 라바시마르둑에게 왕위를 넘겼습니다. 라바시마르둑은 한 달 후에 느부갓네살의 사위인 나보니두스에게 축출당했습니다. 벨사살은 그 나보니두스의 아들입니다. 복잡하지만 간단하게 정리하면, 느부갓네살-나보니두스-벨사살이라고 생각하면 됩니다. 벨사살은 느부갓네살의 손자이지만 본문에서는 후손이라는 의미인 아들로 불리고 있습니다. 이렇게 바벨론 제국은 삼대 만에 역사에서 사라집니다. 그리고 본문에서는 그 제국이 사라지게 된 결정적 이유가 드러납니다.

> 벨사살 왕이 그의 귀족 천 명을 위하여 큰 잔치를 베풀고 그 천 명 앞에서 술을 마시니라 벨사살이 술을 마실 때에 명하여 그의 부친 느부갓네살이 예루살렘 성전에서 탈취하여 온 금, 은 그릇을 가져오라고 명하였으니 이는 왕과 귀족들과 왕후들과 후궁들이 다 그것으로 마시려 함이었더라 이에 예루살렘 하나님의 전 성소 중에서 탈취하여 온 금 그릇을 가져오매 왕이 그 귀족들과 왕후들과 후궁들과 더불어 그것으로 마시더라 그들이 술을 마시고는 그 금, 은, 구리, 쇠, 나무, 돌로 만든 신들을 찬양하니라(단 5:1-4).

느부갓네살 사후 20년이 지났습니다. 손자 벨사살이 바벨론성에서 귀족 1,000명을 모아 놓고 잔치를 벌입니다. 왕은 한창 술을 마시다 무슨 생각을 했는지 지난날 느부갓네살이 예루살렘 성전에서 약탈해 자신의 신전에 보관했던 성전 그릇들을 꺼내 오라고 명령합니다. 그 신전에서 꺼내 온 잔에 포도주를 부어 마시며 그들은 그들의 신들을 찬양하고 있습니다.

이 장면을 머릿속으로 한번 상상해 봅시다. 바벨론 제국에서 어떤 일이 벌어지고 있는지를 노골적으로 보여 주는 장면이기 때문입니다. 당시 바벨론은 패전 중이었습니다. 메대와 바사 연합군이 바벨론 각처에서 승리를 거뒀습니다. 심지어 바벨론의 중심에 있는 바벨론성 역시 포위되어 있습니다. 제국은 이미 몰락의 길을 걷고 있었습니다. 그러나 벨사살은 이러한 현실을 인정하지 않습니다. 그는 귀족들을 다 불러 모아 가장 안전했던 바벨론성 안에서 엄청난 규모의 질펀한 파티를 주최하고 있습니다. 계속 술이 나옵니다. 수많은 여인이 시중을 듭니다. 다양한 재료로 만든 우상들을 찬양합니다. 즉, 멸망을 눈앞에 둔 이들이 벌이는 '광란의 파티'입니다. 그리고 이 과정에서 술에 취한 벨사살은 건드려서는 안 되는 것을 건드리고 맙니다. 성전에서 탈취한 그릇을 꺼내 와 거기에 술을 따라 마신 것입니다. 그때 전혀 예상하지 못한 일이 일어났습니다.

> 그때에 사람의 손가락들이 나타나서 왕궁 촛대 맞은편 석회벽에 글자를 쓰는데 왕이 그 글자 쓰는 손가락을 본지라(단 5:5).

손가락들이 나타났습니다. 그 손가락이 모든 사람이 보는 자리에서 벽에 글자를 씁니다. 그 장면을 목격한 사람들은 모두 경악했고, 벨사살도 충격을 받습니다. 이후 벨사살은 이 글자의 의미를 바벨론 술객들에게 물었고, 그들이 대답하지 못하자 이미 은퇴한 다니엘까지 불러들여 묻습니다. 다니엘은 그 글자를 해석했고, 그 내용대로 그날 밤 바벨론은 멸망합니다.

이 이야기를 우리는 어떻게 읽고, 우리 삶에 어떻게 적용해야 할까요? 주요 인물들의 행동과 말을 통해 살펴보겠습니다.

교만과 두려움이 엉켜 있는 벨사살

일단 벨사살 왕입니다. 그는 두렵습니다. 사방에서 메대와 바사 군대가 자신의 제국을 집어삼키며 점점 다가온다는 소식이 들려옵니다. 벨사살은 얼떨결에 왕이 된 사람입니다. 제국을 이룩한 외할아버지 느부갓네살도, 혁명을 일으킨 아버지 나보니두스도 닮지 못했습니다. 그는 아무것도 한 것 없이 그저 혈통 때문에 왕이 된 사람입니다. 그런데 석들이 쳐들어와 바벨론성을 포위했습니다. 바벨론성은 매우 견고한 성이었습니다. 이중으로 설계되어 성과 성 사이에 강이 흘렀으며, 강력한 수비대가 지키고 있었습니다. 식량도 충분했고 물도 넉넉했기 때문에 수성만 잘하면 원정군이 되돌아갈 수밖에 없는 상황이었습니다.

위기 상황에서 자신의 힘으로는 아무것도 할 수 없었던 벨사살은, 이 상황을 잊어버리기로 합니다. 거대한 잔치를 열어 귀족들을 초청하여 즐기고자 합니다. 함께 쾌락에 빠져 현실을 도피하고 싶었던 것입니다. 자신의 입지가 흔들릴 만한 상황이기에 오히려 자신에게 커다란 축제를 베풀 능력이 있음을 증명하고 싶었을 것입니다. 술을 마시고 여인들을 불러들였습니다. 음란한 신들을 섬기며 요란한 파티를 진행하는 것이지요. 술에 취한 벨사살은 자신의 힘을 더 많이 과시함으로 이 분위기에 한껏 도취되고 싶었습니다. 그때 문득 이스라엘의 성전에서 탈취하여 바벨론 신전에 보관해 둔 그릇들이 기억났습니다. 그리고 그것들에 술을 마시겠다는 명령을 내립니다.

술김에 나온 행동이지만 이것이 벨사살의 교만입니다. '신도 나를 어쩔 수 없다, 내가 신보다 낫다'는 생각입니다. 사람들이 두려워하는 신의 물건들을 자신이 마음대로 할 수 있음을 귀족들에게 과시하고 싶었던 것입니다.

그 결과로 하나님의 손가락이 등장합니다. 왕은 이렇게 반응합니다.

> 이에 왕의 즐기던 얼굴빛이 변하고 그 생각이 번민하여 넓적다리 마디가 녹는 듯하고 그의 무릎이 서로 부딪친지라(단 5:6).

다니엘서를 통해 우리는, 하나님이 힘이 없어서 이스라엘 백성이 바벨론에 잡혀 있는 것이 아님을 계속 확인했습니다. 하나님이 당신의 백성을 바벨론에 넘기셨습니다. 하나님이 계획이 있어 느부갓네살의 왕위를 연장하셨습니다. 하나님이 당신의 뜻과 섭리대로 바벨론의 신 마르둑의 신전에 성전의 그릇들을 넘겨주셨단 말입니다. 하나님은 여전히 하늘의 하나님으로, 신들의 신으로 세상을 통치하고 계셨습니다. 그런데 이 어리석은 왕이 술에 취해 그 하나님을 대놓고 무시하고 있는 것입니다. "잠자는 사자의 코털을 건드리지 말라"는 격언이 있습니다. 하나님이 참고 계시는데, 그분에게 힘이 없다고 착각한 벨사살은 지금 하나님의 코털을 건드렸습니다. 그 결과, 하나님의 손에 맞습니다.

> 스스로 속이지 말라 하나님은 업신여김을 받지 아니하시나니 사람이 무엇으로 심든지 그대로 거두리라(갈 6:7).

하나님은 '업신여김'을 받지 않으십니다. 업신여김을 받는다는 것은 '바보 취급을 당한다'는 의미입니다. 하나님이 오래 참으시고 많이 용서하시면서 인간의 자유를 한없이 허용하시는 것 같을 때가 있습니다. 그래서 하나님이 바보 같아 보일 때가 있습니다. 그러나 그렇게 보일 뿐 실제로 바보는 아니란 말입니다. 우리가 알지 못하는 그분의 뜻과 계획이 있어 그렇게 행하신다는 말이지요.

문제는 인간이 그런 하나님을 가만두는 법이 없다는 것입니다. 특히 하나님을 믿지 않는 세상은 그런 하나님을 그대로 인정하지 않습니다. 반드시 선을 넘습니다. 하나님이 어느 때쯤 분노하시는지 시험하고 싶은 것 같습니다. 계속 하나님의 코털을 건드립니다. 그러면 어떻게 될까요? 결국 진노하시는 하나님 앞에 서게 됩니다.

오늘날 이 세상도 마찬가지입니다. 세상은 하나님을 인정하지 않습니다. 그분을 무시합니다. 그리고 어느 순간 하나님을 경홀히 여기고 하나님은 없다고 외칩니다. 하나님이 참고 계시는 것입니다. 기억하십시오. 하나님은 업신여김을 받지 않으시는 분입니다. 그분은 이 모든 상황을 뒤집으실 것입니다. 그리고 그 하나님이 심판하시는 날에, 하나님을 우습게 여긴 이들은 진노하시는 하나님을 대면할 것입니다. 얼굴빛이 변하고, 넓적다리 마디가 녹고, 무릎을 떨며 부딪힐 것입니다. 교만하여 하나님을 가볍게 여긴 세상의 결국입니다.

역사를 주관하시는 하늘의 하나님

본문 이야기의 두 번째 주인공인 하나님에 관하여 살펴보겠습니다. 본문에서 하나님에 관해 다시 알게 되는 사실은, 그분이 여전히 역사를 주관하고 계시다는 사실입니다.

> 그때에 사람의 손가락들이 나타나서 왕궁 촛대 맞은편 석회벽에 글자를 쓰는데 왕이 그 글자 쓰는 손가락을 본지라(단 5:5).

우리 생각에 하나님이 벨사살을 치기로 작정하셨다면 조금 더 드라마틱한 방법을 사용하는 것이 좋아 보입니다. 천둥과 번개, 지진과 같은 자연재해를 동원하는 방식입니다. 일단 즉시 효과가 나타나기 때문입니다. 그런데 하나님은 그렇게 확실히 드러나는 방식을 사용하지 않으시고 '손가락으로 글자를 쓰는' 기적(?)을 행하셨습니다. 왜 하나님이 이렇듯 초라해 보이는 작은 일을 통해 바벨론 제국을 몰락시키셨을까요? 칼을 든 천사나 하나님의 군대를 보내시면 훨씬 극적인 효과가 나타날 것 같은데 말입니다.

그리스 역사가 헤로도토스는 바벨론의 멸망을 다음과 같이 기록합니다. "'그날' 밤에 메대와 바사 특공대가 바벨론성의 수로를 따라 올라가 은밀하게 성문을 열고 들어가 바벨론을 패망시켰다."

바벨론성은 매우 크고 견고했고, 성의 군대는 강력했습니다. 그래서 우리는 그 정도의 제국은 쉽게 무너질 수 없다고 생각합니다. 그래서 큰 기적과 이적이 필요하다고 여기는 것이지요. 그런데 하나님이 보시기에는 어떨까요? 바벨론을 멸망시키는 데 하나님이 특별하고 요란한 기적을 보이실 필요가 없습니다. 하얀 석회벽에 손가락으로 몇 글자를 적으면 되는 일이었습니다. 마치 거인 골리앗이 조그마한 물맷돌에 맞아 죽고, 자신의 찬란한 영광을 자랑하던 헤롯 왕이 벌레에 먹혀 죽은 것같이, 거대한 제국 바벨론은 그렇게 허망하게 무너집니다.

우리는 하나님을 믿어야 합니다. 그러기 위해서는 하나님이 어떤 분인지 반드시 알아야 합니다. 최근 코로나19 바이러스와 관련한 글을 읽다가, 1918년 인플루엔자 바이러스로 발생하여 창궐했던 스페인 독감에 관한 기록을 보게 되었습니다. 당시 그 질병으로 전 세계 인구의 1-3퍼센트가 죽었습니다. 5천만 명입니다. 2년이 지나

1920년이 되자 바이러스에 갑작스런 변이가 일어나, 2년간 5천만 명을 희생시켰던 무서운 질병이 한순간 '계절성 독감' 수준으로 약화되어 버렸습니다. 기적입니다.

우리는 하나님이 역사의 주관자이심을 믿어야 합니다. 그분은 그분의 일을 오늘도 행하고 계십니다. 그분이 손가락만 들어도 그 손가락으로 모든 것을 행할 수 있기 때문입니다.

> 기록된 글자는 이것이니 곧 메네 메네 데겔 우바르신이라 그 글을 해석하건대 메네는 하나님이 이미 왕의 나라의 시대를 세어서 그것을 끝나게 하셨다 함이요 데겔은 왕을 저울에 달아보니 부족함이 보였다 함이요 베레스는 왕의 나라가 나뉘어서 메대와 바사 사람에게 준 바 되었다 함이니이다 하니 (단 5:25-28).

"메네 메네 데겔 우바르신"의 뜻에 관하여는 다양한 해석이 있습니다. 이 글자가 아람어 자음으로만 남아 있기 때문입니다. 자음 옆에 모음을 어떻게 붙이느냐에 따라 내용이 완전히 달라집니다. 저는 가장 보편적으로 알려진 해석이 가장 적절하다고 생각합니다. '메네: 세어지다', '데겔: 저울에 달다', '바르신: 나누어지다', 즉 '계수해 보고 저울에 달아보니 [기준치에] 모자라 …… 나누어질 것이다/터질 것이다.' 이것이 바로 '하나님의 판결'입니다.

하나님이 바벨론과 벨사살을 놓고, 그분의 기준에 얼마나 이르렀는지 저울에 달아보셨습니다. 그리고 그 벨사살과 바벨론에 대한 측

정값이 나왔습니다. 하나님의 기준에 '미달'되었습니다. 한 번 달아 보고 측량한 값이 아닙니다. 하나님이 수도 없이 측량하고 달아보셨습니다. 그때마다 미달이었지만 하나님이 참고 기다리셨습니다. 그러는 동안 벨사살은 넘으면 안 되는 선을 넘었습니다. 교만하여 하나님을 노골적으로 업신여기는 자리까지 가게 됩니다. 더 이상 하나님이 허용하실 수 없는 무게가 되었습니다. 그러자 하나님이 판단하시고 심판하셨습니다.

오늘 나 자신의 무게는 어떻습니까? 우리 가정의 무게는 어떻습니까? 우리 교회는 어떨까요? 충분한 무게에 이르러 있을까요? 혹시 '속 빈 강정'은 아닐까요? 겉으로 보기에는 무거워 보이고, 스치며 볼 때는 괜찮아 보였는데 막상 저울 위에 올라가 보니 놀랄 만큼 가벼워서, 올라간 이도 측정하는 이도 탄식하게 되지는 않을까요. 우리는 늘 측량하시는 하나님을 의식해야겠습니다. 달아보시는 하나님을 기억해야겠습니다. 우리의 말과 행동, 그 모든 것이 하나님께 어떻게 계수될지 물으며 살아야 한다는 말입니다. 오늘도 우리의 모든 것을 달아보시는 하나님을 의식하며 사는 성도가 되시기를 바랍니다.

'하나님의 선지자'로 사는 다니엘

이제 이 이야기를 이끌어 가는 마지막 주인공, 다니엘을 만나 보겠습니다. 다니엘은 지금 청소년기도, 청년이나 장년기도 아닌 노년기를 보내고 있습니다. 그는 왕궁에서 은퇴했기에, 벨사살은 그에 관하여 잘 모릅니다. 그런데 왕궁 낙서 사건으로 갑작스럽게 왕 앞에 불려 들어갔습니다. 지금 우리는 노년의 다니엘, 인생의 시간을 거의 다 지낸 후 이 땅에서 마지막 순간을 보내는 다니엘을 만나고 있습니다. 다니엘을 통해 우리는 '하나님 백성'으로서 세상 속에서 치열하게 살았던 인생이 결국 얼마나 성숙한 모습이 되어 있는지 볼 수 있습니다. 이것은 우리가 추구하고 목표로 삼아야 할 모습이기도 합니다.

첫째, 그는 세상이 주는 포상을 거부합니다.

> 다니엘이 왕에게 대답하여 이르되 왕의 예물은 왕이 친히 가지시며 왕의 상급은 다른 사람에게 주옵소서 그럴지라도 내가 왕을 위하여 이 글을 읽으며 그 해석을 아뢰리이다(단 5:17).

다니엘은 벨사살의 왕국이 오늘 하루로 끝난다는 것을 알고 있습니다. 벨사살이 준다고 하는 선물 역시 실제 받지 못할 것임을 알았던 겁니다. 또한 그는 더 이상 세상의 보상을 바라며 움직이지 않습니다. 다니엘은 신실하게 이 세상을 살았고, 이제 신실한 하나님의 선지자가 되어 서 있습니다. 선지자는 세상이 주는 포상과 이익에 따라 움직이지 않습니다. 선지자는 오직 그 메시지를 주신 하나님께 신실해야 합니다. 다니엘은 지금 왕의 포상을 거부함으로 하나님께만 신실하겠다고 선언한 것입니다.

둘째, 다니엘은 왕의 죄를 책망하는 '하나님의 계시'를 전하고 있습니다.

> 벨사살이여 왕은 그의 아들이 되어서 이것을 다 알고도 아직도 마음을 낮추지 아니하고 도리어 자신을 하늘의 주재보다 높이며 그의 성전 그릇을 왕 앞으로 가져다가 왕과 귀족들과 왕후들과 후궁들이 다 그것으로 술을 마시고 왕이 또 보지도 듣지도 알지도 못하는 금, 은, 구리, 쇠와 나무, 돌로 만든 신상들을 찬양하고 도리어 왕의 호흡을 주장하시고 왕의 모든 길을 작정하시는 하나님께는 영광을 돌리지 아니한지라(단 5:22, 23).

다니엘은 더 이상 바벨론에 귀화하여 '벨 신이 왕을 보호하신다'라는 뜻의 벨드사실이라 불리는 왕의 신하가 아닙니다. 그는 '하나님은 나의 심판자'라는 이름 '다니엘'을 회복했습니다. 그는 왕을 보호하는 자가 아니라 하나님의 심판 메시지를 전달하는 자가 되어 왕 앞에 서 있습니다. 그는 이제 세상 왕을 두려워하지 않습니다. 벨사살 왕은 다니엘을 계속 '벨드사살'이라는 이름으로 불렀습니다. 그런데 다니엘은 그 벨사살 앞 잎에서 자신이 다니엘임을 계속 드러냅니다. 그는 세상 속에서 사는 하나님의 선지자였습니다. 그는 '하나님이 심판자이심'을 세상에게 들려주는 선지자로, 지금 그 사명을 신실하게 감당하고 있습니다.

세상을 살아가는 하나님의 선지자

이것이 우리의 정체성입니다. 우리는 세상에서 살아야 합니다. 그러나 세상과 하나 될 수 없습니다. 세상은 끊임없이 우리를 향해, '세상에 속하여 세상의 가치를 지키며 보존하는 사람'이 될 것을 요구합니다. 성도는 그 세상의 요구에 순응하지 않습니다. 세상을 떠나지는 않지만 세상처럼 되지도 않습니다. 왜 그렇습니까? 어떻게 그 일이 가능합니까? 성도는 명확한 정체성을 지니기 때문입니다. 성도는 세상을 지키는 자가 아니라, 하나님의 말씀을 지키는 자입니다.

우리는 역사를 주관하시는 하나님을 믿습니다. 성도는 세상을 심판하시는 하나님께서 이 세상에 들려주기 원하시는 메시지를 전하는 자입니다. 이것은 구약의 선지자에게만 국한한 일이 아니며, 특별한 제자들이나 말씀을 전하는 훈련을 받은 목회자들에게만 맡겨진 일도 아닙니다. 이 땅에 있는 모든 하나님의 백성이 이 메신저 역할을 감당해야 합니다. 이 세상 속에서 이 세상을 향한 하나님의 목소리를 대언하는 선지자의 역할이 오늘 우리가 맡을 역할입니다.

타이타닉이 침몰하기 전, 거대한 빙산이 흘러가는 장면을 목격한 많은 선박들은 타이타닉을 향해 경고 무전을 보냈습니다. 그러나 타이타닉의 선장은 이 모든 경고를 무시한 채 그 경로를 유지했습니다. 수많은 경고를 듣지 않아 결국 침몰하게 된 겁니다. 선지자의 음성을 듣지 못했던 이스라엘도 이와 같이 패망했습니다. 우리가 세상을 향해 전하는 하나님의 심판 메시지에 세상이 어떻게 반응할지 우리는 모릅니다. 그러나 우리는 하나님이 이 세상 속에 두신 목소리입니다. 오늘도 이 세상을 향해 우리 주님이 들려주기 원하시는 그 음성을 대언하는 우리가 되기를 소망합니다.

나눔과 적용

1 바벨론의 왕 벨사살은 신흥 제국 바사(페르시아)가 수도 바벨론 성을 포위한 상황에서 국가적인 규모의 잔치를 열었습니다. 그리고 그 잔치 자리에서 '하나님의 심판하시는 손'(5절)을 보게 됩니다. 이 일의 원인이 되는 행동과, 그런 행동의 동기는 무엇입니까?

잔치의 규모와 대상, 사용된 그릇(1-3절) :

술에 취한 벨사살의 행동(2-4절) :

일반적으로 수도가 포위된 상황에서 이런 잔치를 여는 왕은 없습니다. 벨사살은 눈앞의 적이라는 현실을 직면할 용기가 없었고, 그래서 택한 도피처가 바벨론 성 안에서 벌이는 광란의 파티였습니다. 그가 잔치에서 한 말과 행동은 현실에 대한 두려움과, 자신을 둘러싼 성벽의 견고함을 그릇 신뢰한 데서 나온 것들입니다.

- 이 시대 많은 이가 잔치와 술 취함으로 현실을 도피한 벨사살과 같은 선택을 하고 있습니다. 이러한 도피의 결과는 무엇일까요? 혹시 여러분에게도 이 땅의 현실에서 도피하기 위해 만든, '나를 지키지 못하는 피난처'가 있지는 않습니까? 자기 자신을 솔직하게 돌아보고 나눠 봅시다.

2 술에 취한 벨사살은 여호와 하나님을 향해 선을 넘는 행동을 합니다(2-4절). 벨사살이 그렇게 행동한 이유는 자신을 과시하고 싶은 마음에서였습니다(갈 6:7 참조). '이렇게' 행동하고 있는 벨사살에게 하나님은 어떤 일을 행하십니까?(5절)

"메네 메네 데겔 우바르신"의 뜻은 무엇입니까?(25-28절)

하나님은 벨사살의 멸망을 예고하셨고, 예고대로 멸망시키셨습니다(30, 31절). 선을 넘어 하나님을 우습게 여긴 세상에 대해 하나님이 직접 심판하신 것입니다. 하나님은 길이 참으시지만 계속 참으시는 분이 아니며, 그분이 정하신 선을 넘었을 때 그분의 방식으로 철저하게 심판하는 분입니다.

● 하나님이 하나님을 우습게 여기는 이들을 직접 심판하시는 장면에서 무엇을 배웠습니까? 오늘날 이 세상이나 우리가 당하는 어려움을 '하나님의 심판'이라는 관점으로 읽어 본다면 어떤 생각이 듭니까? 혹시 여러분 삶에서 하나님을 우습게 여기는 부분이나 선을 넘어가는 행동이 있었다면 무엇이었습니까? 어떤 변화가 필요할까요?

3 세상을 향한 하나님의 심판 중, 왕 앞에 서게 된 다니엘은(10-12절) 왕에게 하나님의 심판을 가감 없이 선포합니다. 다니엘의 말과 행동을 통해 알게 되는 다니엘의 '정체성'은 무엇입니까?(17-28절) 이것이 '세상을 사는 그리스도인'인 우리에게 주는 교훈은 무엇입니까?

● 성도는 세상 속에서 하나님의 말씀과 뜻을 드러내는 존재여야 합니다. 오늘날 이 땅의 교회가 세상에 무시당하는 것은, 교회가 그 역할을 감당하지 못하기 때문입니다. 오늘 우리 삶을 통해 드러내야 할 하나님의 말씀과 뜻은 무엇입니까? 그 일을 감당하기 위해 우리에게 필요한 것은 무엇일까요?

6장 ✴ '이미' 사자 굴에 와 계신 하나님

단 6:1-28

털어서 먼지 안 나는 사람은 없다?

'털어서 먼지 안 나는 사람은 없다'는 속담이 있습니다. 사람은 누구나 숨기고 싶은 어두운 부분이나 잘못이 있으며, 그걸 작정하고 털면 반드시 나오니 조심하며 살아야 한다는 의미입니다. 이 속담은 다양하게 변주될 수 있습니다. 악한 의미로 '먼지 날 때까지 턴다!'가 있습니다. 마음먹고 한 사람의 흠을 찾으면 반드시 흠을 찾을 수 있다는 의미입니다. 사실 우리는 이렇게 털리는 것이 두렵습니다. 털면 엄청나게 많은 먼지가 나올 것을 알고 있기 때문입니다.

다니엘 5장에서 벨사살을 마지막으로 바벨론은 멸망했습니다. 그리고 근동의 패권을 쥐게 된 나라가 바사(페르시아)입니다. 다니엘은 새롭게 시작되는 이 바사 제국의 총리가 됩니다. 그는 분명 바벨론의 주요 관료였습니다. 일반적인 경우라면 이전 왕국과 함께 몰락했어야 합니다. 그런데 어떻게 된 일인지 바벨론을 무너뜨린 바사는 다니엘에게 더 높은 직위를 맡깁니다. 세부적인 기록이 없어 정확하게 알 수 없지만, 분명한 것은 다니엘이 새롭게 세워진 바사를 안정시키는 데 꼭 필요한 사람이라는 평가를 받았다는 것입니다. 다니엘은 신생 제국의 이인자 자리에 앉게 되었습니다. 이런 그를 못마땅하게 여기는 이들이 있었습니다. 그들은 모든 수단을 동원해 다니엘의 허물을 찾아 끌어내리려 했습니다.

> 이에 총리들과 고관들이 국사에 대하여 다니엘을 고발할 근거를 찾고자 하였으나 아무 근거, 아무 허물도 찾지 못하였으니 이는 그가 충성되어 아무 그릇됨도 없고 아무 허물도 없음이었더라 (단 6:4).

국사에 관하여 다니엘을 고발하려고 했던 이들은 아마도 다니엘의 인생 전체를 털었을 것입니다. 다니엘의 가족과 친족, 친구들의 흠까지 샅샅이 뒤져 보았을 겁니다. 현재의 허물뿐 아니라 장년기와 청년기, 심지어 청소년기의 실수까지 눈에 불을 켜고 찾아보았을지 모릅니다. 그런데 다니엘을 고발할 "아무 근거, 아무 허물"도 발견하지 못했습니다. 어떠한 그릇된 행위나 허물도 찾아낼 수 없었습니다. 다니엘은 '털어도 먼지 나지 않는 사람'이었습니다.

본문에서 우리는 '사자 굴에 들어간 다니엘'을 만나게 됩니다. 그는 이제 중년을 넘어 노년이 되었고, 노년에서도 황혼이 되었습니다. 이미 은퇴했어야 할 나이지만 그의 탁월함 때문에 여전히 현역입니다. 그 노년의 다니엘은 오늘 사자 굴에 들어갔다 나옵니다. 그가 어떻게 살았기에 그의 삶에서 먼지 하나 찾을 수 없었는지, 또 그는 어떻게 사자 굴에서 살아 나왔는지, 그의 삶이 주변에 어떤 영향을 끼치고 있는지, 본문에서 함께 살펴보도록 하겠습니다. 긴 내용을 간단히 파악하기 위해, 본문에 등장하는 각 인물을 해석해 가며 메시지를 정리해 보겠습니다. 관료들과 다리오 왕, 여호와 하나님과 다니엘 순으로 조명해 보겠습니다.

관료들_ 스스로 신이 되어 자신을 섬기는 자들

다니엘을 함정에 빠뜨려 죽이고자 모의했던 이들은 바사왕 다리오가 "자기의 뜻대로" 세운 관리들로서, 120명의 고관과 그들을 감시하라고 세운 두 명의 총리입니다. 다니엘은 그 두 명의 총리와 함께 고관들을 관리 감독했습니다. 왕은 그 총리들 가운데 다니엘을 특별히 신임했고, 모든 관료보다 높여 그들 전체를 다스리게 할 의중을 가지고 있었습니다. 이를 알게 된 바사의 모든 관료가 작당하여 다니엘을 칠 음모를 꾸밉니다. 도대체 다니엘이 그들 전체를 관리하면 어떤 일이 일어나기에 그들은 이렇게 한마음이 된 것일까요?

본문을 차근차근 읽으면 바사의 관료들이 함정을 파는 이유를 유추할 수 있습니다.

> 또 그들 위에 총리 셋을 두었으니 다니엘이 그 중의 하나이라 이는 고관들로 총리에게 자기의 직무를 보고하게 하여 왕에게 손해가 없게 하려 함이었더라 다니엘은 마음이 민첩하여 총리들과 고관들 위에 뛰어나므로 왕이 그를 세워 전국을 다스리게 하고자 한지라(단 6:2, 3).

다니엘이 왕에게 인정받게 된 이유는 관료들의 보고를 받아 "왕에게 손해가 없게 하[는]" 자신의 임무에 충실했기 때문입니다. 이 말을 뒤집으면, 왕이 세운 관료들은 '왕에게 손해를 끼치는 일이 많았다'는 사실을 짐작할 수 있습니다. 그리고 다니엘을 제거하는 일에 모든 관료가 하나가 되었다는 의미는 보편적으로 관료들이 '왕에게 손해를 끼치는 일'을 의도했다는 말이고요. 그래서 그들은 다니엘을 죽이고 싶을 만큼 싫어한 겁니다. 그들은 자신들의 권력을 이용해 자기의 이익을 챙기고 있었는데, 다니엘이 최고 감독이 되면 더 이상 그 일을 할 수 없기 때문입니다.

그들은 왕이 "자기의 뜻대로" 세운 자들입니다. 그들은 제국의 높은 관료입니다. 충분히 많은 보상을 받고 있었을 것입니다. 그런데 그것에 만족하지 않았습니다. 그들은 자신의 권력으로 부당하게 '자기 이익'을 챙겼습니다. 그것은 결국 왕에게 손해를 끼치는 결과를 낳았고, 제국에 피해를 입혔습니다. 그런데 다니엘이 감독이 되면 이 일을 못하게 되는 겁니다. 그래서 자신들을 세운 왕을 속여 다니엘을 죽이려 시도하는 것입니다. 그들은 왕 앞에 조아립니다. "왕이여 만수무강하옵소서!"를 습관적으로 외칩니다. 그러나 실상 그들은 왕에게 손해를 끼치면서 '자기의 이익'만을 챙긴 자들이었습니다.

이것이 '하나님 없는 세상의 정신'입니다. 성경은 이것을 죄라고 지적합니다. 풀어 정의하면 '자기중심성'이라고 말할 수 있지요. '내가 모든 것의 중심'이라는 생각입니다. 이렇듯 자기가 모든 것의 주인인 사람, 모든 것이 자기를 위해 존재해야 한다고 생각하고, 우주가 자신의 뜻대로 움직여야 한다고 믿는 사람, 그런 사람을 죄인이라고 합니다. 우리는 어떻습니까? 우리의 주인은 누구이며, 우리는 무엇을 위해 살고 있습니까? 나의 주인은 누구입니까?

인간은 어느 누구도 이 문제에서 자유롭지 않습니다. 밥 딜런의 노래 "Gotta Serve Somebody"(누군가를 섬겨야 하리)에서는 누가복음 16장 13절에서 인용한 것으로 추정되는 이런 가사가 있습니다. "진정 당신은 누군가를 섬겨야 할 거예요 / 그것이 악마일 수도 있고 주님일 수도 있죠 / 어쨌건 당신은 누군가를 섬겨야 할 거예요." 사람들은 대부분 인간이 자유로운 상태에 놓여 있다고 생각합니다. 그러나 사실 인간은 자유롭지 않습니다. 인간은 둘 중 어느 한쪽의 종이 되어 세상을 살고 있습니다. 하나님의 종이 아니라면 악마의 종인 것이지요. 중간은 없습니다. 그렇다면 우리는 스스로 물어야 합니다. 우리는 어느 편에 있나요?

다리오_ 모든 것을 할 수 있으나, 아무것도 할 수 없는 자

다리오는 기분이 좋았습니다. 자신의 신하들이 한꺼번에 몰려와 한 달 동안 자신을 높이는 특별한 법을 제정하도록 제안했기 때문입니다. 그들의 제안은 이렇습니다.

> 나라의 모든 총리와 지사와 총독과 법관과 관원이 의논하고 왕에게 한 법률을 세우며 한 금령을 정하실 것을 구하나이다 왕이여 그것은 곧 이제부터 삼십 일 동안에 누구든지 왕 외의 어떤 신에게나 사람에게 무엇을 구하면 사자 굴에 던져 넣기로 한 것이니이다(단 6:7).

한 달 동안 왕이 인간과 신 사이의 유일한 중재자임을 확실히 알리자는 제안입니다. 심지어 그 제안을 어긴 자들을 공개적으로 사자 굴에 던지자는 금령까지 포함해 법을 만들어 공포하고 시행하자는 내용이지요. 왕 입장에서는 신날 수밖에 없습니다. 신과 인간 사이의 유일한 중재자가 된다는 것은 곧 자신이 모든 인간 위에 군림하는 존재임을 과시할 엄청난 기회이기 때문입니다. 망해 버린 바벨론 제국의 초대 왕 느부갓네살이 금 신상을 만들어 시도한 계획보다, 돈도 시간도 적게 들지만 훨씬 효과적일 것 같은 방법이었습니다. 늘 자신의 것을 도둑질해 가던 쓸모없는 관료들이라고 생각했는데 이번에 마음에 꼭 드는 법령을 가지고 온 것입니다. 그래서 즐거운 마음으로 '절대 변경 불가' 문장까지 넣어 도장을 찍었습니다. 며칠이 지났습니다. 관료들이 몰려와 한 사람, 의외의 인물을 고발합니다.

> 그들이 왕 앞에서 말하여 이르되 왕이여 사로잡혀 온 유다 자손 중에 다니엘이 왕과 왕의 도장이 찍힌 금령을 존중하지 아니하고 하루 세 번씩 기도하나이다 하니(단 6:13).

"당신이 총애하는 그 다니엘이 왕을 무시한 나머지, 왕의 도장이 찍힌 금령을 존중하지 않았습니다. 그가 하루에 세 번이나 그가 믿는 신인 이스라엘의 여호와에게 기도하는 사실을 확인했습니다. 이제 당신이 도장을 찍은 그 명령대로 다니엘을 사자 굴에 던지십시오." 왕은 그제야 신하들이 몰려와 '기도 금지법'을 제정하자고 제안한 이유를 알게 됩니다. 자신이 제국 전체의 총리로 세우려 했던 다니엘을 제거하기 위함이었습니다. 왕은 뒤늦게 이 모든 내막을 알았지만 아무런 조치도 할 수 없습니다. 자신이 세운 법과 그 법을 확정하기 위해 찍은 도장 때문입니다. 결국 그는 근심하다 다니엘을 사자 굴에 던져 넣습니다.

왕이 이 말을 듣고 그로 말미암아 심히 근심하여 다니엘을 구원하려고 마음을 쓰며 그를 건져 내려고 힘을 다하다가 해가 질 때에 이르렀더라 …… 이에 왕이 명령하매 다니엘을 끌어다가 사자 굴에 던져 넣는지라 왕이 다니엘에게 이르되 네가 항상 섬기는 너의 하나님이 너를 구원하시리라 하니라 …… 왕이 궁에 돌아가서는 밤이 새도록 금식하고 그 앞에 오락을 그치고 잠자기를 마다하니라(단 6:14, 16, 18).

왕은 심히 근심하고, 하루 종일 다니엘을 살려 보려고 애를 써 봤습니다. 그러나 답을 찾지 못했습니다. 그는 결국 다니엘을 사자 굴에 던져 넣으며 다니엘의 하나님 여호와께 기도했습니다. 궁에 돌아가서도 잠을 이루지 못하고 오락을 그치고 금식했습니다. 정리해 볼까요? 그는 모든 것을 다 가진 것 같았습니다. 그는 바사 제국의 황제입니다. 자신은 "자신의 뜻대로" 세운 관료들 사이에 있습니다. 그런데 지금, 자기가 사랑하고 신뢰하는 단 한 명의 신하를 살릴 길도 찾지 못합니다. 그는 자신이 세운 관료들의 거짓말에 속았습니다. 번민하고, 잠 못 이루고, 금식하고, 심지어 이스라엘의 하나님께 기도까지 하고 있습니다. 철저히 자신의 무능을 경험하는 겁니다. 하나님이 다리오가 얼마나 무능한지를 이렇게 드러내셨습니다.

제국의 왕이라면 모든 것을 할 수 있을 것 같습니다. 그런데 지금 이 왕은 자신이 원하는 것을 하나도 이룰 수 없습니다. 신하들이 그렇게 만든 걸까요? 표면상으로는 그렇지만 결코 그것이 전부는 아닙니다. 이 일의 배후에 그보다 크신 이가 있는 겁니다. 역사를 주관하시는 하나님이 다리오를 이 상황 가운데 두셨습니다. 그래서 그는 스스로 '나는 신과 인간의 유일한 중재자가 될 수 없다'는 사실과 자신은 여호와 하나님의 도우심을 구하는 기도밖에 할 수 없는 존재, 누군가에 의존하지 않고는 살 수 없는 존재임을 확인한 겁니다.

가장 높은 곳에 올라가면 행복할까요? 가장 많이 가지면 편안할까요? 돈을 쥐고 권력을 잡아 자신이 원하는 것은 뭐든 할 수 있게 되면 과연 만족할까요? 저는 확신합니다. 인간은 결코 그런 것들로 만족하거나 진정 행복할 수 없습니다.

2020년 10월, 한국에서 가장 큰 기업을 이룬 삼성의 이건희 회장이 산소 호흡기를 뗐습니다. 심근경색, 심장마비로 쓰러진 지 6년 5개월 만이었습니다. 모든 걸 살 수 있는 사람이었지만 자신의 건강은 살 수 없었고, 생명 유지 장치에 붙잡혀 6년이 넘도록 연명 치료를 이어 가다가 세상을 떠났습니다. 그리고 그 며칠 후에는 이명박 전직 대통령에게 대법원이 징역 17년형을 최종 선고했습니다. 그는 한때 국가 최고 권력자였습니다. 그 자리에 있을 당시, 그는 자신이 이러한 노년을 맞게 되리라고 생각하지 못했을 것입니다. 가장 많은 재물을 가졌던 이도, 가장 강한 권력을 가졌던 이도, 내일을 알 수 없다는 사실을 우리는 역사 속에서 끊임없이 배우고 있는 것입니다.

미국의 신학자 피터 리브스(Peter Lives)가 '돈으로 살 수 없는 19가지'라는 짧은 글을 남겼습니다. 몇 가지만 나누겠습니다.

> (1) 돈으로 사람은 살 수 있으나 그 사람의 마음은 살 수 없다.
> (2) 돈으로 집은 살 수 있으나 가정은 살 수 없다.
> (3) 돈으로 좋은 침대는 살 수 있으나 달콤한 잠은 살 수 없다.
> (4) 돈으로 시계는 살 수 있어도, 흐르는 시간은 살 수 없다.
> ⋮
> (19) 돈은 인간에게 꼭 필요한 것이다. 그러나 돈만으로는 인생에서 가장 가치 있고 진정으로 만족스러운 것을 살 수 없다.

하나님은 다리오를 사랑하셨습니다. 그래서 자신이 어쩔 수 없는 상황 앞에 서도록 이끄셨습니다. 다리오는 이 문제의 답이 자기에게 없음을 알았습니다. 다리오는 하나님께 나아갔고, 하나님께 기도했습니다. 하나님은 다리오의 인생에 당신의 얼굴을 비춰 주셨습니다. 우리도 인생의 한계에 부딪혔을 때, 그 한계에서 우리 주님을 찾을 수 있기를 바랍니다.

하나님_ 이미 사자 굴에 가 계신 '역전의 하나님'

하나님은 이 모든 일이 진행되는 과정을 지켜보고 계셨습니다. 그러나 아무 일도 하지 않으시는 것 같습니다. 바사의 관료들이 모여 다니엘을 치려는 계획을 짜는 것도 알고 계셨을 텐데, 그 음모를 막지 않으셨습니다. 어리석은 왕이 속아 넘어가도록 내버려 두셨습니다. 다니엘이 사자 굴에 던져질 때도 하나님은 가만히 계셨습니다. 하나님은 침묵하고 숨어 계시는 분 같습니다. 그런데 이것이 다니엘서 전체가 반복적으로 보여 주는 하나님의 일면입니다. 뒤늦게 자신의 잘못을 깨달은 왕이 금식하며 하나님께 간구했습니다. 하나님은 대답하지 않으셨습니다. 다니엘은 기도 금지령이 내려진 것을 알고 있음에도, 늘 기도하던 장소에서 같은 시간에 기도했습니다. 그런데 하나님이 그 기도를 들으시고 응답하셨다는 내용이 없습니다. 하나님은 철저히 자신을 감추셨습니다. 그러나 그것이 끝이 아니었습니다.

다니엘이 사자 굴에 들어간 후 한밤이 지나 새벽이 되었습니다. 다니엘의 생사가 궁금했던 다리오는 새벽에 사자 굴까지 와서 다니엘을 부릅니다.

> 다니엘이 든 굴에 가까이 이르러서 슬피 소리 질러 다니엘에게 묻되 살아 계시는 하나님의 종 다니엘아 네가 항상 섬기는 네 하나님이 사자들에게서 능히 너를 구원하셨느냐 하니라(단 6:20).

다리오의 목소리가 어떠했을지 상상해 봅니다. 확실하지는 않지만 '확신이 넘치는 목소리'는 아니었을 것 같습니다. 그의 목소리에는 슬픔이 짙게 깔려 있습니다. 다니엘의 죽음을 전제하고 있는 듯

한 목소리입니다. 혹시나 하는 마음에 다니엘을 찾는 것이지요. 그때 사자 굴에서 다니엘의 목소리가 들립니다.

> 다니엘이 왕에게 아뢰되 왕이여 원하건대 왕은 만수무강하옵소서 나의 하나님이 이미 그의 천사를 보내어 사자들의 입을 봉하셨으므로 사자들이 나를 상해하지 못하였사오니 이는 나의 무죄함이 그 앞에 명백함이오며 또 왕이여 나는 왕에게도 해를 끼치지 아니하였나이다 하니라(단 6:21, 22).

다니엘은 여호와 하나님이 이미 이 사자 굴에 들어와 계셨다고 고백하고 있습니다. 다니엘의 하나님은, 다니엘이 사자 굴에 들어가기도 전에 '이미' 그의 천사를 사자 굴에 보내셨습니다. 그리고 다니엘을 해치지 못하도록 사자들의 입을 봉하셨습니다. 그 어떤 사사도 다니엘을 공격할 수 없도록 "하나님이 '이미' 조치해 두셨다"는 것입니다. 이 '이미' 해두신 조치로 모든 상황이 뒤집힙니다. 죽을 줄 알았던 다니엘은 살아 있고, 다니엘을 해하려 모의했던 대적들이 죽게 됩니다. 하나님이 모든 상황을 한순간 뒤집어 버리신 것입니다. 어디 계시는지 알 수 없었던 하나님, 숨어 계셨던 하나님이 단번에 판을 엎어 버리셨습니다. 그리고 오직 그분만이 만들어 낼 수 있는 소설 같은 역전극을 만들어 버리십니다.

이렇게 우리는 다니엘서에서 반복하여 '역전의 하나님'을 만나게 됩니다. 그동안 과연 하나님이 존재하는지 확신할 수 없는 상황이 이어졌습니다. 느부갓네살에 의해 남 유다가 멸망했습니다. 느부갓네살에 의해 성전이 무너졌습니다. 거대한 제국 속에 흩어져 버린 이스라엘에게는 아무런 소망도 없어 보입니다. 수많은 기도가 아무런 열매도 맺지 못한 채 그대로 땅에 떨어져 버린 것 같습니다. 그런데 본문을 통해 우리는 눈에 보이는 것이 전부가 아니라는 것을 알 수 있습니다. 지금 이 모든 상황이 하나님의 계획 가운데 있다는 겁니다. 하나님이 우주와 역사를 여전히 다스리신다는 사실입니다. 하나님은 이 모든 상황을 아시고 '이미' 당신의 구원 계획을 시행하고 계십니다. 결국 하나님은 바사의 왕 다리오에게 찬양받고 있습니다. 당신의 계획이 일부 성취된 것입니다. 시편의 찬송시 두 부분만 봐도 이것이 하나님의 계획임을 알 수 있습니다.

> 이에 뭇 나라가 여호와의 이름을 경외하며 이 땅의 모든 왕들이 주의 영광을 경외하리니(시 102:15).

> 여호와여 세상의 모든 왕들이 주께 감사할 것은 그들이 주의 입의 말씀을 들음이오며 그들이 여호와의 도를 노래할 것은 여호와의 영광이 크심이니이다(시 138:4, 5).

이방 왕이 주께 찬양하리라는 시편 기자의 예견이, 지금 남 유다를 점령해 그 백성을 포로로 삼은 제국의 왕들의 입술에서 이루어지는 것입니다. 하나님은 여전히 이 땅을 통치하고 계십니다. 하나님은 친히 이 땅으로 하여금 하나님을 찬양하게 만들고 계십니다. 이분이 우리가 믿는 바로 그 하나님입니다.

보이지 않는 것 같아도 우리 하나님은 지금 여기 계십니다. 아무런 말씀도 없고 아무런 일도 하시지 않는 것 같아도, 하나님은 '이미' 당신의 일을 행하고 계십니다. 그분이 그것을 드러내실 것입니다. 그분의 때에, 그분의 방식으로 말입니다. 그때 우리는 감탄하게 될 것입니다. "아, 하나님 이미 행하고 계셨군요!"

우리가 수월하게 인생을 살게 되면, '내가 잘나서 일이 술술 풀린다고 착각할까 봐' 하나님이 이렇게 성도의 삶 가운데 숨으셔서 뭔가 일이 잘 안 풀리는 것 같고 막히는 듯한 상황을 허용하시는 것 같다는 생각도 듭니다. 아무튼 확실한 것은 이것입니다. 하나님은 여전히 이 땅을 통치하고 계십니다. 하나님이 이 땅의 왕이십니다. 다리오는 할 수 없는 일을 우리 하나님은 기발한 방법으로 이루십니다. 그 하나님이 '이미' 나를 향한 계획을 실행하고 계십니다.

우리가 사자 굴에 들어가면, 세상의 어떤 왕도 나를 건질 수 없는 그 굴에 믿음으로 들어가면, 거기서 천사에게 입이 닫힌 사자들을 만납니다. 거기서 오늘도 '열심히 일하시는' 우리 하나님을 만날 것입니다. 다리오의 손, 관료들이 내미는 손, 세상의 다른 힘, 다른 능력을 찾아가 나의 구원을 의탁하지 말고, 역사의 주관자이시며, 이미 일하시는 분이며, 결국에는 열방의 찬양을 받아 내시는 하나님께 나아가 구하십시오. 그분이 일하시고 그분이 구원하실 것입니다.

다니엘_ 날마다 순교하는 인생

마지막으로 살펴보고 싶은 인물이 다니엘입니다. 저는 의도적으로 다니엘을 마지막에 배치했습니다. 노년이 된 다니엘의 모습에 그의 인생 전체가 요약되어 있기 때문입니다. 그에게는 시간이 얼마 남지 않았습니다. 어릴 적 왕의 음식과 포도주를 거부했던 다니엘, 왕의 꿈을 해석해 주었던 다니엘, 벽에 쓰인 글자를 해석했던 다니엘……. 수많은 이야깃거리를 간직한 다니엘은 노년이 되었습니다. 이제는 좀 쉬어도 될 것 같습니다. 후배들에게 모든 것을 물려주고 떠나도 괜찮을 것 같습니다. 그런데 다니엘은 아직도 현역입니다. 본문은 다니엘에 관하여 세 가지 정도를 알려 주고 있습니다. 그리고 이 다니엘의 모습은 바벨론 포로기를 살았던 이스라엘이 따라야 할 본인 동시에 오늘 세상 속을 사는 그리스도인들의 본이기도 합니다.

첫째, 다니엘은 먼지 나지 않는 사람이었습니다.

> 이에 총리들과 고관들이 국사에 대하여 다니엘을 고발할 근거를 찾고자 하였으나 아무 근거, 아무 허물도 찾지 못하였으니 이는 그가 충성되어 아무 그릇됨도 없고 아무 허물도 없음이었더라 (단 6:4).

바사의 관료 사회 전체가 다니엘을 고발할 근거를 찾아 나섰습니다. 그런데 아무 근거, 아무 허물도 찾지 못했습니다. 그가 충성스러웠기 때문입니다. 이러한 평가는 반복되어 나타납니다. 아무 그릇됨도, 아무 허물도 없었다고요. 여기에 '충성'으로 번역된 아람어 단어 '아만'은 기본적으로 '믿다, 신실하다, 확실하다'라는 뜻을 갖습니다. 다니엘은 '신실했다'는 것입니다.

다니엘은 누구에게 신실했을까요? 먼저, 왕이 떠오릅니다. 그러나 다니엘이 섬겼던 왕만 최소 세 명입니다. 제국을 향해 신실했을까요? 그것도 무리가 있습니다. 다니엘은 바벨론의 총리이기도 했지만, 곧이어 바사의 총리로도 일했기 때문입니다. 다니엘이 성실하게 섬긴 대상은 누구일까요? 다니엘은 누가 보기에 믿을 만하고 충성스러운 사람이었을까요? 그는 보이지 않는 온 우주의 통치자인 하나님께 신실한 자, 충성스러운 자였던 것입니다. 그랬기에 그는 평생을 털어도 먼지 하나 나지 않는 사람이 될 수 있었던 것이지요.

하나님의 불꽃같은 눈앞에서 살아가기에 세상이 제아무리 털어도 먼지 하나 나지 않는 사람, 성도는 그러한 사람이어야 합니다. 성도는 하나님이 내 삶의 무게를 달아보신다는 사실을 믿는 사람들입니다. 성도는 하나님이 정하신 높은 기준 앞에 서 있는 것이지요. 그래서 성도는 세상의 기준으로도 흠이 없어야 합니다. 그만큼 성도의 세상살이는 결코 느슨할 수 없습니다. 우리의 신앙 이외에 우리는 세상에 책잡힐 것이 없어야 합니다. 그래야만 우리가 전하는 복음이 가려지지 않기 때문입니다. 오늘도 하나님 앞에서 신실하게 우리에게 주어진 일상을 성실함으로 채워 갈 수 있기를 바랍니다.

둘째, 다니엘은 날마다 순교하는 사람이었습니다.

> 다니엘이 이 조서에 왕의 도장이 찍힌 것을 알고도 자기 집에 돌아가서는 윗방에 올라가 예루살렘으로 향한 창문을 열고 전에 하던 대로 하루 세 번씩 무릎을 꿇고 기도하며 그의 하나님께 감사하였더라(단 6:10).

다니엘은 왕의 조서에 담긴 내용을 알았습니다. 이것은 결코 바뀌지 않는 법으로 공포되었습니다. 그 모든 내용을 알고도 다니엘은 전혀 동요하지 않습니다. 그는 집에 돌아가 평소대로 윗방에 올라갑니다. 성전이 있던 예루살렘을 향한 창문을 열었습니다. 전에 하던 대로 그는 하루 세 번씩 무릎을 꿇고 기도하며 하나님께 감사의 고백을 올려 드렸습니다. 모든 이가 볼 수 있는 곳에서, 전에 하던 대로 기도하는 삶을 살고 있는 것입니다.

이러한 담대함은 어디서 나오는 것일까요? 그는 사자 굴에 들어가도 살아날 수 있으리라 확신했던 것일까요? 아닐 것입니다. 다니엘은 '이제' 순교를 결정한 것이 아닙니다. 다니엘이 지금까지 거쳐 온 삶 전체가 순교였습니다. 단번에 죽는 순교는 아니었습니다. 그러나 순교를 미분해 그의 긴 인생 속에서 늘 순교하며 살아 왔던 것입니다. 그래서 막상 순교의 위협이 닥쳐도 이렇게 당당히 순교를 마주하고 있는 것이지요. 다니엘은 일상의 순교를 날마다 감내했던 인물입니다. 다리오는 다니엘을 설득하려고 시도하지 않습니다. 다니엘이 결코 뜻을 돌이키지 않을 것을 온 바사가 알고 있기 때문입니다. 신앙 이외에 흠잡을 것이 없는 다니엘, 그러나 신앙의 부분에서는 그 어떤 설득도 통하지 않을 다니엘, 신앙을 위해서라면 기꺼이 사자 굴에 들어갈 것임을 모두 알고 있었던 것입니다.

성도의 삶은 순교를 수없이 쌓아 가는 삶입니다. 우리 주님 때문에 포기하는 것들이 다 순교입니다. 시간을 내어 놓고, 기회를 포기하고, 물질을 내려놓고……. 그렇게 나 자신이 아니라 주님을 위해 내어 놓는 것들, 하나님 말씀을 따르기 위해 포기하는 것들……. 그것들이 모두 작은 순교입니다. 그리고 그 순교들이 쌓이고 쌓였을 때 우리 삶 전체가 순교가 되는 것입니다.

한순간 멋지게 이루어지는 단번의 순교를 꿈꾸지 마십시오. 오늘 지금 내 삶 속에서, 날마다 순교의 삶을 미분하여 살아가시기 바랍니다. 나의 순교의 삶이 쌓여 나를 바라보는 모든 이가 내가 누구인지 알 수 있도록 살아가기를 축원합니다.

셋째, 다니엘은 오직 하나님께 영광을 돌리는 사람이었습니다.

> 나의 하나님이 이미 그의 천사를 보내어 사자들의 입을 봉하셨으므로 사자들이 나를 상해하지 못하였사오니 이는 나의 무죄함이 그 앞에 명백함이오며 또 왕이여 나는 왕에게도 해를 끼치지 아니하였나이다 하니라(단 6:22).

사자 굴에서 울려 퍼진 다니엘의 유일한 목소리입니다. 새벽에 사자 굴에 와서 다니엘의 생사를 묻는 다리오를 향해 다니엘은 '나의 하나님이 이미' 나를 구원하셨다고 고백합니다. 조금은 자기를 드러낼 법도 할 텐데, 내가 이 정도라는 말은 할 수 있었을 텐데, 수많은 사자가 있는 굴에 던져졌는데, 무사히 한밤을 지냈다고 자랑해도 괜찮을 텐데, 다니엘은 전혀 자신을 드러내지 않습니다. 다니엘의 말을 요약하면 이렇습니다. "구원은 하나님께 속한 것입니다." 모든 영광을 하나님께 돌리고 있습니다. 느부갓네살의 꿈을 해몽했을 때도, 벨사살이 본 글자를 해석했을 때도 그는 동일하게 하나님께 영광을 돌렸습니다. 사자 굴에서 나온 다니엘은 이번에도 하나님께 영광을 돌리고 있습니다.

성도라면 세월이 지날수록 자랑이 줄어야 합니다. 신앙이 깊어질수록 나를 통해 주님이 드러나야 합니다. 세상과 나는 간 곳이 없고 구속한 주님만 보여야 하고, 또 그 주님을 보여 주어야 합니다. 그때 세상은 우리를 통해 영광의 주님을 보기 때문입니다.

이전에 가르쳤던 한 청년 제자가 저에게 이렇게 물었습니다. "목사님은 나중에 어떤 분으로 기억되기 원하세요?" 저는 그때 이렇게 대답했습니다. "좋은 목사로 기억되면 좋겠어"라고요. 수많은 수식어 말고 그냥 '좋은 목사'로 남기 원한다는 의미였습니다. 그후 제가 좋아하는 후배 목사와 대화하다가 자신도 비슷한 질문을 받은 적이 있답니다. 그때 그 후배 목사의 대답이 매우 멋졌습니다. 그는 이렇게 말했습니다. "나는 기억되고 싶지 않아. 오직 내가 전한 예수님만 기억되면 좋겠어."

그리스도를 드러내는 삶

다니엘은 털어도 먼지가 나지 않는 사람이었습니다. 그 비결이 무엇일까요? 어떻게 그렇게 살았을까요? 그는 자기를 위해 살지 않고 철저히 하나님을 위해 살았습니다. 그분의 영광을 드러내기 위해 살았습니다. 그래서 그는 굳이 자기를 위해 무언가를 쌓지 않는 삶을 선택할 수 있었던 겁니다.

내가 사라져야 내가 가리던 예수께서 드러납니다. 질그릇인 내가 깨져야 그 안에 있는 보화인 그리스도가 보입니다. 우리 삶이 그렇게 세상에서 담담하게 잊히기를, 그리고 우리가 잊힌 그 자리에서 우리 주님이 선명하게 드러나고 찬양받으시길 구합니다. 단지 말이 아니라 우리 삶 전체로, 삶의 이유가 그것이었음을 드러내는 우리가 되면 좋겠습니다.

나눔과 적용

1 본문에는 '털어도 먼지 나지 않는 다니엘'이 등장합니다. 제국이 세 번 바뀌는 긴 시간 동안 다니엘에게 '아무런 비위가 없었다'는 것은 '세상 속 성도'의 어떤 특징을 보여 줍니까? 이런 성도의 특징과 관련해서 오늘날 이 시대 교회는, 그리고 우리는 어떠한가요?

2 다니엘에게는 불법을 통해 자기 이익을 극대화하려는 적들이 있었습니다(1, 2절). 그들은 결국 다니엘을 제거할 계획을 세웁니다(4-9절). 신앙의 양심에 따라 바른 삶을 살았기 때문에 대적들에 공격당하는 다니엘의 이러한 상황이 우리에게 주는 교훈은 무엇입니까?

● 다니엘이 당하는 어려움은, 성도가 이 땅에서 경험하게 되는 일반적인 고난의 성격을 보여 줍니다. 이 땅에서 하나님의 뜻을 이루는 삶을 살아야 하는 성도는 그것을 싫어하는, 세상에 속한 자들에게 공격당하게 됩니다. 이런 상황 가운데 우리는 어떤 생각을 하게 됩니까? 성경은 이러한 경우에 어떻게 생각해야 한다고 말씀합니까?(벧전 4:11, 12 참조)

3 본문에는 두 왕이 등장합니다. 먼저는 절대 권력자처럼 보였지만, 신하들에게 속아 충신을 죽이는 선택을 하는 다리오 왕입니다(9절). 이후 신하들의 계략에 속은 것을 알았을 때도 왕은 아무런 조치를 하지 못합니다(14-20절). 반면 두 번째 왕이 있습니다. 이 모든 상황을 배후에서 움직이는 진짜 왕이신 하나님입니다(22절). 우리는 어느 왕을 섬기는 자입니까?

신하들에게 이용당하는 왕, 자신이 사랑하는 사람 하나조차 지키지 못하는 다리오 왕의 모습은 세상 권력의 덧없음을 보여 줍니다. 다니엘서는 그 무력한 세상 왕과는 다른, 눈에 보이지 않지만 이 모든 상황을 움직이고 계시는 진짜 왕을 보여 줍니다. 그리고 우리에게 "네가 섬기는 왕은 어느 쪽이냐?"고 질문합니다.

● 성도인 우리는 '보이는 세상 왕(권력)'이 아니라 모든 것의 배후에서 자신의 뜻대로 움직이시는 '보이지 않는 왕'을 섬기는 자입니다. 최근 여러분의 선택은 누구를 섬기는 자로서 행한 선택이었습니까? 보이지 않는 왕에게 순종하기 위해 우리에게 필요한 것은 무엇일까요?

4 보이지 않는 왕이신 하나님을 섬기기로 한 다니엘의 행동(10, 11절)과 말(21, 22절)은 무엇입니까? 이런 다니엘의 선택은 사자 굴에서 살아 나오는 '기적'이라는 결과로 나타났습니다(25-28절). 이런 순종의 결과로 주어진 기적을 보았으면서도 우리가 '다니엘처럼' 선택하지 못하는 이유는 무엇일까요?

● 다니엘은 '생명 대신, 고백되는 신앙'을 선택했습니다. 그는 주님을 위한 고난을 믿음으로 통과했고, 이 신앙에 하나님이 반응하셔서 기적으로 그의 삶을 채우셨습니다. 본문의 다니엘은 '하나님의 기적을 구하기 전에 드러난 하나님의 뜻에 먼저 순종하라'고 말합니다. 하나님이 지금 여러분에게 요구하시는 순종은 무엇입니까? 그 순종을 방해하는 것은 무엇입니까? 솔직한 자신의 불안을 나누고, 이길 힘을 달라고 구하십시오.

7장 ✶ 세상 속 성도, 그 특별함의 비밀
단 6:10-17

'다니엘 학습법'이라굽쇼?

2002년, 책 한 권이 출간되었습니다. 그 책은 순식간에 기독교 출판계에서 돌풍을 일으키며 80만 부가 팔렸습니다. 당시 신학대학원을 다니고 있던 한 전도사가 쓴 「다니엘 학습법」(고즈윈 펴냄)이라는 책입니다. 아마 많은 분이 이 책을 읽었고, 또 자녀들에게 읽히셨으리라 생각합니다. 책 표지에 나온 문구만 한 번 훑어보겠습니다.

> 서울대 수석 졸업한 김동환 전도사의 '다니엘 학습법'
> 1억 원짜리 과외도 못 당하는 공부법
> 서울대 수석 졸업한 사람에겐 특별한 공부법이 있었다!

저자는 서울대를 수석으로 졸업했고, 국가가 주는 유학비를 거부하고 신학대학원에 진학하게 됩니다. 전도사로 사역하던 중, 공부하는 것에 어려움을 겪는 청소년들을 만납니다. 그는 그들을 신앙으로 잘 양육하는 동시에 공부법을 가르쳤고 그 결과 그 청소년들의 성적은 점점 올라가게 되었습니다. 이러한 저자의 경험담과 공부 노하우를 정리해 엮은 책은 기독교계의 초대형 베스트셀러가 되었습니다. 이후 저자는 '다니엘 학습법'과 관련된 다양한 세미나를 개설했습니다. 또 기숙 학원을 세워 이곳에서 계속 공부법을 전수하고 있습니다. 다니엘서를 처음부터 끝까지 읽어 보지는 못했지만, 「다니엘 학습법」은 여러 번 읽었다는 분들이 있을 정도로 이 책은 당시 크게 유행했습니다.

사실 우리는 다니엘에게 관심이 많습니다. 다니엘은 '성공한 사람'이기 때문입니다. 그는 세상에서 엄청난 성공을 이룬 사람입니다. 그는 바벨론과 바사라는 두 제국에서 이인자의 자리까지 올라갔습니다. 두 제국을 총리로 섬긴 사람은 역사상 유래가 없을 것입니다. 거기다 그는 바벨론에 의해 멸망당해 포로로 끌려간 유대인입니다. 성공도 그런 성공이 없습니다. 일반적으로 이렇게 세상 속에서 자수성가를 하면, 우리는 신앙 부분을 타협할 수밖에 없을 것이리 생각합니다. 그런데 다니엘은 신앙에서도 흠잡을 데가 없습니다. 하나님이 다니엘을 인정하셨기에 꿈과 이상으로 그에게 끊임없이 말씀하셨으며, 이후 다니엘은 하나님이 주신 이상을 따로 기록해 남기기까지 합니다. 세상의 나라와 하나님 나라에서 모두 성공한 사람, 땅과 하늘에서 높은 지위에 올라간 사람이 바로 다니엘입니다. 그래서 우리는 대부분 다니엘을 동경하고, 우리 자녀들이 그와 같은 사람이 되기를 바라며 기도해 왔던 겁니다. 그런 상황에서 우리 아이들이 '다니엘'처럼 될 수 있는 비결을 담은 책이 나왔다니, 사람들이 열광할 수밖에 없었겠지요.

비결이 있는가?

솔직히 '우리의 소원은 통일'이 아닙니다. 우리는 대부분 통일에 큰 관심이 없습니다. 그보다는 현실적이고 실제적인 일들이 우리의 소원인 경우가 많지요. 그 소원 가운데 하나가 세상과 하나님 나라에서 모두 인정받고 칭찬받는 사람이 되는 것입니다. 그래서 다니엘서를 읽으면서 그렇게 형통하는 비결을 찾는 분들이 있고, 그걸 정리해 가르치려는 분들과 그런 비법을 담은 책들이 계속 존재해 왔습니다. 그리고 우리도 어쩌면 다니엘서를 읽으며 그렇게 두 세계에서 모두 인정받아 성공한 인생의 비결을 찾고 싶을 수 있습니다. 그런데 아쉽게도, 이 다니엘서는 "어떻게 하면 세상에서 성공할까?"에 관한 내용을 다루지 않습니다.

다니엘서는 우리에게 공부법이나 처세술을 알려 주는 책이 아닙니다. 그런 기술들을 찾기 위해 이 책을 읽는다면 이 책을 기록한 목적에서 한참 벗어나 있는 셈입니다. 그러다 보면 자기가 하고 싶은 말에 성경 구절을 끼워 맞추는 우를 범할 가능성이 큽니다.

다만, 포로 출신이었던 다니엘이 바벨론과 바사의 총리가 되어, 그 긴 세월 아무 흠도 찾을 수 없을 만큼 청렴하게 살아가면서 하나님의 뜻을 들려주는 정치를 할 수 있었던 비밀이 있습니다. 바로 본문에 나오는 다니엘의 기도 생활입니다. 이 주제는 매우 중요하기 때문에 지금까지 각 장마다 다니엘서 한 장씩 다루던 방법을 바꿔 6장 안으로 다시 들어가 이 기도만 따로 살펴보도록 하겠습니다.

모두가 인정한 다니엘의 중심

우리는 다니엘 6장에서 이야기에 등장하는 네 주인공을 짚어 가면서 내용을 정리했습니다. 왕을 섬긴다고 하지만 오직 자기 이익만을 위해 움직이면서 다니엘을 고발한 관료들을 만났습니다. 자신을 높인다는 말에 순간 속아 넘어간 어리석은 왕, 모든 것을 할 수 있을 것 같았지만 자기가 사랑하는 신하 한 명도 살릴 수 없는 무능한 다리오 왕도 목격했습니다. 이 모든 상황을 주관하고 계시는 하나님, 숨어 계시는 것 같으나 '이미' 일하고 계시는 하나님도 목도했고, 이 상황 가운데 흔들리지 않고 묵묵히 하나님을 신뢰하며 날마다 쪼개어진 순교의 삶을 살다 사자 굴에 들어가는 다니엘도 만났습니다. 관료들, 다리오 왕, 여호와 하나님, 다니엘, 이 네 주인공의 모습에서 우리의 모습을 발견했고 또 우리가 본으로 삼아 추구해야 할 모습도 살펴볼 수 있었습니다. 그리고 이번 장에서는 다니엘, 특별히 이 다니엘이 끝까지 흔들리지 않고 붙들었던 '기도'를 정리해 보도록 하겠습니다.

다니엘을 제거하려고 했던 이들은 다니엘에게서 허물을 찾았습니다. 다니엘에게서 아주 조그만 약점이나 실수를 찾아내기만 했다면 그들은 그 약점을 파고들었을 것입니다. 그 실수를 빌미로 다니엘을 총리 자리에서 끌어내리는 것이 그들의 목표였기 때문입니다. 그런데 그들은 다니엘에게서 아무런 허물도 찾을 수가 없었습니다. 결국 다니엘이 가지고 있는 여호와 종교 이외에 다니엘을 고발할 구실을 찾지 못합니다. 그래서 그들은 '기도 금지법'을 만들게 됩니다. 왕 이외의 존재에게 기도하면 처벌을 받게 되는 법, 이 법을 만들어 놓기만 하면 다니엘은 틀림없이 걸려들게 되리라고 확신한 겁니다.

반면 다니엘을 신뢰하고 사랑하는 다리오가 있습니다. 다리오는 다니엘이 다른 신하들과 다르다는 사실을 알았습니다. 다른 신하들은 모두 자신의 이익을 추구하느라 왕에게 손해를 끼치고 있었습니다. 다니엘을 최고 총리로 세우면 이 문제가 해결될 것 같아 다니엘을 중용하려던 차였습니다. 그런데 갑작스럽게 신하들이 제안하여 제정한 '기도 금지법'에 다니엘이 걸렸습니다. 왕은 다니엘을 살리고 싶었습니다. 하루 내내 이런저런 고민을 하고 애를 쓰는 모습이 보입니다. 그런데 신기하게 막상 다니엘을 불러 회유하는 장면은 나오지 않습니다. "지금까지 기도한 것은 미처 법령을 알지 못해 실수한 것이라고 하자. 이번 한 달만 기도를 쉬어 보는 건 어떨까? 아니, 그냥 창문을 닫고 네 집 골방에서 은밀하게 기도해라. 그러면 어떻게든 넘어갈 수 있다. 부탁이다." 이렇게 다니엘을 설득하고 타일러 볼 수도 있었을 겁니다. 그런데 다리오는 다니엘에게 이런 제안을 하지 않습니다. 왜 그랬을까요? 다니엘이 자신의 제안을 받아들이지 않으리라는 확신이 있는 겁니다.

다니엘의 대적자들에게도, 다니엘을 사랑하는 다리오 왕에게도, '동일한 확신'이 있습니다. 다니엘은 어떠한 경우에도 '자신의 신에게 기도하는 저 정기적인 의식을 멈추지 않을 것'이라는 확신입니다. 그리고 실제 그 일이 일어났습니다.

> 다니엘이 이 조서에 왕의 도장이 찍힌 것을 알고도 자기 집에 돌아가서는 윗방에 올라가 예루살렘으로 향한 창문을 열고 전에 하던 대로 하루 세 번씩 무릎을 꿇고 기도하며 그의 하나님께 감사하였더라(단 6:10).

다니엘이 이 세상 나라의 중심에서 엄청난 권력을 쥐고 있었음에도, 여전히 '하나님과 사람 앞에 신실한 다니엘'로 살 수 있었던 비결은 이 '정기적인 기도'였던 것입니다.

다니엘 기도의 특징

우리는 이제 다니엘의 기도에 어떤 특징이 있는지 살펴봐야 합니다. 우리 역시 대부분 기도하고 있는데 기도를 한다고 해서 다니엘과 같은 삶을 살고 있지는 못하기 때문입니다. 과연 다니엘의 기도는 우리의 기도와 다를까요? 어떤 차이가 있을까요?

일단 외적으로 나타나는 기도의 형식을 보겠습니다. 기도 장소는 자신의 집에 있는 윗방입니다. 하루 세 번, 정해진 시간에 기도했던 것으로 보입니다. 기도 방식은 예루살렘으로 향한 창문을 열고 무릎을 꿇고 감사와 간구를 드립니다. 여기서 중요한 표현이 하나 있습니다. "전에 하던 대로"입니다. 다니엘은 이 시간에, 이런 내용으로, 이런 방식으로 기도하는 삶을 정기적으로 반복하며 이어 왔다는 것입니다. 다니엘이 반복적으로 하루에 세 번 기도했다는 내용을 보면서 다니엘처럼 하루에 세 번 기도하자고 도전할 수 있습니다. 그리고 그렇게 실천하는 사람들도 있지요. 이슬람교도들이 하루에 다섯 번 정해진 시간에 메카를 향해 절하는 모습을 보며, 우리가 그들보다는 더 열심히 기도해야 한다고 말할 수도 있습니다. 시간을 정해 놓고 기도하는 것은 대단히 유익하고 배워야 할 부분입니다. 문제는 이것이 다니엘의 기도를 특별하게 만드는 요소는 아니라는 점입니다.

그럼 다니엘의 기도에서 우리가 주목해야 하는 특징은 무엇일까요? 바로 그가 '예루살렘으로 향한 창문을 열고 기도했다'는 부분입니다. 다니엘의 기도에서 두드러지게 나타나는 큰 특징은 이것입니다. 그는 날마다 예루살렘으로 향한 창문을 열었습니다. 만약 그 창을 닫았다면 다니엘이 왕의 명령을 어기고 기도했다는 사실을 알 사람이 없을 것입니다. 그런데 누구나 알 수 있도록 다니엘은 그날도 "예루살렘으로 향한 창문을 열고" 기도했습니다. 왜 그는 이렇게 창문을 열고 기도한 것일까요? 열왕기상 8장에 기록된 성전 낙성식에서 솔로몬이 올려 드렸던 기도 내용의 일부를 마음에 새기고 있었기 때문입니다.

> 범죄하지 아니하는 사람이 없사오니 그들이 주께 범죄함으로 주께서 그들에게 진노하사 그들을 적국에게 넘기시매 적국이 그들을 사로잡아 원근을 막론하고 적국의 땅으로 끌어간 후에 그들이 사로잡혀 간 땅에서 스스로 깨닫고 그 사로잡은 자의 땅에서 돌이켜 주께 간구하기를 우리가 범죄하여 반역을 행하며 악을 지었나이다 하며 자기를 사로잡아 간 적국의 땅에서 온 마음과 온 뜻으로 주께 돌아와서 주께서 그들의 조상들에게 주신 땅 곧 주께서 택하신 성읍과 내가 주의 이름을 위하여 건축한 성전 있는 쪽을 향하여 주께 기도하거든 주는 계신 곳 하늘에서 그들의 기도와 간구를 들으시고 그들의 일을 돌아보시오며 주께 범죄한 백성을 용서하시며 주께 범한 그 모든 허물을 사하시고 그들을 사로잡아 간 자 앞에서 그들로 불쌍히 여김을 얻게 하사 그 사람들로 그들을 불쌍히 여기게 하옵소서(왕상 8:46-50).

솔로몬의 기도는 이것입니다. 자신의 민족 이스라엘이 범죄하여 하나님의 진노를 입어 적국에 패하여 포로가 되어 끌려갈 수 있습니다. 그렇게 끌려간 민족이 자신의 죄를 회개하고 하나님께 용서를 구하려 할 때, "주께서 그들의 조상들에게 주신 땅 곧 주께서 택하신 성읍과 내가 주의 이름을 위하여 건축한 성전 있는 쪽을 향하여 주께 기도하거든"(왕상 8:48) 주께서 들으시고 불쌍히 여기사 구원을 베풀어 달라는 내용입니다. 솔로몬이 이렇게 하나님께 기도하자 그 기도가 끝난 후 하나님은 솔로몬의 기도대로 응답하겠다고 약속하셨습니다. 다니엘은 바로 이 솔로몬의 기도에 응답하며 주신 하나님의 약속을 신뢰했습니다. 그래서 하나님이 택하신 성읍 예루살렘, 지금은 남아 있지 않은 성전이 있던 곳을 향해 창을 열고 이 백성의 회복을 위해 하나님께 기도했던 것입니다.

다니엘은 자신의 안녕을 위해 기도하지 않았습니다. 더 높은 지위에 올라가게 해달라고, 더 큰 영향력을 행사하게 해달라고 하나님께 매일 시간을 정해 나아간 것이 아니었습니다. 이후에도 살펴보겠지만 다니엘은 자신의 민족을 회복시켜 달라고 기도했습니다. 그가 지속한 매일의 기도는 이런 내용입니다. "내 조상들이 죄를 지었고 그 죄로 인해 하나님이 우리 민족을 치셨으며, 그렇게 치심으로 말미암아 우리가 제국의 포로가 되었습니다. 우리가 이 포로에서 벗어날 수 있는 유일한 길은 하나님이 우리를 용서하시는 것입니다. 그래서 솔로몬의 기도대로 행하겠다고 약속하신 하나님의 말씀에 의지해 그 방식으로 기도합니다. 내가 저 예루살렘을 향한 창을 열고, 하나님이 택하신 그 땅을 향해 이곳에서 기도하오니 나의 기도를 들으사 이 백성을 용서하시고 회복시켜 주소서."

다니엘은 기도를 쉴 수 없었습니다. 자신의 안위 때문이 아닙니다. 이 민족 때문입니다. 하나님 나라의 백성이 제국의 포로가 되어 사는 모습을 그냥 둘 수 없는 겁니다. 다행히, 하나님은 이스라엘 민족이 이런 상황에 처할 것임을 아셨기에 회복하는 방법을 알려 주셨습니다. 예루살렘을 바라보며, 성전을 향해 손을 들고 기도하는 것이었습니다. 이렇게 기도하면, 이렇게 나아가면 하나님이 그 기도를 들으신다고 하셨습니다. 그래서 다니엘은 포기하지도, 물러서지도 않고, 끝까지 자신에게 주어진 기도를 붙들고 몸부림치고 있었던 것입니다.

하나님 나라를 소망하는 기도

다니엘이 기도를 멈출 수 없었던 이유가 또 하나 있습니다. 기한이 차고 있기 때문입니다. 하나님이 선지자들을 통해 말씀하신 기한이 다가옵니다. 하나님이 매를 들어 이스라엘을 치시겠다 했던 기간이 이제 끝나가고 있었습니다.

> 여호와께서 이와 같이 말씀하시니라 바벨론에서 칠십 년이 차면 내가 너희를 돌보고 나의 선한 말을 너희에게 성취하여 너희를

이곳으로 돌아오게 하리라 여호와의 말씀이니라 너희를 향한 나의 생각을 내가 아나니 평안이요 재앙이 아니니라 너희에게 미래와 희망을 주는 것이니라(렘 29:10, 11).

바벨론의 포로가 된 지 70년이 되면, 이스라엘을 그 상황에서 꺼내겠다고 약속하신 말씀이 있는 것입니다. 예루살렘이 느부갓네살에 의해 함락되던 당시, 청소년이던 다니엘이 바벨론의 포로로 끌려왔습니다. 그리고 긴 시간이 지났습니다. 다니엘 주변의 사람들이 대부분 죽었습니다. 그런데 다니엘은 아직도 살아 있습니다. 그리고 여전히 제국에서 중요한 직책을 담당하고 있습니다. 그러던 어느 날, 다니엘이 알게 된 것입니다. 이제 그 약속하신 70년이 얼마 남지 않았다는 사실을 말입니다. 처음에는 까마득히 먼 이야기인 줄 알았습니다. 70년이 오기는 올까, 생각했습니다. 그런데 지금 그 70년이 다 되어 가고 있는 겁니다.

예레미야의 예언에 따르면 70년이 차면 하나님이 이스라엘을 꺼내 주겠다고 약속하셨습니다. 그런데 단, 조건을 하나 거셨습니다. 예레미야 29장 12절과 13절에서 이어집니다.

> 너희가 내게 부르짖으며 내게 와서 기도하면 내가 너희들의 기도를 들을 것이요 너희가 온 마음으로 나를 구하면 나를 찾을 것이요 나를 만나리라(렘 29:12, 13).

70년 심판이 70년으로 끝나기 위해 필요한 조건은 하나님 나라 백성이 하나님의 구원을 구하며 부르짖어 기도하는 것이었습니다. 다니엘이 기도를 쉴 수 없었던 이유가 여기에 있습니다. 그는 하나님이 약속하신 말씀이 성취되기를 기다리는 사람이었습니다. 그리고 그 약속이 성취되기 위해 자신이 해야 할 일은 기도임을 정확히 알고 있었습니다. 그래서 그는 하루에 세 번, 정한 시간, 정한 장소에서 '예루살렘 성전을 향해 손을 들고' 기도한 것입니다. 그리고 그의 긴 기도는 응답됩니다.

하나님의 약속을 믿고, 소망으로 기도하는 자

다니엘 1장에는 전체 이야기의 맥락과 연관이 없어 보이는 구절이 하나 등장합니다. 21절입니다.

> 다니엘은 고레스 왕 원년까지 있으니라(단 1:21).

다니엘 1장은 다니엘과 세 친구가 왕이 제공하는 음식과 포도주를 먹지 않겠다고 결단한 내용입니다. 그리고 그 결과 하나님이 이들에게 지혜와 꿈을 해몽하는 능력을 주심으로 이들이 다른 이들보다 뛰어났고, 왕립 학교를 졸업해 관료가 되었다는 내용으로 마무리되었습니다. 그런데 마지막 구절에서 다니엘이 관료가 되어 일한 기간이 언제까지인지 귀띔하고 있습니다. 고레스 왕 원년까지입니다. 그리고 우리는 이 고레스 왕 원년에 왕이 조서를 내려 이스라엘 백성 중 예루살렘으로 돌아가 성전을 짓기 원하는 이들은 성전을 지으라며, 이들을 해방시킨 역사를 이미 알고 있습니다. 다니엘이 총리로 일했던 마지막 해에 드디어 이스라엘 1차 귀환이 이루어진 것입니다. 하나님의 약속을 믿고 신실하게 기도했던 다니엘과 다니엘의 기도를 들으시고 신실하게 일하시는 하나님이 이루신, 이스라엘의 1차 포로 귀환입니다.

다니엘은 하나님이 약속하신 시간이 오고 있음을 직감했습니다. 그리고 그 시간에 하나님의 약속이 성취되기 위해서는 성도의 기도가 필요함을 알았습니다. 그래서 그는 하나님이 자신의 민족에게 이미 알리신 기도 방법으로 시간을 정하여 하나님께 부르짖기 시작했습니다. 그것이 습관이 되었고 삶이 되었고 그 누구도, 무엇도 바꿀 수 없는 법이 되었습니다. 그리고 그렇게 완전한 기도의 삶이 되어 있는 그 하나님의 사람을 통해 하나님의 역사가 눈앞에 보이는 실재가 되어 나타났습니다.

왕이 오심을 아는 이의 삶

2015년에 상영된 영화 〈암살〉의 마지막 부분입니다. 독립군이었다가 변절하여 동료를 일본에 팔아넘기고 경찰 고위 간부가 되어 호의호식하며 살았던 염석진이, 광복 후 자신의 친일 행위를 판결하는 재판정에서 증거 불충분으로 풀려났습니다. 그리고 그날 이 배신자를 처단하기 위해 찾아온 동료들을 만나게 됩니다. 그들이 염석진에게 묻습니다.

"왜 동지를 팔았나?"

염석진은 이렇게 대답합니다.

"몰랐으니까. 해방될지 몰랐으니까. 알면 그랬겠나!"

염석진은 나라가 해방될 것을 몰랐습니다. 해방이 이루어지지 않을 거라 생각했습니다. 그래서 복잡하고 힘들게 독립군으로 사느니 조국을 배신하고 이 땅에서 행복하게 사는 길을 선택했습니다. 결국 그는 비참한 최후를 맞았습니다.

어쩌면 우리도 이럴 수 있습니다. 주님이 오신다는 사실을 잊어버리는 것입니다. 주님이 온 세상의 주인이시고 그가 곧 당신의 주권을 회복시키실 것임을 모르는 사람처럼 사는 것입니다. 그 결과 우리도 어쩌면 마지막에 염석진처럼 외치게 될지 모릅니다.

"몰랐습니다. 주님이 오실 줄 몰랐습니다. 알았으면 제가 그렇게 살았겠습니까!"

다니엘은 알았습니다. 그리고 그가 그 사실을 알고 있음은 그의 정해진 기도 생활을 통해, 삶 전체를 통해 드러났습니다. 그는 날마다 하나님이 주신 말씀에 근거해 기도의 자리로 나아갔습니다. 그리고 그 기도의 자리에서 하나님과 대화함으로 당신의 백성을 향한 긍휼을 구했습니다. 하루하루 약속하신 시간이 다가왔고, 다니엘의 기도도 깊어졌습니다.

  다니엘이 세상을 살되 세상과 다른 삶을 살았던 비결이 이것입니다. 주님이 오심을 알았습니다. 그저 안 것이 아니라 자신의 전 존재로 알고 있었고, 그것을 매일의 기도로 증명했습니다. 주가 오심을 아는 이의 삶은 세상의 방식과 똑같을 수 없습니다. 주가 오심을 아는 이의 삶은 나태할 수 없습니다. 주가 오심을 아는 이의 호흡은 세상과 같을 리가 없습니다. 그래서 그는 세상 속에서 세상과 다른 삶을 살았던 겁니다. 그의 비결은 그의 삶의 일부가 된 기도였습니다. 우리 삶 가운데 이 기도가 뿌리내리기를……. 이 기도의 응답을 눈으로 확인하는 날까지 기도의 사람으로 나아갈 수 있기를 소망합니다.

나눔과 적용

1 「다니엘 학습법」이라는 책이 유행한 적이 있습니다. 그 책은 다니엘서에 '공부를 잘할 수 있는 비결이 있다'고 했고, 그것을 '신본주의 학습법'이라고 말했습니다. 당시 많은 이가 열광했지만 사실 다니엘서 어디에도 '공부 잘하는 비결'은 없습니다. 다니엘서에 비결이라는 게 있다면, '기도의 비결'입니다. 다니엘서가 말하는 기도의 비결은 무엇일까요?

2 왕이 '기도 금지법에 서명했다'는 말을 들은 다니엘은 어떻게 행동합니까? 그가 하는 행동이 특별한 것이 아님을 어떻게 알 수 있습니까?(10절) 다니엘의 이런 행동으로 어떤 일이 일어났습니까?(12, 13절)

왕의 조서 내용을 정확하게 알고 있었으면서도 다니엘은 정해진 시간에 자기 집에서 예루살렘을 향한 창문을 열고 기도했습니다. 이것은 다니엘의 적들이 원하던 그림이었고, 그 일로 다니엘은 붙들리게 됩니다.

● 다니엘이 하는 일련의 행동에 대한 여러분의 '솔직한 심정'은 무엇입니까? '이런 상황에서는 더 지혜롭게 반응해야 하지 않을까?'라는 생각이 들지는 않습니까? 여러분이 이런 상황에 부닥쳤다면 어떻게 행동했을까요?

3 "전에 하던 대로"(10절)라는 표현은 다니엘의 이러한 기도 방식이 오랜 세월 반복되어 왔다는 의미입니다. 다니엘이 굳이 '이런 방식'으로 기도한 이유는 무엇일까요?(왕상 8:46-49 참조)

다니엘이 폐허가 된 예루살렘 성전을 향해 정해진 시간에 기도한 것은 성전 낙성식에서 솔로몬이 드린 기도 때문입니다. 솔로몬은 이스라엘 백성이 이방 민족에게 끌려가게 될 경우, 회복을 위해 어떻게 기도해야 하는지를 알려 주었습니다. 다니엘은 자기 생각대로 기도하지 않고, 말씀에 기록된 방식으로 기도하고 있습니다.

● 우리는 기도를 개인적인 것으로 생각합니다. 그래서 기도 방식을 자신이 정할 수 있다고 생각합니다. 다니엘은 기도 방식도 기록된 말씀의 원리에서 나와야 한다고 믿었고, 그것을 자기 기도의 습관으로 만들었습니다. 주님이 말씀하신 방식대로 기도할 때, 하나님이 듣겠다고 하셨기 때문입니다. 하나님이 우리에게 원하는 기도의 방식은 무엇일까요?

4 다니엘의 기도 내용은 무엇이었을까요? 다니엘은 하나님의 약속(렘 29:10)을 붙들고 평생 기도했습니다(2:17, 18; 10:2). 하나님은 그분이 하신 약속을 붙들고 신실하게 기도한 다니엘에게 늘 응답하셨습니다(1:21 참조). 다니엘이 이 세상 속에서 성도의 경주를 완주할 수 있었던 가장 큰 비결은 말씀에 근거한 그의 신실한 기도 때문이었습니다.

● 각자 자신이 드리는 기도의 시간과 태도, 내용에 대해 나눠 봅시다. 그것이 자기 마음대로 만든 것인지, 하나님의 약속에 근거한 것인지 생각해 봅시다. 자신의 기도에 부족한 부분을 나누고, 변화를 구합시다.

하나님께서 주신 환상을 바라보며,
세상의 별이 된 다니엘처럼
세상을 사는 그리스도인

2부

✳

세상을 사는 그리스도인이
품어야 하는 꿈

8장 ✦ 짐승들을 이기시는 '인자 같은 이'
단 7:1-14

읽히지 않는 이야기의 시작, 다니엘 7장

우리는 지금까지 다니엘서를 차근차근 살피며 읽어 왔습니다. 그리고 지금부터 다니엘서의 후반부가 시작됩니다. 그래서 그동안 좀처럼 읽지 않았던 이야기들이 등장하게 됩니다. 이상하게도 다니엘서는 1-6장밖에 없었던 것처럼 7-12장에는 어떤 내용이 기록되어 있는지 잘 기억나지 않습니다.

다니엘 1-6장 내용은 흥미진진한 에피소드 위주입니다. 중간에 꿈의 의미를 해석하는 부분이 조금 난해할 수는 있지만, 대체적으로 수월하게 읽어 나갈 수 있습니다. 다니엘과 세 친구, 그리고 제국의 왕이 등장합니다. 전반부를 읽으며 우리는 다니엘과 세 친구와 하나가 됩니다. 포로기를 살아가는 다니엘처럼 살고 싶고, 또 이 시대에 다니엘과 같은 인물이 나오기를 간절히 고대하게 됩니다. 다니엘의 사자 굴 이야기나 세 친구의 풀무 불 이야기는 우리 아이들에게 꼭 들려주는 '하나님의 보호하심'에 관한 내용입니다.

그런데 7장부터는 좀처럼 읽지 않습니다. 읽어도 무슨 내용인지 생각하지 않습니다. 그러다 보니 다니엘서 후반부는 '없는 것'처럼 취급해 버리기 쉽습니다. 그런데 다니엘서를 설교하기 위해 깊이 살펴보니 다니엘서는 결코 그런 식으로 읽어서는 안 되는 글이었습니다. 다니엘서 전반부에서 일어나는 영웅적 사건들은, 다니엘서 후반부에 나오는 네 편의 환상에 의해 가능했기 때문입니다.

저는 다니엘서 후반에 나오는 네 가지 환상도 많은 분들과 나누고 싶었습니다. 이 환상을 붙들었기 때문에 다니엘과 세 친구, 포로가 된 유대 백성이 그들의 신앙을 억누르고 회유하던 제국의 '단압과 유혹'에 끝까지 맞서 싸울 수 있었습니다. 또한 우리 역시 이 환상들을 이해하고 기억한다면, 그들과 동일한 능력을 가지고 세상에 맞설 수 있습니다. 이 장에서는 후반부의 첫 번째 환상, 바다에서 올라오는 네 짐승에 관한 내용을 살펴보도록 하겠습니다.

다니엘이 본 환상과 해석_ 스토리

본문을 간단히 정리해 보겠습니다. 시간을 거슬러 올라가 벨사살 왕 원년입니다. 다니엘이 침상에서 잠을 자는데 하나님이 꿈에 환상을 보여 주셨습니다. 다니엘은 꿈속에서 그 환상의 의미를 물었고 그 꿈을 해석한 내용을 들었습니다. 다니엘은 그 꿈과 해석을 7장에서 설명하고 있습니다.

꿈은 두 부분으로 나뉩니다. 꿈의 전반부에서는 사방에서 돌풍이 불어와 바다가 출렁이고 있습니다. 이 땅에 없는 것 같아 보이는 짐승 넷이 바다에서 올라옵니다. 첫 번째 짐승은 독수리 날개를 가진 사자였고, 두 번째는 입의 잇사이에 갈빗대를 물고 있는 곰이었고, 세 번째는 날개가 넷, 머리가 넷 달린 표범이었습니다. 그리고 마지막 네 번째 짐승은 정확히 묘사할 수 없는 형상을 하고 있었는데, 무섭고 놀라우며 또 매우 강하며 쇠로 된 큰 이와 열 개의 뿔을 가진 짐승이었습니다. 그리고 이 네 번째 짐승의 뿔 가운데 작은 뿔 하나가 점점 커져 다른 뿔을 밀어내며 나오고 있었습니다.

꿈의 후반부에서는 갑작스럽게 장면이 전환되어 왕좌가 보이고 "옛적부터 항상 계신 이"(단 7:9)가 좌정해 계십니다. 그는 흰옷을 입으셨고 그가 앉은 보좌와 바퀴에서는 불이 타올라 사방으로 흘러나옵니다. 그 앞에는 수많은 이들이 그를 찬양하고 있고, 그는 심판을 베풀며 책들을 펼쳐 놓고 있었습니다. 보좌에 앉으신 이는 꿈의 전반부에 등장했던, 바다에서 올라온 네 짐승을 한순간에 죽이십니다. 그리고 이후에 "인자 같은 이"가 구름을 타고 이 "옛적부터 항상 계신 이"에게 나아와, 보좌에 앉으신 이를 섬기는 영원한 나라가 세워졌다는 소식을 전합니다.

여기까지가 1-14절의 내용입니다. 다니엘은 이 꿈으로 인해 번민합니다. 이전에 왕이 꾼 꿈들을 능숙하게 풀던 다니엘이 지금 자신의 꿈은 해석할 수 없습니다. 그래서 그는 보좌 주변에 있는 이 중 하나에게 이 환상을 해석해 달라고 요구합니다. 그 환상을 해석한 내용이 17-27절에 이어집니다.

네 짐승은 "세상에 일어날 네 왕"입니다. 이 짐승들은 성도에 대항해 싸워 성도를 고통스럽게 괴롭힙니다. 그런데 "옛적부터 항상 계신 이"가 와서 짐승들과 싸워 성도를 지켜 냅니다. 넷째 짐승은 마지막으로 발악하며 3년 반 동안 하나님의 백성에게 고통을 주지만 결국 "지극히 높으신 이"께서는 그 짐승마저 멸하시고 당신의 백성을 위해 영원한 나라를 세우십니다. 다니엘은 이 모든 이야기를 듣고 번민하며 얼굴빛이 변하였지만 그것을 마음속에 간직합니다. 이것으로 다니엘 7장에 나오는 첫 번째 환상이 마무리됩니다.

조금 난해한 내용이지만 찬찬히 읽으면 그렇게 어렵지는 않습니다. 우리가 어려워할까 봐 환상만 보여 주는 것이 아니라 환상을 해석한 내용까지 들려주기 때문입니다. 이제 차근차근 이 환상의 내용과 의미를 정리한 후, 우리 삶 가운데 적용해 보겠습니다. 이 본문을 우리를 향한 세 가지 명령, "……하라!"는 문구로 정리해 보겠습니다.

세상을 두려워하라

첫째, "세상을 두려워하라!"입니다. 바다에서 올라오는 네 짐승은 하나님 나라 백성을 탄압하는 네 왕입니다. 그리고 이 내용은 다니엘 2장에서 느부갓네살의 꿈속에 등장한 네 종류의 재료로 만들어진 신상에 관한 해석과도 같은 맥락입니다.

구약에서 바람에 출렁이는 바다는 무질서와 혼돈, 그리고 악을 상징합니다. 거기에서 올라오는 짐승도 그 악의 결과물일 수밖에 없습니다. 바다에서 네 마리의 짐승이 순서대로 올라옵니다. 하나님의 질서를 파괴하는 악한 괴물들, 이들은 하나님의 백성이 하나님을 온전히 섬기지 못하게 압박하는 제국을 의미합니다. 성경의 예언이 역사 속에서 어떻게 성취되었는지 연구하는 분들은 전통적으로 이 네 짐승을 역사 속에 등장한 네 제국이라고 풀이하고 있습니다. 그리고 그 짐승들이 보이는 특징을 통해 그 제국의 성격이 어떠했는지까지 설명하기도 합니다.

첫 번째 짐승은 사자와 독수리가 결합한 형상으로 이후 날개가 뽑히고 두 발로 서게 되어 마치 사람과 같은 모습으로 변했습니다. 이것은 바벨론입니다. 가장 강력한 힘을 상징하는 두 동물인 사자와 독수리의 특징을 함께 가지고 있습니다. 바벨론왕 느부갓네살은 교만했지만 이후에 하나님께 징계를 당한 후 하나님을 찬양했습니다. 그래서 이 짐승이 점점 사람처럼 변화되는 것입니다.

두 번째 짐승은 잇사이에 갈빗대를 물고 있는 곰입니다. 이 곰을 향해 '더 먹으라'는 말이 들립니다. 이것은 메대-바사 제국입니다. 페르시아 제국이지요. 이 제국은 탐욕이 가득합니다. 이에 무언가를 물고 있으면서도 또 먹으려 갈망하는, 끊임없는 정복욕이 이 제국의 특징입니다.

세 번째 짐승은 네 머리와 네 날개를 가진 표범입니다. '날쌘' 이미지를 상징하는 이 표범은 네 머리와 네 날개를 지니고 사방으로 제국을 확장했던 알렉산드로스 대왕의 헬라 제국을 의미하고 있습니다.

그러면 네 번째 짐승은 어느 제국을 상징하는 것일까요? 신기하게도 이 짐승은 세상에 존재하는 어떤 짐승의 형상도, 짐승들을 합쳐 놓은 모습도 아닙니다. 열 개의 뿔이 달린, 한 번도 본 적 없는 짐승입니다. 그런데 단지 그 짐승을 보기만 해도 두려움이 밀려옵니다. 학자들은 역사의 순서에 따라 이 네 번째 짐승을 강력한 무력을 자랑했던 로마라고 해석합니다.

이 네 제국이 나타내는 것은 무엇일까요? 바로 하나님의 백성을 압제하고 유혹하는 세상의 모든 힘입니다. 특별히 다니엘 당시 유대인들에게는 그들의 나라를 멸망시키고, 그들의 성전을 무너뜨린 후 그들을 포로로 끌고 와서 자신들의 종교 앞에 무릎을 꿇게 만든 바벨론과 바사 제국이었을 것입니다. 하나님 나라 백성이 하나님 나라 백성으로 살지 못하게 만드는 모든 것이 바로 이 네 짐승인 것입니다. 저는 전통적 해석, 네 짐승을 네 제국으로 해석하는 견해도 좋습니다. 그러나 조금 더 깊이 들어가야 한다고 생각합니다. 이 네 짐승의 환상은 요한계시록 13장에서 묘사한, 바다에서 올라와 하나님 백성을 마지막까지 고통스럽게 만들고 있는 짐승과 같은 존재이기 때문입니다.

> 내가 보니 바다에서 한 짐승이 나오는데 뿔이 열이요 머리가 일곱이라 그 뿔에는 열 왕관이 있고 그 머리들에는 신성 모독하는 이름들이 있더라 내가 본 짐승은 표범과 비슷하고 그 발은 곰의 발 같고 그 입은 사자의 입 같은데 용이 자기의 능력과 보좌와 큰 권세를 그에게 주었더라 (계 13:1, 2).

즉, 단지 지나간 과거의 제국들을 의미하는 것이 아니라, 지금도 우리와 싸우고 있는 적입니다. 특별히 네 번째 짐승에 대한 묘사를 살펴보면 더더욱 그런 확신이 듭니다. 7절에 나온 짐승의 묘사를 보겠습니다.

> 내가 밤 환상 가운데에 그다음에 본 넷째 짐승은 무섭고 놀라우며 또 매우 강하며 또 쇠로 된 큰 이가 있어서 먹고 부서뜨리고 그 나머지를 발로 밟았으며 이 짐승은 전의 모든 짐승과 다르고 또 열 뿔이 있더라 (단 7:7).

이 짐승은 앞에 나온 짐승과 다릅니다. 보는 순간 무섭고 놀라우며 강함이 느껴집니다. 이가 쇠로 만들어졌고 발로 밟는 것마다 부서집니다. 그리고 "이 짐승은 전의 모든 짐승과 다르[다]"는 말과 함께 열 개의 뿔을 가졌다고 설명하고 있습니다. 다니엘은 그 짐승을 보는 순간 부들부들 떨렸습니다. 과연 이 짐승은 어떤 존재일까요?

바다에서 올라오는 짐승들, 그리고 특별히 이 네 번째 짐승에 대한 묘사를 보면 이것이 과거에 존재했던 강력한 제국들만을 의미하지는 않으리라는 확신이 듭니다. 이것은 바로 오늘, 우리가 하나님을 하나님으로 온전히 믿고 따르지 못하게 하는 모든 것입니다. 이 네 번째 짐승은 더없이 강력합니다. 보는 순간 두려움이 밀려옵니다. 도무지 우리가 이길 수 없어 보이는 상대입니다. 이는 날카롭고 발은 강력합니다. 열 개의 뿔로 들이받으면 남아날 것이 없을 것 같습니다.

우리를 그렇게 두렵게 만드는 것들은 무엇입니까? 사람마다 다를 수 있습니다. 그러나 그것이 나타나 내 영혼을 향해 목소리를 내는 순간, 나의 모든 사고가 멈추며 주님의 뜻대로 살 수 없게 됩니다. 하나님도 나를 지키실 수 없다고 여기게 만드는 바로 그것, 그것이 여기 나오는 네 번째 짐승인 것입니다. 다니엘이 본 환상은 말하고 있습니다. 성도가 바로 그 짐승 앞에 서 있다고.

이 환상의 첫 번째 교훈은 그래서 "세상을 두려워하라!"입니다. 왜 그럴까요? 세상은 그렇게 강력하기 때문입니다. 세상은 힘이 없지 않습니다. 세상은 무능하지 않습니다. 세상은 강력합니다. 세상은 치명적 매력을 갖고 있습니다. 세상의 공격에 내 힘과 내 능력과 내 지식으로 맞설 수 있다는 생각은 참으로 어리석은 생각입니다.

종종 자신은 세상의 유혹이나 힘 앞에 절대 굴복할 리 없다고 생각하는 이들이 있습니다. 아닙니다. 우리는 결코 우리 혼자 세상의 유혹과 힘을 견디고 이길 수 없습니다.

> 그런즉 선 줄로 생각하는 자는 넘어질까 조심하라(고전 10:12).

세상을 가볍게 여기지 말라는 겁니다. 세상은 그렇게 호락호락하지 않습니다. 세상을 우습게 여겼다가 인생을 망친 대표적 인물이 있습니다. 바로 삼손입니다. 삼손은 블레셋을 대수롭지 않게 여겼습니다. 블레셋의 무력도, 블레셋의 유혹도 그는 자신의 힘과 지혜로 다 감당할 수 있다고 여겼습니다. 그래서 늘 죄의 경계에 머물러 있었습니다. 죄와 싸워 이길 수 있다는 확신 때문이지요. 그 결과 그는 가장 강력한 힘을 가졌음에도 블레셋에 잡혀 두 눈이 뽑힌 채 감옥에서 맷돌이나 돌리는 신세가 되었습니다. 그는 죄를 두려워하지 않았습니다. 세상과 세상에서 권세 잡은 자가 자신을 어떻게든 무너뜨리려고 호시탐탐 노리고 있다는 사실을 염두에 두지 않았습니다. 자신을 믿었고 그 결과 모든 것을 잃었습니다.

세상을 두려워하십시오. 죄를 두려워하십시오. 내 안에 스며들어 오는 세상의 정신을 대수롭지 않게 생각하지 마십시오. 차츰차츰 야금야금 내 영혼과 내 믿음을 갉아 먹고 있는 세상의 문화를 내버려 두지 마십시오. 그것들이 내 속에 들어와 나를 더 이상 합당한 하나님 백성답게 살 수 없는 자리로 끌고 갈 수 있기 때문입니다.

다시금 깨어 이 세상의 두려운 실체를 보고, 옷깃과 마음과 생각을 여밀 수 있는 우리가 되었으면 합니다.

세상의 통치자를 바라보라

본문에 나타난 환상이 주는 두 번째 교훈은, "이 두려운 세상을 여전히 통치하시는 분을 바라보라!"입니다. 네 번째 짐승 앞에서는 믿음의 용사 다니엘도 두려워 떨었습니다. 그렇다면 누가 이 짐승 앞에 떨지 않을 수 있겠습니까? 이렇게 두려운데 어떻게 이 짐승과 싸우겠다고 생각할 수 있을까요? 그럼에도 성도 된 우리가 이 짐승과 싸울 수 있는 용기는 어디에서 나올까요?

네 번째 짐승에 대한 무시무시한 묘사가 끝나자마자 등장하는 한 분 때문입니다. 9절과 10절에서는 갑작스럽게 '보좌에 앉으신 이'가 등장합니다.

> 내가 보니 왕좌가 놓이고 옛적부터 항상 계신 이가 좌정하셨는데 그의 옷은 희기가 눈 같고 그의 머리털은 깨끗한 양의 털 같고 그의 보좌는 불꽃이요 그의 바퀴는 타오르는 불이며 불이 강처럼 흘러 그의 앞에서 나오며 그를 섬기는 자는 천천이요 그 앞에서 모셔 선 자는 만만이며 심판을 베푸는데 책들이 펴 놓였더라(단 7:9, 10).

보좌는 통치를 상징합니다. 온 세상을 통치하시는 이가 스스로 나타나셨습니다. 그분은 "옛적부터 항상 계신 이"입니다. 한 번도 그 보좌를 빼앗긴 적이 없는 왕이십니다. 영원 전부터 지금까지, 그리고 영원토록 그분은 세상을 통치하고 계십니다. 그분은 거룩하신 분입니다. 그런데 그 거룩하신 분의 보좌에서 불이 나와 그 불이 강처럼 흘러가고 있습니다. 수많은 이들이 그분을 찬양하고 그분께 수종 들고 있습니다. 그분은 지금, 세상을 심판하고 계십니다.

그분이 그 네 번째 짐승을 잡으십니다. 그리고 나머지 짐승들도 정해진 시간이 이르면 잡겠다고 선언하십니다.

> 그때에 내가 작은 뿔이 말하는 큰 목소리로 말미암아 주목하여 보는 사이에 짐승이 죽임을 당하고 그의 시체가 상한 바 되어 타오르는 불에 던져졌으며 그 남은 짐승들은 그의 권세를 빼앗겼으나 그 생명은 보존되어 정한 시기가 이르기를 기다리게 되었더라(단 7:11, 12).

엄청난 짐승이었습니다. 성도를 두려움에 떨게 할 만큼 강한 능력을 가졌습니다. 날카로운 쇠로 된 이와 강력한 발, 그리고 열 개의 뿔을 가지고 있습니다. 그런데 보좌에 앉으신 이가 등장하자마자 짐승이 죽임을 당하여 그 시체가 불에 던져집니다. 보좌에 계신 이에게 이 짐승은 아무것도 아니었던 겁니다. 남은 짐승은 어떻게 됩니까? 보좌에 앉으신 이가 정한 시간까지 아직 생존합니다. 그러나 권세는 빼앗긴 상태입니다.

보좌에 앉으신 이에게 한순간에 맞아 죽는 네 번째 짐승, 그리고 권세를 빼앗긴 채 아직은 생명을 유지하고 있는 이 짐승들을 보면 무엇이 연상됩니까? 사탄과 사탄의 세력들을 결박하신 하나님의 구속 역사가 떠오릅니다. 여자의 후손인 예수께서 십자가에 달려 죽으시고 부활하시고 승천하실 때, 사탄의 머리는 박살이 났습니다. 그런데 아직 죽지는 않았습니다. 그리고 남은 힘으로 이 사탄이 여자의 후손의 발꿈치를 물었습니다. 정한 때가 이르면 사탄과 사탄의 세력은 완전히 소멸할 것입니다. 잠깐 동안은 짐승의 세력들이 성도를 고통스럽게 괴롭힐 것입니다. 그러나 이미 사탄의 세력은 끝났고 얼마 후면 완전히 소탕될 것입니다. 정한 시간이 되면, 이 짐승들은 완전히 멸망할 것입니다. 사탄의 잔존 세력은 모두 사라지고 하나님이 당신의 나라를 완성하실 것입니다. 누구를 통해서일까요? 인자, 하나님의 아들 예수 그리스도를 통해 이 모든 일이 이루어집니다.

> 내가 또 밤 환상 중에 보니 인자 같은 이가 하늘 구름을 타고 와서 옛적부터 항상 계신 이에게 나아가 그 앞으로 인도되매 그에게 권세와 영광과 나라를 주고 모든 백성과 나라들과 다른 언어를 말하는 모든 자들이 그를 섬기게 하였으니 그의 권세는 소멸되지 아니하는 영원한 권세요 그의 나라는 멸망하지 아니할 것이니라(단 7:13, 14).

"인자 같은 이"는 '사람의 모습으로 오신 성자 하나님'을 뜻하며 구약 곳곳에 등장하는 표현입니다. 그런데 이분이 오서서 보좌에 계신 성부 하나님께 모든 것을 통치할 권세를 받으시고, 그 후부터 영원한 인자의 나라가 펼쳐지는 것입니다. 이렇듯 짐승들의 세계는 성부 하나님과 성자 예수께 완전히 깨지고 멸망당하게 되지요.

세상은 결코 만만치 않습니다. 우리가 사는 세상도 그렇고 우리 다음 세대가 살아 내야 할 세상도 결코 호락호락하지 않습니다. 우리를 힘으로 억압하고 또 그들이 가진 모든 것으로 우리를 유혹합니다. 우리가 우리의 힘과 능력만 의지한다면 백전백패할 것입니다. 그래서 눈을 들어 하늘을 봐야 합니다. 그리고 우리의 눈에 '옛적부터 항상 보좌에 계신' 우리 하나님이 보여야 합니다. 모든 것이 하나님의 손 아래 있습니다. 그분의 뜻과 계획대로 진행되고 있습니다. 그리고 그분은 우리에게, 그분의 아들인 "인자 같은 이" 예수 그리스도를 이미 보내셨고, 다시 보내실 것입니다. 그때가 이르면 우리는 이 땅에서 치르는 모든 싸움을 끝내고 참된 행복이 있는 영원한 나라에서 살게 될 것입니다. 이것이 우리가 이 세상을 두려워하면서도 동시에 세상과 맞서 싸울 수 있는 비결입니다. 우리와 함께하시는 이가 세상보다 크시기 때문입니다.

그래서 세상을 우습게 여기는 것도 문제이지만, 세상을 한없이 두려워하는 것도 문제입니다. 우리 주님은 우리에게 그러지 말라고 말씀하십니다. "너, 나 믿니?"라고 물으십니다.

저는 처음 사역했던 교회에서 갑작스럽게 사임하게 되었습니다.

3년간 교회 대부분의 부서를 섬기며 사역했습니다. 그런데 10월 셋째 주에 담임 목사님이 갑자기 저를 부르시더니 "다음 주까지 사역하고 다른 교회를 찾아보라"고 말씀하셨습니다. 너무 당황해 미처 이유도 묻지 못했습니다. 하루 종일 멍하게 있다가 그래도 다음 사역지는 찾아보아야 할 것 같아 신학대학원 사역 게시판에 들어가 사역자 청빙 공지를 읽기 시작했습니다. 몇 시간 동안 그렇게 구직을 위해 게시판을 보고 있는데 갑자기 서러움이 밀려들었습니다. 나는 하나님의 부르심 때문에 신학대학원에 들어가 이 사역을 시작했는데, 갑자기 사역을 내려놓고 다른 사역지를 찾아야 하는 내 처지가 분하고 억울했습니다. 화가 나서 컴퓨터를 끄고 방바닥에 누워 있었습니다. 당시 일을 하던 아내가 돌아와 불 꺼진 방 한쪽 벽에 붙어 누워 있는 저를 내려다봤습니다. 제 표정은 완전히 '썩어' 있었습니다. 저를 한참 쳐다보던 아내가 제게 말했습니다. "왜 그래? 혹시 오빠가 믿는 하나님이 죽었어?"

누워 있던 자리에서 벌떡 일어났습니다. 창피함이 확 몰려왔습니다. 우리 하나님은 살아 계십니다. 그 하나님은 지금도 일하고 계십니다. 그 하나님이 당신의 손으로 나를 붙들고 계십니다. 그런데 저는 마치 하나님이 없는 것처럼, 하나님이 죽은 것처럼, 세상이 끝난 것처럼 비참해하고 있었던 것입니다. 아내와 함께 기도했습니다. 하나님이 살아 계시고 여전히 우리 삶을 당신의 손으로 인도하고 계심을 믿는다고, 현재는 막막하지만 당신의 선한 인도를 믿는다고……. 그리고 그다음 날 오후, 한 교회에서 사역자를 구한다는 연락을 받았습니다. 그곳이 제가 두 번째로 섬겼던 교회입니다.

우리 하나님은 죽지 않으셨습니다. 그분은 시퍼렇게 살아 계십니다. "옛적부터 항상 계신 이"로 존재하십니다. 우리 예수께서는 지금 구름을 타고 오시는 중입니다. 주님이 반드시 다시 오신다고 약속하셨습니다. 속히 오겠다고 약속하셨습니다. 그분이 정한 시간에 그분은 반드시 오실 것입니다. 그때 이 나라가 완성될 것입니다. 그날까지 우리는 '이미'와 '아직' 사이에서 이 세상과 끝없는 싸움을 치를 것입니다. 우리는 기억해야 합니다. 바라봐야 합니다. 여전히 살아 계시는 우리 하나님을.

혹독한 전쟁을 대비하라

마지막 세 번째 교훈은 "혹독한 전쟁을 대비하라!"입니다.

첫 번째 환상의 전반부에서는 혹독한 네 짐승의 시대에 관한 내용들이 나옵니다. 네 짐승과 네 번째 짐승의 강력함을 묘사하는 대목을 보면 우리의 대적이 얼마나 강한지를 실감하게 됩니다. 그만큼 힘든 시대를 살아 내야 한다는 말입니다. 그런데 26, 27절을 보면 "인자 같은 이"가 오셔서 완전히 승리하심으로 이 시대가 끝나리라고 기록하고 있습니다. 성도가 통과해야 하는 혹독한 시기와 그 시기를 통과한 이들에게 주어지는 완전한 승리, 이 두 가지가 환상의 핵심 메시지였던 것입니다.

몇몇 학자들은 이 메시지를 적용할 때 다음과 같은 '3중적 해석과 적용이 필요하다'고 주장합니다.

첫째, 다니엘서 본문은 직접적 독자인 바벨론 포로기를 살았던 포로 이스라엘을 향한 메시지였습니다. 바벨론과 바사에서 포로로 살아가는 일이 힘들지만 그럼에도 끝까지 우리는 신앙을 지켜야 하며, 그렇게 견디면 반드시 하나님이 우리를 회복시키시리라는 내용이지요. 그래서 다니엘 시대 유대인들은 70년간의 포로기에 이 믿음을 붙들 수 있었습니다.

둘째, '하시딤'이라는 집단이 다니엘의 환상에 영향을 받고 그 메시지를 적용해 헬라 셀레우코스 왕조의 폭력적 통치에서 벗어나고자 독립운동을 일으키게 됩니다. 주전 175-163년, 셀레우코스 왕조의 안티오코스 에피파네스는 유대교를 심하게 탄압했습니다. 그는 강력한 헬레니즘 신봉자로서 자신이 통치하는 모든 지역의 주신을 제우스로 바꿔야 한다고 생각했습니다. 그의 강력한 유대교 탄압에 맞서 무장 투쟁을 벌인 그룹이 바로 하시딤이라 불리는 결사대입니다. 마카베오 가문이 이 집단을 이끌며 10여 년간 독립을 위해 전쟁을 이어 갔고, 잠깐 동안 예루살렘성을 회복하기도 했습니다. 결국 정규군에게 괴멸되기는 했지만 이스라엘의 독립을 꿈꿨던 모두 이에게 이 마카베오 혁명은 대단히 소중한 사건이었습니다. 지배국과 무장 투쟁을 벌였던 하시딤이 붙들었던 말씀도 이 다니엘서였습니다. 이 강력한 지배국을 향한 하나님의 통치와 승리를 신뢰했기에 거대한 제국에 맞서 전쟁을 일으킬 수 있었던 겁니다.

그러나 다니엘 시대나 마카베오 시대에 이 본문이 적용된 사례보다 우리는 다음을 더 주목해야 합니다. 셋째, 이 본문을 바로 오늘 우리의 삶에 어떻게 적용해야 할까요?

> 그 말이 이에 그친지라 나 다니엘은 중심에 번민하였으며 내 얼굴빛이 변하였으나 내가 이 일을 마음에 간직하였느니라(단 7:28).

우리는 우리를 향해 세상의 강력한 공격이 이어지고 있음을 기억해야 합니다. 우리는 영적 전쟁의 한복판에 있습니다. 이 전쟁은 절에 불을 지르는 전쟁이 아닙니다. 불상을 상하게 하는 전쟁이 아닙니다. 땅 밟기를 한다며 예수의 이름을 선포하는 방식으로 치러지지 않습니다. 우리가 싸워야 할 대상은 우리 안에 이미 들어와 있는 세상의 정신, 세상의 가치, 세상이 말하는 성공, 세상이 말하는 행복……, 이 모든 것입니다. 세상이 무엇이냐고 물으신다면 저는 대답하지 않겠습니다. 우리의 지독한 죄성은, 이미 정해진 것을 제외한 다른 모든 영역은 다 자신의 뜻대로 해도 괜찮으리라고 해석하기 때문입니다. 이 전쟁은 어려운 전쟁입니다. 힘든 전쟁입니다. 인자가 오시기까지 결코 호락호락하지 않은 전투를 치러야 할 것입니다.

그러니 우리가 어떻게 해야 할까요? 이 세상의 실체를 공부해야 합니다. 그리고 동시에 하늘을 바라봐야 합니다. 보좌에 앉으신 이를 목도해야 합니다. 그분이 이미 하신 일들을 살펴야 합니다. 동시에 우리를 향해 달려오시는 이, 구름을 타고 이미 오고 계시는 승리의 왕을 소망해야 합니다. 분명한 것은, 우리는 혼자 싸우지 않으리라는 사실입니다. 우리 주님이 있고, 우리 형제자매들이 있습니다. 그들과 함께 우리에게 주어진 이 선한 싸움을 주님 오시기까지 감당할 수 있기를 소망합니다.

나눔과 적용

1 이제까지 다른 이들의 꿈을 해석해 주던 다니엘이 이제 자신이 꾼 꿈을 이야기합니다. 다니엘서 후반부의 시작입니다. 첫 번째 꿈은 1부와 2부로 나뉩니다. 1부는 다니엘을 두렵게 합니다(1-8절). 천사는 그 꿈을 어떻게 해석합니까?(19-25절)

다니엘서는 다니엘과 세 친구의 영웅적 신앙의 삶을 보여 주는 전반부(1-6장)와, 그런 영웅적인 신앙의 삶을 가능하게 한 환상인 후반부(7-12장)로 구성되어 있습니다. 다니엘 7장은 후반부의 시작이자, 첫 번째 환상의 시작입니다. 여기에 고대 제국을 상징하는 짐승이 등장하고, 이 환상에 대한 해석이 나옵니다.

- 각 짐승에 대한 세세한 묘사는 이 짐승이 얼마나 강력한지 보여 줍니다. 각 짐승은 그 강함으로 하나님의 백성을 상하게 합니다. 이 짐승 환상은 하나님 백성이 세상 나라(제국)에서 당하게 될 고통의 정도와 시간을 예고하고 있습니다. 하나님이 사랑하는 자기 백성에게 이후 경험하게 될 어려움을 미리 알려 주시는 이유는 무엇일까요? 이것이 세상 속 성도가 살아가야 하는 삶이라고 할 때, 우리는 무엇을 준비해야 할까요?

2 다니엘의 꿈 2부는 1부에 등장한, 하나님 백성을 핍박하는 짐승들(=제국)이 누구에 의해, 또 어떤 방식으로 무너지는지를 보여 줍니다(9-14절). 짐승을 잡아 하나님 백성을 지키고 보존하는 분을 어떻게 묘사하고 있습니까? 묘사의 의미를 생각해 보고 그분이 행하시는 일이 무엇

일지 정리해 보십시오.

보좌에 앉으신 옛적부터 계신 이(9절) :

인자 같은 이(13절) :

1부에서 강력하고 두려운 존재로 묘사된 짐승들이 2부에 등장하는 이에 의해 한순간에 무너집니다. 절대 무너지지 않을 것 같은 짐승들(=제국)을 한순간에 무너뜨리는 '보좌에 앉으신 이'와 '인자 같은 이'는 오늘도 이 땅을 통치하고 계시는 성부 하나님과, 사람의 몸으로 이 땅에 오셔서 우리를 죄에서 구원하신 성자 하나님인 예수님입니다.

● 세상의 무서움을 모르는 것은 '순수'가 아니라 '순진'입니다. 우리는 순수하되 순진해서는 안 됩니다. 세상은 강하고 두려운 존재입니다. 그러나 동시에 알아야 할 진리가 있습니다. 우리와 함께하시며 우리를 보호하겠다고 하신 삼위 하나님의 강함입니다. 그분이 우리를 사랑하시며, 우리와 함께하기를 원하시고, 우리 삶을 인도하십니다. 이 진리를 아는 것이 나에게 주는 유익은 무엇입니까?

3 환상 속 짐승 가운데 네 번째 짐승을 묘사하는 분량이 많습니다(19-25절). 이는 마지막 때에 당할 고통의 정도가 이전보다 클 것에 대한 예고입니다. 그런데 하나님이 이 짐승의 활동 기간을 "한 때와 두 때와 반 때"로 정해 놓으셨습니다. 이것이 주는 위로는 무엇입니까?

● 우리에게는 '영원한 나라의 백성'을 사랑하시는 "지극히 높으신 이"(27절)가 계십니다. 그분이 오늘 세상 속을 사는 우리와 함께하심이 우리에게 요구하는 삶은 어떤 모습일까요?

9장 ✷ 역사를 아는 그리스도인

단 8:1-27

역사를 되돌아보는 이유

한때 "역사를 잊은 민족에게 미래는 없다"라는 격언이 유행한 적이 있습니다. 〈무한도전〉이라는 영향력 있는 예능 프로그램에서 그 격언의 출처를 독립운동가 신채호라고 밝혀서인지 많은 분이 신채호 선생의 격언이라고 생각합니다. 하지만 그가 쓴 책 「조선상고사」나 논설 "독사신론" 어디에도 그런 문장은 없습니다. 신채호의 모든 것을 연구 보존하는 역사학회에서도 신채호가 그런 문장을 사용한 적이 없다고 밝혔습니다. 이 격언의 뜻은 분명합니다. '역사를 알아야 민족의 미래를 지킬 수 있다'는 의미입니다. 너무나 옳은 내용이므로 사람들이 대부분 이 말에 동의했지만 막상 이 격언의 역사에 대해서는 아무도 모르는 것입니다.

비슷한 격언으로 "과거에서 배우지 못한 사람은 과거를 되풀이한다"(스페인 철학자 조지 산타야나)가 있습니다. 이 문장이 유명해진 것은 이것이 독일 아우슈비츠 추모 현장에 걸려 있었기 때문입니다. 아우슈비츠는 나치 독일이 유대인들을 대거 학살하기 위해 세운 대표적인 수용소로, 이곳에서 많은 이들이 유대인이라는 이유만으로 고문과 죽임을 당했습니다. 독일은 자신들이 저지른 잔혹한 행동과 그 결과를 돌아보아야 했습니다. 유대인들도 자신들이 비참하게 학살당한 경험에서 무언가를 배워야 했습니다. 슬픈 역사가 되풀이되지 않도록 그들은 자신들에게 이미 일어난 사건들에서 교훈을 얻어야 했습니다.

저는 역사 공부가 좋았습니다. 암기 과목이라 비교적 점수 따기가 쉬워 좋아하기도 했지만 세계사를 공부하면서 만나는 이야기들은 제가 가진 좁은 시야와 사고를 확장시켜 주었기 때문입니다. 그런데 어느 때인가 교육 과정이 개정되면서 세계사와 국사를 선택 과목으로 전환한다고 들었습니다. 저는 그 교육 과정이 잘못되었다는 확신이 있었습니다. 세계사와 국사, 즉 역사가 의미 있는 이유는 단지 역사 속 사건 몇 가지를 암기하는 데 그치지 않고 역사적 흐름과 사건을 통해 지혜를 건져 내어 현재 우리 삶에 적용할 수 있도록 인도하기 때문입니다. 그리고 지금도 동일합니다. "과거에서 배우지 못한 사람은 그 과거를 되풀이합니다."

이번 장에서는 2천 년 전, 우리에게서 매우 멀리 떨어져 있는, 근동의 거대한 제국들에 관해 이야기하려 합니다. 저는 이 이야기를 정리하면서 다니엘서 후반부의 이야기를 왜 좀처럼 들을 수 없는지 알 것 같았습니다. 처음에는 우리와 별로 상관없어 보이는 이런 역사 이야기까지 굳이 시간을 내어 전해야 하는 이유에 대해 스스로 확신을 갖기 어려웠습니다. 그러나 다니엘은, 또 성령께서는 이 다니엘서 후반부를 분명 남기셨습니다. 그리고 믿음의 조상들은 이 다니엘서 후반부를 하나님의 말씀으로 받았습니다. 왜 그럴까요? 이유가 있기 때문입니다. 이제 우리도 같은 마음으로 이 말씀을 대하도록 하겠습니다. 하나님이 우리에게 왜 이 책과 이 이야기를 남기셨는지, 이 이야기가 오늘 우리에게 무엇을 요구하는지……. 과연 고대 근동 제국의 역사에서 우리가 배워야 할 것이 있을까요? 다니엘은 '있다!'라고 말합니다.

다니엘이 본 환상 1_ 숫양과 숫염소

벨사살 왕 제3년에 다니엘은 또 한 번 환상을 보게 됩니다. 그가 환상을 본 장소는 "엘람 지방 수산성"이며, 환상 속 배경은 수산성 옆에 있던 인공 운하 "을래 강변"입니다.

거기서 다니엘은 숫양 한 마리를 보게 됩니다. 그 숫양은 뿔이 두 개였고, 그 뿔들 중 나중에 난 뿔이 앞에 난 뿔보다 길고 강력했습니다. 이 숫양은 사방을 들이받는데 그 힘이 매우 강해 이 숫양을 이길 짐승이 하나도 없을 정도였습니다. 이 숫양은 자기 힘으로 자기가 원하는 모든 것을 할 수 있는 존재가 되었습니다. 다니엘이 골똘히 이 숫양에 관하여 생각하고 있는데 또 다른 짐승 하나가 나타났습니다. 숫염소였습니다. 이 숫염소의 특징은 속도였습니다. "온 지면에 두루 다니되 땅에 닿지 아니하며"(단 8:5). 얼마나 빠른지 발이 땅에 닿지 않을 정도였습니다. 이 염소에게는 두 눈 사이에 현저히 강력한 뿔이 하나 있었습니다. 다니엘은 두 번째 나타난 숫염소가 숫양에게 달려드는 광경을 보게 됩니다.

> 내가 본즉 그것이 숫양에게로 가까이 나아가서는 더욱 성내어 그 숫양을 쳐서 그 두 뿔을 꺾으나 숫양에게는 그것을 대적할 힘이 없으므로 그것이 숫양을 땅에 엎드러뜨리고 짓밟았으나 숫양을 그 손에서 벗어나게 할 자가 없었더라(단 8:7).

숫양이 참패합니다. 숫양의 뿔이 꺾였고, 짓밟혔고, 구속되었습니다. 숫염소가 완전히 승리했습니다. 다니엘은 자신이 본 환상을 해석할 수가 없었습니다. 그때 다니엘 앞에 천사 가브리엘이 나타납니다. 그리고 이 환상의 의미를 설명합니다. 숫양은 메대-바사, 즉 페르시아 제국을 의미합니다. 그리고 그 숫양을 공격하여 무너뜨린 숫염소는 이후에 일어난 알렉산드로스의 헬라 제국을 의미합니다. 다니엘이 환상 속에서 본 장면은 바사 제국이 헬라 제국에 패망하리라는 내용입니다.

우리는 여기서 한 가지를 배울 수 있습니다.

> 내가 본즉 그 숫양이 서쪽과 북쪽과 남쪽을 향하여 받으나 그것을 당할 짐승이 하나도 없고 그 손에서 구할 자가 없으므로 그것이 원하는 대로 행하고 강하여졌더라(단 8:4).

숫양을 묘사하는 내용에 주목해 보십시오. 숫양을 "당할 짐승이 하나도 없고 그 손에서 구할 자가 없[다]"고 묘사합니다. 그는 그 강함으로 "원하는 대로 행하고" 점점 강해지고 있습니다. 더없이 강력해 보였던 바벨론 제국을 무너뜨린 바사 제국이 그런 모습이었습니다. 어떠한 짐승도 도무지 당해 낼 수 없을 것 같았습니다. 그런데 숫염소가 나타나자 그것은 순식간에 비참한 모습으로 전락합니다.

여기서 우리는 인간이 만든 모든 것이 한순간 얼마나 허망하게 무너질 수 있는지 깨달아야 합니다. 금으로 상징되던 바벨론이 단숨에 멸망해 사라졌습니다. 은으로 비유되는 나라였던 바사도 그렇게 단번에 패망하여 스러져 버립니다. 겉으로 보기에는 영원할 것 같았지만 결국 모두 하나님이 정하신 시간표 안에서 벗어날 수 없습니다. 그러니 우리는 겉으로 보이는 힘에 마음을 빼앗기지 말아야 하는 것입니다. 역사 속에서 우리가 배워야 할 것이 바로 이것입니다. 인간이 세운 가장 강력한 제국마저 이렇게 단번에 무너질 수 있다면, 인간이 만든 것에 의지하는 삶은 결코 안전하지 않다는 것이지요. 이것이 첫 번째 숫양의 환상을 통해 얻게 되는 교훈입니다.

다니엘이 본 환상 2_ 숫염소의 머리에서 나오는 작은 뿔

다니엘이 본 환상의 후반부는 또 하나의 뿔과 관련된 내용입니다. 숫염소의 강력한 외뿔이 꺾이고, 그 머리에서 네 개의 뿔이 돋아납니다. 그리고 그 뿔 가운데 하나에서도 또 다른 작은 뿔이 나옵니다. 이후 이 작은 뿔이 가장 강력한 뿔이 되어 하늘 군대와 전쟁을 일으키고, 스스로 높아져 하나님께 드리는 제사를 금지하며, 성소를 헐어 버리고 하나님의 백성을 짓밟고 있습니다.

다니엘서를 역사적으로 읽는 사람들은 여기에 등장하는 숫염소를 헬라 제국으로 생각합니다. 강력한 외뿔은 알렉산드로스 대왕입니다. 그는 엄청난 속도로 바사 제국을 공격했고 가장 넓은 영토를 확보했습니다. 그런데 33세라는 이른 나이에 후계자도 남기지 못한 채 죽었습니다. 결국 제국은 당시 네 명의 장군에게 나뉘어 통치되었습니다. 이것이 한 뿔이 꺾인 후 네 뿔이 돋아난 모습으로 묘사되고 있습니다.

이렇게 헬라 제국은 네 장군에게 나뉘었습니다. 이집트 지역의 '프톨레마이오스', 시리아 일대의 '셀레우코스', 마케도니아와 그리스 지역의 '카산데르', 트라케와 소아시아 일대를 지배한 '리시마코스'를 각각 가리키는 예언이라는 말입니다. 그리고 이 네 나라 가운데 한 나라가 문제를 일으키는 '작은 뿔'입니다.

이 '작은 뿔' 예언이 중요합니다. 일단 이 뿔을 묘사하는 분량이 가장 많기 때문입니다. 그리고 이 뿔은 7장에서도 등장한 적이 있습니다. 다니엘 8장을 보면 숫양에 관한 묘사는 세 절을 할애하지만, 숫염소에 관한 묘사는 여섯 절에 걸쳐 나타나 있습니다. 그런데 이 숫염소에게서 난 작은 뿔을 묘사하는 데는 열 절을 사용하고 있습니다. 다니엘 환상의 중심에 바로 이 '작은 뿔'이 위치하는 셈입니다. 역사적 해석자들은 이 '작은 뿔'을 셀레우코스 왕조의 '안티오코스 에피파네스 4세'라고 짐작합니다. 이후 가브리엘 천사가 이 네 번째 뿔에 관하여 이렇게 설명합니다.

> 이 네 나라 마지막 때에 반역자들이 가득할 즈음에 한 왕이 일어나리니 그 얼굴은 뻔뻔하며 속임수에 능하며 그 권세가 강할 것이나 자기의 힘으로 말미암은 것이 아니며 그가 장차 놀랍게 파괴 행위를 하고 자의로 행하여 형통하며 강한 자들과 거룩한 백성을 멸하리라 그가 꾀를 베풀어 제 손으로 속임수를 행하고 마음에 스스로 큰 체하며 또 평화로운 때에 많은 무리를 멸하며 또 스스로 서서 만왕의 왕을 대적할 것이나 그가 사람의 손으로 말미암지 아니하고 깨지리라 (단 8:23-25).

뻔뻔하고 속임수에 능하고, 남의 힘을 끌어다 자신을 강하게 하고, 엄청난 파괴 활동을 자행하며, 그 힘으로 강한 자들과 거룩한 백성을 멸하는 존재. 결국 그는 스스로 높아져 "만왕의 왕"을 대적할 것입니다. 그를 한마디로 말하면 '극악무도하기 짝이 없는 존재'입니다. 똑똑한데 악하고, 강력하면서 교만한 한 왕이 등장해 하나님을 믿는 자들과 하나님을 대적하는 원수가 되어 활동하리라는 예언입니다. 악하고 표독한 왕, 그런 데다 강력한 힘까지 갖춘 왕이 일어나 하나님의 백성에게 엄청난 압제를 일삼고 하나님께 도전하는 일이 일어나리라는 의미이지요.

실제로 안티오코스 에피파네스는 역사 속에서 그 같은 일을 저질렀습니다. 유대인들을 박해했고, 스룹바벨 시대에 지은 제2성전을 우습게 여겨 자신이 믿는 신인 제우스 신상과 그 제단을 이 성전 안에 세웠습니다. 그리고 그 안에서 유대 종교법에서 부정하다고 규정한 짐승인 돼지를 제우스에게 제물로 바치기까지 했습니다. 이러한 일들 때문에 유대인들이 마카베오 혁명이라는 독립 전쟁을 시작하게 된 것입니다. 하나님은 악한 왕이 나타나 이스라엘 백성을 압제하게 되리라는 사실을 미리 말씀해 주셨습니다. 다니엘은 이 환상과 천사의 해석을 듣고 그만 앓아눕고 말았습니다.

> 이에 나 다니엘이 지쳐서 여러 날 앓다가 일어나서 왕의 일을 보았느니라 내가 그 환상으로 말미암아 놀랐고 그 뜻을 깨닫는 사람도 없었느니라(단 8:27).

환상이 정말 강력했나 봅니다. 다니엘은 이 환상을 도무지 감당할 수 없었습니다. 우리는 단순히 성경 구절을 읽었을 뿐이지만 다니엘은 눈앞에서 작은 뿔이 일어나 강력하게 하나님의 사람들을 박해하는 장면을 목격했습니다. 그것을 보고 다니엘은 무너졌습니다.

몸져누웠습니다. 이 환상에 다니엘은 그렇게 반응할 수밖에 없었습니다.

우리는 우리 앞에 펼쳐진 현실을 정확히 이해해야 합니다. '미래에는 막연히 다 잘되겠지'라는 근거 없는 낙관론을 견지해서는 안 됩니다. '희망 고문'이라는 말이 있습니다. 국어사전은 이 단어를 '거짓 희망을 주어 오히려 상대방에게 괴로움을 주는 행위'라고 정의합니다. 19세기 프랑스 소설가 빌리에 드릴라당이 쓴 〈희망이라는 이름의 고문〉이라는 단편에서 나온 표현입니다.

'부활절이 되면 해결될 거야', '추수감사절이 되면 다시 모일 수 있을 거야', '성탄절에는 이전의 모습이 회복되겠지', '잠을 자고 일어나면 다 꿈인 것처럼 한순간 모든 문제가 해결되어 있을 거야'라며 막연히 낙관하는 태도입니다. 그러나 자신이 예상한 그때에 자신이 원하던 대로 일이 진행되지 않으면 더 깊은 고통과 슬픔을 겪게 되지요. 그리고 그 희망 고문이 반복되면 더 깊은 절망으로 빠지게 됩니다.

우리는 지금 이 땅의 현실을 정확히 인식해야 합니다. 존재하지도 않는 것들을 보라는 게 아닙니다. 있는 것들, 이미 펼쳐진 현상들을 직시하라는 것이지요. 그 안에서 아파할 것은 아파하고 울 것은 울어야 합니다. 그리고 앞으로 펼쳐질 일들에 대비해야 합니다.

다니엘은 신앙의 사람입니다. 그는 용사입니다. 그러나 자신의 눈앞에 펼쳐진 환상 앞에서 며칠을 앓았습니다. 앓아도 괜찮습니다. 그리고 자신이 아파했던 그 비참한 미래를 우리도 볼 수 있도록 이렇게 글로 남겨 놓았습니다. 우리의 힘든 현실은 조금 더 길어질 수 있습니다. 상황이 더욱 악화될 수도 있습니다. 막연히 평안하다, 평안하다, 억지로 우길 것이 아니라 평안하지 않을 수도 있음을 인정하고 그것에 대비해야 한다는 것입니다.

역사를 알아야 하는 이유

다니엘이 남긴 8장의 예언을 교회 공동체는 어떻게 읽어 왔을까요? 먼저 다니엘과 동시대에 살았던 바벨론 포로들에게 이 이야기가 어떻게 들렸으며, 또 오늘날 우리에게는 어떻게 읽히고 있을까요?

다니엘 시대를 살았던 포로 유대인들은 '70년이 지나면 고향으로 돌아갈 수 있다'는 예언을 붙들고 있었습니다. 이제 70년의 기한이 다가오고 있습니다. 말씀하신 바를 이루시는 하나님이 그들을 바벨론 땅에서 건져 내실 것이고 그들은 예루살렘에 돌아가 다시 성전을 짓고 성벽을 쌓아 마침내 하나님 나라를 회복하게 될 날을 꿈꾸고 있었습니다. 그 과정이 어떻게 이루어질지 알 수 없지만 분명 하나님은 당신이 약속하신 대로 일하신다는 확신이 있었기 때문입니다. 그리고 실제 그 예언이 성취되었습니다. 고레스 왕에 의해 1차 포로 귀환이 이뤄지고, 그 후 성전과 성벽을 재건하는 일도 진행되었습니다. 그러나 유대인들이 꿈꾸는 그런 세상은 임하지 않았습니다. 다윗과 솔로몬 시대의 영광은 회복되지 못했습니다. 독립

이 되기는 했지만 초라한 모습으로 겨우 나라의 명맥만 유지할 뿐이었습니다. 더구나 얼마 후 이스라엘은 또다시 헬라 제국의 식민지로 전락하게 됩니다. 그러한 상황 앞에서 그들은 절망할 수밖에 없었을 것입니다.

하나님이 다니엘에게 주신 이 환상은 유대인 포로들을 위한 '예방 주사'였습니다. 70년이 되어 고국으로 돌아가겠지만, 예루살렘에 성전이 재건되고 성벽이 세워지겠지만, 유대인들이 생각하듯 예전 다윗과 솔로몬 시대의 영광을 회복하는 일을 당장 경험하지는 못하게 될 것입니다. 그들이 예상할 수 없는 길고 고된 시간이 그들의 역사 가운데 놓여 있습니다. 그 모든 시간이 지나고 모든 과정을 통과한 후에야 그 영광의 나라가 임하게 되리라고 말씀해 주신 셈이지요. 그러니 그들은 실망하며 낙담하거나 절망하지 말고, 그들의 때에 그들의 싸움을 싸우고, 나머지는 후손의 시대에 넘겨주라고 말입니다.

이 다니엘서 말씀은 오늘 우리에게도 적실합니다. 다니엘서의 '작은 뿔'은 단지 주전 2세기에 발흥했던 강력한 하나님의 대적자와 그 왕국만을 의미하지 않습니다. 작은 뿔은 하나님을 대적합니다. 하나님의 전에 들어와 하나님을 대신하여 예배를 받으려는 존재입니다. 하나님을 믿는 거룩한 이들을 압박하며 동시에 유혹하여 그 거룩함을 지키지 못하게 이끄는 자입니다. 그리고 이런 존재는 교회사 속에 늘, 끊임없이 존재해 왔습니다.

어쩌면 우리에게는, 예수를 끝까지 신뢰하며 그분의 뜻대로 산다는 것이 쉽지 않은 일 같습니다. 현재 상황을 놓고 많은 교회가 어렵다고 토로하고 많은 선교사들도 힘들다고 탄식합니다. 이 어려움이 잠깐이 아니라 꽤 길어질 수 있다는 예측들도 이곳저곳에서 들립니다. 다니엘처럼 그냥 며칠을 앓아눕고 싶다는 생각이 들 때도 있습니다. 반대로 복잡하게 이런저런 생각 그만하고 그냥 아무 일도 없는 듯 살고 싶기도 합니다. 그런데 우리는 이 역사를 알아야 합니다. 작은 뿔이 하나님의 백성을 향해 벌이는 전쟁을 생각해야 합니다. 이 전쟁이 얼마나 치열할지, 그리고 그 후에 무엇이 있는지 숙고해야 하는 것입니다.

그렇다면 우리는 무엇을 붙들어야 합니까? 이 어둠의 때가 영원하지 않으며 반드시 끝난다는 진리를 붙들어야 합니다. 작은 뿔의 환상을 보던 다니엘이 탄식하듯 천사에게 묻습니다.

> 내가 들은즉 한 거룩한 이가 말하더니 다른 거룩한 이가 그 말하는 이에게 묻되 환상에 나타난 바 매일 드리는 제사와 망하게 하는 죄악에 대한 일과 성소와 백성이 내준 바 되며 짓밟힐 일이 어느 때까지 이를꼬 하매 그가 내게 이르되 이천삼백 주야까지니 그때에 성소가 정결하게 되리라 하였느니라(단 8:13, 14).

"언제쯤 예배가 회복될 수 있습니까? 언제쯤 정상적으로 하나님께 제사를 드릴 수 있습니까?" 천사가 대답합니다. "이천삼백 주야까지니 그때에 성소가 정결하게 되리라." 이 "이천삼백 주야"를 어떻게 읽어야 하는지에 대한 논란이 있지만, 이 주야를 1,150일로 풀이하는 학자가 많습니다. 다니엘서나 요한계시록에 자주 나오는 1,260일, "한 때 두 때 반 때"라는 말과 유사하기 때문입니다. 우리에게 익숙한 시간으로 계산하면 3년 반 정도 되는 시간입니다. 참고 견디기에는 참 긴 시간입니다. 그러나 견디려고 마음먹으면 못 견딜 시간도 아닙니다.

우리 주님은 우리에게 이렇게 말씀하시는 겁니다. "사랑하는 교회야, 힘들지? 어렵지? 그런데 그 힘들고 어려운 시간이 앞으로도 얼마간 남아 있구나. 그리고 어쩌면 지금보다 더 힘들 수도 있단다. 그러나 교회야, 내 사랑하는 자녀들아, 견딜 수 없을 만큼 길지는 않을 거란다. 참고 견딜 수 있을 거야. 그리고 그 기간이 지나면, 내가 모든 것을 회복시켜 줄게. 그 '정한 날'을 소망하며 지금 이 자리에서 믿음으로 인내하렴. 참고 견디며 감당하렴."

성도로 살기 어려운 때에 우리는……

우리의 신앙생활도, 교회의 다양한 활동도, 그리고 선교도 많이 위축되는 시기입니다. 이럴 때 우리는 어떤 마음을 품어야 합니까? 다니엘이 본 환상은 우리에게 무엇을 말하고 있습니까? 베드로 사도는 주후 1세기를 사는 성도에게 이렇게 권면했습니다.

> 사랑하는 자들아 너희를 연단하려고 오는 불 시험을 이상한 일 당하는 것같이 이상히 여기지 말고 오히려 너희가 그리스도의 고난에 참여하는 것으로 즐거워하라 이는 그의 영광을 나타내실 때에 너희로 즐거워하고 기뻐하게 하려 함이라(벧전 4:12, 13).

불 시험이 올 것입니다. 그 불 시험을 이상하게 생각하지 말라는 것입니다. 아니, 차라리 그 고난이 우리가 진짜 성도인지 아닌지를 시험하는 도구라 생각하면서, 그리스도로 인해 감당해야 할 고난을 즐겁게 받으라는 것입니다. 왜 그래야 합니까? "이는 그의 영광을 나타내실 때에", 즉 '정한 때'에 우리가 즐거워하고 기뻐하게 될 것이기 때문입니다.

하나님은 다 계획이 있으십니다. 하나님께는 정하신 때가 있습니다. 하나님은 결국 이기시는 분입니다. 그 과정에서 언뜻 지는 것 같아 보이는 순간도 있습니다. 숫양의 시대도 지나갔고 숫염소의 시대도 끝났습니다. 제국들은 그렇게 사라졌습니다. 역사상 하나님의 교회를 공격했던 악의 세력들은 잠깐 세상을 호령하는 것 같았으나 지금은 모두 없어졌습니다. 결국 우리 주님께서 승리하실 것입니다. 그 주님의 승리를 기다리며, 그날을 소망하며, 오늘 우리가 살아야 하는 이 어려운 시간을 믿음으로 인내하며 살아가게 되기를 갈망합니다.

나눔과 적용

1 2차 세계 대전 당시, 독일인이 유대인을 학살한 아우슈비츠 강제 수용소 추모 현장에는 "과거에서 배우지 못한 사람은 과거를 되풀이한다"는 스페인 철학자 조지 산타야나의 글이 적혀 있습니다. 이 문장이 인류에게 주는 교훈은 무엇입니까?

● 다니엘서 후반부에 있는 환상의 기록을 통해 하나님이 당신의 백성에게 남기려 하신 교훈은 무엇일까요?

2 다니엘이 본 두 번째 환상은 무엇입니까? 전통적으로는 이 환상을 역사에 등장한 제국과 왕으로 해석합니다. 각각이 의미하는 바를 정리해 보십시오.
숫양의 환상(3, 4절) :
숫염소의 환상(5, 6절) :
숫염소에게서 나온 한 뿔의 환상(7-14절) :

직접 이 환상을 본 다니엘도 꿈의 의미를 스스로 해석할 수 없었습니다(15절). 천상의 존재가 찾아와 이 환상을 해석해 주었을 때, 다니엘은 충격을 받고 놀라, 지쳐서 여러 날 앓게 됩니다(27절). 하나님 백성이 당할 고난이 얼마나 극심한지에 대한 환상이기 때문입니다.

● 오늘날 많은 교회에서 성도가 걸어야 하는 '십자가의 길'에 대해 이야기하지 않습니다. 그러나 말씀은 '꽃길만 걷고 싶은 우리'에게 성도

가 걸어야 하는 길, 좁고 찾는 이가 적으며 어려운 고난의 길로 가라 합니다. 이제껏 여러분이 생각한 성도의 길은 무엇이었습니까? 하나님이 지금 우리에게 말씀하시는, 참된 성도의 길은 무엇입니까?

3 천사는 다니엘에게 이 환상이 "여러 날 후의 일"이라고 말하면서 이 환상과 해석을 "간직하라"고 명령합니다(26절). 다니엘의 시대에 일어날 일이 아닌데도 다니엘이 그것을 간직해야 하는 것은 이 환상이 하나님 백성에게 전수되어야 하는 진리이기 때문입니다.

다니엘이 살아간 주전 6세기의 긴 포로기를 지내야 했던 유대인들에게 이 환상은, 앞으로 점점 신앙으로 살기 어려워지는 때를 겪어 낼 준비를 하게 했습니다. 주전 2세기, 강력한 종교 정책으로 하나님 백성을 박해한 셀레우코스 왕조의 에피파네스 4세 시기에 이 환상은 폭정에 항거하는 근거로 사용되었습니다. 시대와 상황은 다르지만, 이 환상은 하나님 백성에게 '오늘을 살게 하는 힘과 근거'가 되었습니다.

4 하나님 말씀에 순종하여 '세상 속에 살되, 선을 긋고 사는' 성도와 교회는 그러한 성도의 삶을 방해하는 악의 세력에 공격받을 수밖에 없습니다. 그럴 때 우리가 가져야 할 태도는 무엇입니까?(벧전 4:12, 13) 또 이러한 우리를 아시는 예수님이 그 세력에서 우리를 지키기 위해 약속하신 것은 무엇입니까?(요 15:18-27 참조)

● 시편 23편을 읽어 봅시다. 해를 두려워하지 않으며 사망의 음침한 골짜기를 걸을 수 있는 능력은 어디에서 나오는 것입니까? 지금 여러분은 여러분의 목자의 손에 붙들려 있습니까?

10장 ✶ 주의 얼굴빛 비추소서
단 9:1-19

누가 기도를 믿는 자입니까?

어릴 적 들었던 예화입니다. 영국의 한 마을에서 일어난 일입니다. 마을 중앙의 오래된 교회 옆에 큰 건물이 세워졌습니다. 건물이 완공되자 간판이 걸렸는데, 젊은이들이 술을 마시고 춤을 추는 무도장, 오늘날로 말하자면 '클럽'이 들어선 것입니다. 이후 교회는 여러 가지로 불편할 수밖에 없었습니다. 이전에는 잘 관리되던 교회 주변이 어수선하고 어지러워 좀처럼 정리가 되지 않았습니다. 저녁에 모임을 하려고 하면 옆 건물에서 쿵쾅거리며 울려 퍼지는 음악 소리 때문에 방해를 받았습니다. 그리고 무엇보다 교회의 젊은이들이 클럽 때문에 유혹을 받는 것 같았습니다. 교회를 섬기는 담임 목사는 이 문제를 해결하기 위해 운영위원회를 열고 교회 옆 건물에 들어선 클럽이 문을 닫게 해달라는 기도를 하기로 정합니다. 그리고 교회의 결정에 따라 뜻있는 어르신들이 매일 모여 이 클럽이 문 닫기를 합심하여 기도했습니다.

그렇게 얼마간 기도하던 중에 옆 건물에 불이 났습니다. 인명 피해는 없었지만 클럽 운영을 재개할 수 없을 만큼 손해가 컸습니다. 성도들은 모여서 하나님이 우리의 기도를 들어주셨다는 자축 파티를 열었습니다. 클럽 주인은 이 소식을 듣고 교회를 법원에 고발했습니다. 자신의 사업장이 망하도록 하나님께 기도해 사업장에 불이 났으니 자신이 입은 손해를 교회가 배상해야 한다는 내용이었습니다. 고발을 당해 법정에 나가게 된 교회 목사는 이렇게 말했습니다. "에이, 우리가 기도했다고 그 건물에 불이 났겠습니까? 그게 말이 됩니까?" 이 사건을 담당한 판사는 목사의 말을 처음부터 끝까지 다 듣고 이렇게 판결했습니다. "클럽이 소실된 것이, 교회의 기도 때문이라는 주장은 법적 근거가 없기에 받아들일 수 없습니다. 그러나 저 개인은 이번에 확실히 알았습니다. 저 클럽의 주인이, 저 교회 목사보다 믿음 좋은 사람입니다."

이 오래된 예화를 떠올리면 많은 생각이 듭니다. 그리스도인인 우리는 과연 기도를 믿고 있을까요? 우리는 기도의 능력을 믿고 있을까요? 기도를 하나님이 들으신다는 것을 믿습니까? 그리고 하나님이 그 성도의 기도를 통해 당신의 위대한 역사를 행하시는 줄 믿습니까? 기도를 믿는다면, 정말 하나님이 기도를 통해 일하심을 확신한다면, 나는 얼마나 기도하고 있습니까? 이번 본문에서는 다니엘의 기도를 살펴보겠습니다. 월터 브루그만이라는 신학자는 이 기도를 자신의 책 「구약의 위대한 기도」에서 '구약의 가장 위대한 기도'로 평합니다. 왜 그런 걸까요?

기도의 배경_ 시기와 상황

다니엘 9장은 이 기도의 배경이 되는 '시간'과 '사건'으로 시작됩니다.

> 메대 족속 아하수에로의 아들 다리오가 갈대아 나라 왕으로 세움을 받던 첫해 곧 그 통치 원년에 나 다니엘이 책을 통해 여호와께서 말씀으로 선지자 예레미야에게 알려 주신 그 연수를 깨달았나니 곧 예루살렘의 황폐함이 칠십 년 만에 그치리라 하신 것이니라(단 9:1, 2).

시간적 배경은 메대 족속 아하수에로의 아들 '다리오 왕'의 통치 원년입니다. 그런데 이 다리오에게는 문제가 있습니다. 일반 역사 속에서 이 '다리오'는 아하수에로의 아들이 아니라 아하수에로의 아버지이기 때문입니다. 그리고 우리가 알고 있는 에스더의 남편인 아하수에로는 메대 족속이 아니라 바사, 곧 페르시아 족속이기도 합니다. 그래서 다니엘서의 역사성을 인정하지 않는 학자들은 다니엘서에 등장하는 인물들이 대부분 가상의 인물이라고 주장합니다.

이 부분을 둘러싸고 성경의 역사성과 다니엘서의 정경성을 믿는 학자들의 견해는 둘로 나뉩니다. 하나는 다리오와 고레스는 같은 인물로, 경우에 따라 다르게 불리고 있다는 것이고, 다른 하나는 메대-바사 제국의 초대 황제는 바사 출신의 고레스인데, 고레스가 두 제국을 통일하고 '메대-바사 제국'을 세운 후 메대 출신 장군 가운데 한 명인 다리오를 메대 지역의 분봉 왕으로 세워 통치하게 했다는 것입니다. 저는 두 번째 견해가 성경 전체의 흐름상 적절하다고 생각합니다. 그리고 이렇게 정리하면, 고레스 원년과 다리오 통치 원년도 같은 해가 되기 때문에 이후에 나오는 다니엘의 깨달음과도 무리가 없습니다.

다니엘은 이 다리오 통치 원년에 어떤 책들을 읽습니다. 우리말로는 '책'이라고 번역되어 있지만 원어로는 '책들'입니다. 다니엘은 90세가 다 된 나이인데도 '책들'을 읽고 있습니다. 그리고 그 책들을 읽다가 여호와께서 선지자 예레미야에게 말씀으로 알려 주신 연수를 깨닫습니다. 그 내용은 "예루살렘의 황폐함이 칠십 년 만에 그치리라"는 것이었습니다.

눈물의 선지자 예레미야는 남 유다의 멸망을 예언했고 경험했으며 조국의 멸망에 통곡하며 애가를 지은 선지자입니다. 그런데 그는 예레미야 25장과 29장에서 포로로 끌려간 이스라엘 백성이 70년이 지나 회복의 시기가 되면 예루살렘으로 돌아오리라고 예언했습니다. 다니엘은 바로 그 선지자의 말을 '책들'을 통해 확인하게 된 것입니다. 그리고 그때가 임박했습니다. 지금이 그 예언의 때입니다. 메대-바사가 느부갓네살이 세운 바벨론을 멸망시키던 해, 다리오의 통치 원년은 주전 538년입니다. 다니엘이 포로가 되어 바벨론으로 끌려갔던 해가 주전 606년입니다. 거의 70년이 채워지고 있습니다. 그리고 이 다리오 통치 원년, 포로 이스라엘 백성에게 성전을 재건하라는 조서가 발표되고, 1차 포로 귀환이 이루어집니다. 하나님이 말씀하신 대로 이스라엘 백성이 예루살렘으로 돌아가게 된 것입니다.

이것이 다니엘이 하나님께 기도하기 시작한 이유입니다. 다니엘은 성경을 읽었습니다. 그리고 성경에서 자신의 백성에게 주신 하나님의 약속을 확인했습니다. 그는 구원의 시기가 임박했음을 깨달았습니다. 그래서 하나님께 나아가 그 구원이 속히 이루어지게 해 달라고 기도하기 시작했습니다. 그런데 우리는 이 부분에서 뭔가 이상하다는 생각이 듭니다. 분명 하나님이 약속하신 때가 되었습니다. 이제는 가만히 기다리고 있어도 하나님이 약속하신 대로 당신의 구원을 행하실 것입니다. 굳이 힘들게 기도하지 않아도 하나님의 뜻이 성취될 시기가 도래했다는 것이지요. 그런데 다니엘은 왜 굳이 기도의 자리로 나갔을까요?

이슬람교도들이 가장 많이 하는 말 가운데 하나가 '인샬라'라고 합니다. 그런데 이 '인샬라'라는 말이 이슬람 국가의 발전을 막는 가장 강력한 단어라는 지적도 있습니다. '인샬라'의 뜻은 '알라의 뜻대로 하옵소서'입니다. 그들이 믿는 '신의 뜻, 그 뜻이 이뤄질지어다'라는 대단히 좋은 의미를 가지고 있습니다. 그런데 이 단어를 잘못 사용하면 어떻게 됩니까? '운명론'으로 전락해 버립니다. '신의 뜻대로 다 될 거야……'라는 태도로 자신이 오늘 해야 할 일들에 책임을 지지 않는 겁니다. 모든 상황이 다 신의 뜻대로 될 테니, 애써 고민하고 노력할 필요가 없다는 뜻이지요. "하나님이 통치하신다. 하나님이 당신의 뜻을 이 땅에서 행하신다"는 의미도 종종 우리에게 동일하게 이해되는 경우가 있습니다. 하나님이 당신이 하고자 하시는 일들을 그분의 때에 결국 이루실 테니, 우리가 굳이 기도하거나 열심을 낼 이유가 없다는 생각입니다.

그런데 다니엘은 그렇게 하지 않습니다. 그는 하나님의 통치를 믿었습니다. 하나님의 구원의 때가 임박했다는 사실도 알았습니다. 세상 왕궁 한복판에서 끊임없이 하늘의 계시를 받았던 다니엘은 이제 곧 하나님의 구원의 역사가 임할 것을 가장 정확히 꿰뚫고 있었습니다. 그런데 그 구원이 임박했음을 깨닫자, 그가 한 일은 자신의 노구를 이끌고 기도의 자리에 나가 엎드리는 것이었습니다.

우리는 운명론을 따르지 않습니다. 모든 것이 정해져 있고 내가 할 수 있는 일은 아무것도 없다는 태도는 결코 하나님이 우리에게 원하시는 삶의 방식이 아닙니다. 모든 것을 하나님께 맡긴다는 분들의 삶이 가장 세속적일 수도 있습니다. 기도해도 하나님이 우리의 기도에 반응하시고 그것을 이루어 가신다고 생각하지 않기에 점점 기도하지 않기 때문입니다.

하나님의 뜻은 하나님의 때에 이 땅에 임할 것입니다. 그러나 예수께서 우리에게 가르쳐 주신 기도처럼, 우리는 하나님의 뜻이 이 땅에 이뤄지기까지 매일의 시간 속에서 하나님의 역사를 구하고, 우리가 구한 기도의 내용이 성취되도록 '하나님의 뜻'으로 하루하루의 삶을 채워야 합니다. 오늘 우리가 처한 상황에서 모든 것 위에 하나님의 뜻이 이뤄지도록 기도하고, 또 그 뜻을 구현할 책임을 맡은 자녀로서 합당한 삶을 살아 내는 것이 우리가 해야 할 일입니다.

기도의 대상_ 여호와 하나님

이제 다니엘은 하나님 앞에 기도로 나아갑니다. 그는 기도를 시작하면서 먼저 여호와 하나님을 부르고 있습니다.

> 내 하나님 여호와께 기도하며 자복하여 이르기를 크시고 두려워할 주 하나님, 주를 사랑하고 주의 계명을 지키는 자를 위하여 언약을 지키시고 그에게 인자를 베푸시는 이시여(단 9:4).

하나님을 부르는 두 가지 수식이 있습니다. 하나는 "크시고 두려워할 주 하나님"이고, 다른 하나는 "언약을 지키시고 인자를 베푸시는 이"입니다. 하나님은 크시고 두려우신 분입니다. 하나님을 수식하는 이런 표현은 어떤 대상을 향하고 있을까요? 본문에 언급된 이들의 반대편에 선 이들입니다. '주를 사랑하지 않고, 주의 계명을 지키지 않는 자들'입니다. 이들에게 하나님은 심판하시고, 크시고 두려우신 모습으로 나타납니다. 또 하나님은 "언약을 지키시고 인자를 베푸시는 이"입니다. 이러한 성품은 누구를 향하고 있을까요? "주를 사랑하고 주의 계명을 지키는 자"입니다. 구원자 하나님, 우리에게 아낌없이 당신을 내어 주신 이의 사랑을 드러냅니다. 요약하면 하나님은 '공의와 사랑의 하나님'입니다.

    길을 잃어버린 아이는 반드시 그 자리에 머물러 있어야 합니다. 자기 앞을 걸어가고 있는 '엄마의 뒷모습과 비슷한 여성'에게 뛰어가면 안 됩니다. 그러다가는 완전히 길을 잃어버리기 때문입니다. 그때는 꼼짝 말고 그 자리에 멈춰 서서 진짜 엄마가 나타날 때까지 기다려야 합니다.

    우리는 성경이 말하는 그 하나님께 기도해야 합니다. 왜 그럴까요? 우리의 기도를 우리의 성공과 이익을 위한 도구로 삼는다면, 그 기도를 들어주겠다고 하는 거짓 하나님이 너무 많기 때문입니다. 열심히 기도하는 것도 중요합니다. 그러나 누구에게 기도하느냐는 더 중요합니다. 그분은 누구입니까? '공의와 사랑의 하나님'입니다. 약속하신 바를 이루시는 하나님입니다. 그리고 우리의 기도를 통해 당신의 역사를 이루기를 기뻐하시는 분입니다. 우리가 기도하는 분이 어떤 분인지 하나님이 말씀을 통해 배우십시오. 그리고 성경이 말하는 그 하나님께 우리의 기도를 올려 드릴 수 있기를 바랍니다.

기도 내용 1_ 죄 고백

하나님을 부른 다니엘은 이제 본격적으로 기도하기 시작합니다. 다니엘이 올린 기도를 내용별로 살펴보면, (1) 죄 고백과 (2) 하나님의 하나님 되심에 대한 인정과 (3) 구원 요청입니다. 앞에서 언급했듯이 다니엘의 기도를 구약학자 월터 브루그만은 '구약 최고의 기도'라고 말합니다. 이 최고의 기도를 한 부분씩 살펴보겠습니다.

> 우리는 이미 범죄하여 패역하며 행악하며 반역하여 주의 법도와 규례를 떠났사오며 우리가 또 주의 종 선지자들이 주의 이름으로 우리의 왕들의 우리의 고관과 조상들과 온 국민에게 말씀한 것을 듣지 아니하였나이다 (단 9:5, 6).

다니엘은 자신과 자신의 민족, 심지어 조상의 죄까지 고백합니다. 범죄, 패역, 행악, 반역하여 주의 법도와 규례를 떠났습니다. 또 선지자들을 통해 주신 하나님의 말씀을 듣지 않았습니다. 다니엘은 여기서 '우리'라는 말을 의도적으로 네 번이나 사용하고 있습니다. 남 유다가 멸망당할 당시 다니엘은 아이였습니다. 다니엘이 범죄하고 패역하고 행악하며 반역하여 법도와 규례를 떠난 게 아닙니다. 다니엘은 그런 죄를 지은 적이 없습니다. 모두 조상이 저지른 죄입니다. 그런데 다니엘은 그 죄를 스스로 뒤집어씁니다. 그리고 그것을 자신의 죄라고 고백하며 하나님께 나아가고 있는 것입니다.

얼마 전 총신대학교 학생들이 모이는 집회에 말씀을 전하러 다녀왔습니다. 20대 초중반의 청년들이 준비하고 진행하는 집회였습니다. 코로나 때문에 늦춰지고 늦춰지다 결국 온라인으로 집회를 송출할 수밖에 없어 안타까워하는 그 청년들이 참 귀해 보였습니다. 제가 말씀을 마친 후 학생회장이 나와 기도회를 인도했습니다. 그 학생회장은 "한국 교회의 죄를 고백하며 하나님의 용서를 구하는 기도"를 제목으로 내고 울면서 부르짖어 기도했습니다. 그 자리에 있었던 유일한 어른인 저는 한편으로는 정말 미안하고, 한편으로는 무척 감사해서 눈물이 났습니다. 그 청년은 그 죄들을 짓지 않았습니다. 그 자리에 모여 있던 학생 20여 명은 그런 죄를 짓지 않았습니다. 그 온라인 집회에 참석한 100여 명의 20대 초반 청년들이 그런 죄를 저지른 것이 아닙니다. 기존 세대가 이미 저질러 놓은 죄입니다. 오히려 이 청년들은 기존 세대가 범한 죄의 피해자입니다. 그런데 그런 청년들이 기존 세대의 죄를 끌어안고 부르짖어 울며 기도하는 겁니다. 함께 울었습니다.

이 글을 읽고 있는 분들 대부분은 범죄, 패역, 행악, 반역을 저지르거나 법도와 규례를 떠나거나, 대놓고 하나님 말씀을 어기는 그런 죄는 범하지 않았을 것입니다. 그러나 그 죄가 자라난 곳이 우리 내부입니다. 우리가 그 죄를 허용했습니다. 우리가 그 죄를 방치했습니다. 우리의 죄입니다. 다니엘은 민족과 그 조상의 죄까지 끌어안고 하나님께 나아갔습니다. 이 땅에서 성도라고 불리는 이들, 교회라고 불리는 곳 안에서 일어나는 수많은 죄악과 비참한 이야기들을 끌어안고, 하나님께 '우리'라는 이름으로 나아가 주의 은혜를 구하는 자 되길 바랍니다.

기도 내용 2_ 죄에 대한 징계가 합당함을 고백

이 기도의 두 번째 내용은, 하나님이 이스라엘을 치신 것이 마땅했다고 인정하는 내용입니다. 7-14절까지 반복적으로 등장하는 내용이므로 이를 요약하는 13, 14절만 보겠습니다.

> 모세의 율법에 기록된 대로 이 모든 재앙이 이미 우리에게 내렸사오나 우리는 우리의 죄악을 떠나고 주의 진리를 깨달아 우리 하나님 여호와의 얼굴을 기쁘게 하지 아니하였나이다 그러므로 여호와께서 이 재앙을 간직하여 두셨다가 우리에게 내리게 하셨사오니 우리의 하나님 여호와께서 행하시는 모든 일이 공의로우시나 우리가 그 목소리를 듣지 아니하였음이니이다(단 9:13, 14).

이스라엘이 망하고, 성전이 무너져, 포로로 끌려온 것은 재앙입니다. 그런데 이 재앙에는 이유가 있었습니다. 마땅히 죄악을 떠나고 주의 진리를 깨달아 그들의 하나님 여호와의 얼굴을 기쁘게 해야 할 이스라엘 백성이 그렇게 하지 않았기 때문입니다. 또 그들이 공의로우신 하나님의 목소리를 듣지 않았기 때문입니다.

결국 이 기도는 이스라엘 민족이 포로가 된 것, 나라가 망한 것이 마땅한 일이라고 인정하는 내용입니다. 하나님이 뭔가 잘못하신 것이 아니라 하나님은 그분의 공의대로 이 일을 처리하셨고, 이스라엘 민족과 맺은 약속대로 행하셨다는 말입니다. 출애굽한 후 이스라엘은 시내산에서 하나님과 만났습니다. 그리고 거기서 하나님과 언약을 맺었습니다. 하나님은 이스라엘의 남편이 되고, 이스라엘은 하나님의 아내가 되어 서로에게 신실하기로 약속했습니다. 결코 다른 곳을 쳐다보지 않고 서로 사랑하며 서로 뜻을 맞춰 잘 살아보겠다는 내용이었습니다.

그런데 이스라엘은 그 언약식에 서명한 잉크가 채 마르기도 전에 하나님과 맺은 언약을 파기해 버렸습니다. 모세가 시내산에 올라가 있는 그 40일을 참지 못하고 금으로 송아지 우상을 만들어 음란하게 숭배했습니다. 그리고 그 후 이러한 일은 끊임없이 반복되었습니다. 광야에서도, 가나안에 들어와서도, 사사들의 시대에도, 왕이 세워져도 이 일은 계속되었습니다. 이스라엘은 하나님과 맺은 언약을 지키지 않습니다.

그래서 하나님께서 언약을 파기한 이스라엘을 치셨습니다. 나라가 망하고 백성은 포로가 되어 타국에 끌려가고 말았습니다. 즉, 다니엘은 자신의 민족이 받는 징계가 지극히 당연하다고 겸허히 인정합니다.

공의와 사랑의 하나님은 당신의 백성이 죄 가운데 번성하고, 죄 가운데 평안을 누리도록 내버려 두지 않으십니다. 왜 그럴까요? 내버려 두면 끝없이 죄로 치우쳐 행하다가 결국 영원히 멸망하게 될 것이 뻔하기 때문입니다. 그래서 하나님이 가장 적절한 방법으로 당신의 백성, 당신의 사랑하는 자를 치시는 것입니다.

> 또 아들들에게 권하는 것같이 너희에게 권면하신 말씀도 잊었도다 일렀으되 내 아들아 주의 징계하심을 경히 여기지 말며 그에게 꾸지람을 받을 때에 낙심하지 말라 주께서 그 사랑하시는 자를 징계하시고 그가 받아들이시는 아들마다 채찍질하심이라 하였으니(히 12:5, 6).

히브리서 기자는 하나님이 우리를 치시는 것은 우리를 사랑하시며 우리를 아직 아들이라 여기시기 때문이라고 말합니다. 사랑하지 않는다면 굳이 치실 이유도 없다는 것이지요. 다니엘도 동일하게 고백하고 있습니다. "하나님, 우리가 지금 이 고통의 시간을 통과하는 이유는 당신이 우리를 사랑하시기 때문입니다. 우리를 사랑하시기에 우리의 성을 무너뜨리셨고, 우리를 사랑하시기에 성전도 허무셨습니다. 우리를 사랑하시기에 우리를 끌어내 바벨론에 포로가 되어 살게 하셨습니다. 이 모든 것이 하나님이 우리를 사랑하셨기 때문에 행하신 일입니다."

오늘날 우리가 경험하는 이 감염병의 시대는 어떠합니까? 세계 한구석에서 발생한 질병이 온 세계를 덮었습니다. 잠깐이면 지나갈 줄 알았는데 1년이 훌쩍 넘어가는 지금도 해결되지 않고 있습니다.

그 가운데 교회나 개신교 단체 또는 유사 기독교 집단에서 집단 감염 사건이 연이어 일어났습니다. 기독교를 향한 정서가 극도로 악화되고 있습니다. 우리는 이때에 하나님이 이 땅을 치셨고, 사람들을 치셨고, 교회를 치셨다고 생각할 수밖에 없습니다. 그러나 저는 여기서 한 걸음 더 나아가야 한다고 생각합니다. 하나님이 우리를 정말 치셨다면 그것은 '아직도 하나님이 우리를 사랑하시기 때문'이라는 진리에까지 말입니다.

하나님은 우리를 사랑하시기에 우리의 죄를 내버려 두실 수 없었습니다. 그리고 오늘도 우리를 사랑하시기에 우리 삶 가운데 이런저런 어려운 문제를 두셨습니다. 그 문제를 가지고, 그 문제 때문이라도 하나님께 나아오기를 원하시는 것이지요. 하나님은 우리를 사랑하십니다. 오늘도 그래서 우리를 때리십니다. 그러나 우리를 때리시는 그분의 손이 떨리고 있습니다. 그분의 얼굴은 고통으로 우리보다 더 일그러져 있습니다. 우리를 사랑하시는 까닭입니다.

기도 내용 3_ 돌이켜 주의 얼굴빛을 보이소서

주여 구하옵나니 주는 주의 공의를 따라 주의 분노를 주의 성 예루살렘, 주의 거룩한 산에서 떠나게 하옵소서 이는 우리의 죄와 우리 조상들의 죄악으로 말미암아 예루살렘과 주의 백성이 사면에 있는 자들에게 수치를 당함이니이다 그러하온즉 우리 하나님이여 지금 주의 종의 기도와 간구를 들으시고 주를 위하여 주의 얼굴빛을 주의 황폐한 성소에 비추시옵소서(단 9:16, 17).

다니엘은 많은 것을 구하고 있습니다. 분노를 거두시고, 귀를 기울여 들으시며, 눈을 떠서 보시고, 용서하시며, 귀를 기울이시고, 지체하지 마시라고 기도하고 있습니다. 이 모든 간구를 하나로 요약한 구절이 17절 후반부에 나오는 "주의 얼굴빛을 주의 황폐한 성소에 비추시옵소서"입니다. 이스라엘 민족이 겪는 이 모든 어려움과 고통의 근원, 그들이 이토록 황폐해진 이유는 한 가지입니다. 바로 여호와 하나님이 그 얼굴을 돌리셨기 때문입니다. 주의 얼굴빛을 그들에게 비추지 않아 생긴 문제라는 말입니다. 얼굴만 돌려 주시면, 그 얼굴의 영광스러운 빛만 비춰 주시면 이 모든 것이 한순간에 회복되리라 믿는 겁니다.

다니엘은 지금 아주 당당하게 많은 것을 하나님께 구하고 있습니다. 심지어 하나님이 이미 주셔야 할 것을 주지 않으셨다는 듯 떳떳한 태도를 보이고 있습니다. 다니엘이 이렇게 거침없이 하나님께 뭔가를 구해도 되는 걸까요? 포로가 된 이스라엘이 옛날에 하나님과 맺은 언약을 지키지 않았음을 회개하고 돌이키기라도 했을까요? 그래서 그 이스라엘 민족의 의를 들고 하나님께 나아가 하나님의 얼굴을 구하고 있는 걸까요? 그렇지 않습니다. 이스라엘이 하나님의 백성으로서 합당한 모습을 되찾았다는 이야기는 어디에도 나오지 않습니다. 이스라엘은 아직 변화된 모습을 보여 주지 않았습니다. 그럼에도 다니엘이 이토록 강경하게 하나님께 회복을 구하는 근거는 무엇일까요? 본문은 그가 두 가지 근거에 기반하여 기도하고 있음을 보여 줍니다.

> 나의 하나님이여 귀를 기울여 들으시며 눈을 떠서 우리의 황폐한 상황과 주의 이름으로 일컫는 성을 보옵소서 우리가 주 앞에 간구하옵는 것은 우리의 공의를 의지하여 하는 것이 아니요 주의 큰 긍휼을 의지하여 함이니이다 주여 들으소서 주여 용서하소서 주여 귀를 기울이시고 행하소서 지체하지 마옵소서 나의 하나님이여 주 자신을 위하여 하시옵소서 이는 주의 성과 주의 백성이 주의 이름으로 일컫는 바 됨이니이다(단 9:18, 19).

"우리가 주 앞에 간구하옵는 것은"으로 시작되는 문구에 이어 등장합니다. 다니엘은 자신이 이렇게 간구할 수 있는 근거를 자신이나 자신의 민족에게서 찾지 않습니다. 그는 이렇게 말합니다. "우리의 공의를 의지하여 하는 것이 아니요 주의 큰 긍휼을 의지하여 함이니이다."

첫째, 그의 간구는 '주의 큰 긍휼'에 기대고 있었습니다. 이스라엘의 의로움이나 자신의 의로움을 근거로 삼지 않습니다. 여기서 '긍휼'로 번역된 히브리어는 구약 성경에서 가장 중요한 '헤세드', 즉 무조건적 사랑입니다. 자신이 맺은 언약에 스스로 매인 하나님이 그 언약에 근거해 베푸시는 사랑입니다. 이스라엘 백성을 사랑하시기로, 이스라엘 백성에게 신실한 남편이 되기로 하신 그 약속에 근거한 사랑입니다. 다니엘은 지금 그 사랑, 그 헤세드를 의지하여 하나님께 구하는 겁니다.

둘째는 "주 자신을 위하여"라는 말에 있습니다. 주님이 이 기도에 응답하셔야 할 이유는 주님 자신, 이 못난 이스라엘과 언약으로 연결되어 있는 '여호와 하나님의 이름'의 명예를 지키기 위해서라고 말합니다. 이 민족이 잘하는 구석이 있거나 그들이 그런 처우를 받기에 합당해서가 아닙니다. 이스라엘은 지금도 벌 받아 마땅하나, 하나님이 그들과 언약으로 묶여 있기에, 그들의 수치가 곧 하나님의 수치가 될 수밖에 없기에 이스라엘을 구원하셔야 한다는 말입니다. 당신 이름의 명예를 위해 당신의 이름과 엮여 있는 자신들을 구원해 달라는 뜻이지요.

이것이 우리가 하나님께 이 시대의 모든 고통을 가지고 나아가 기도할 수 있는 근거입니다. 우리가 무언가 잘한 것이 있어서가 아닙니다. 또 앞으로 잘할 수 있어서도 아닙니다. 그 근거를 우리에게서 찾는다면 우리는 결코 하나님 앞에 담대히 나갈 수 없을 겁니다. 우리가 기도할 수 있는 근거는 결코 우리 안에 있지 않습니다. 우리가 기도할 근거는 바로 이것, '여호와의 헤세드 사랑과 여호와의 이름의 명예'에 달려 있습니다. 우리와 언약으로 묶이신 하나님이 그 언약을 근거로 간구하는 성도의 부르짖음을 들으신다는 것이지요.

기도를 믿는다면, 이제 기도하십시오

기도를 믿으십니까? 앞서 언급했던 클럽이 망한 이유는 무엇일까요? 클럽에 불이 난 것이 성도가 기도한 결과였을까요, 아니면 우연이었을까요? 과연 우리는 기도를 믿는 사람들입니까? 다니엘은 기도를 믿었습니다. 그리고 그 기도에 자신의 생명을 포함하여 모든 것을 걸었습니다. 그가 평생을 두고 시간을 정해 이어 갔던 기도문을 우리는 읽고 들었습니다. 그렇다면 우리는 이제 무엇을 해야 할까요?

이 시대는 기도가 절실하게 필요합니다. 바벨론에 포로로 끌려간 이스라엘이 느꼈던 것과 비슷한 종류의 어둠이 이 시대 교회를 덮고 있습니다. 많은 이들이 이제 곧 가장 어두운 시기가 오리라고 예측하고 있습니다. 그때 다니엘은 언약에 근거한 기도로 하나님께 나아갔습니다. 기도의 결과가 눈에 확연히 드러나지도 않는 길고 지루한 씨름이었습니다. 그러나 그는 기도를 믿었고, 기도를 들으시는 하나님을 믿었습니다. 이스라엘이 바벨론 포로로 끌려간 지 70년이 되었을 때, 마침내 그 기도가 응답되어 1차 포로 귀환의 기적이 일어났습니다.

이제 기도를 배웠으니 우리는 이 기도에 대한 진리를 붙들고 기도의 자리로 나아가야 합니다. 나의 의로움이나 우리의 행위를 기도의 근거로 삼지 마십시오. 그런 기도는 하나님이 듣지 않으십니다. 하나님의 사랑을 의지하고 그분 이름의 명예를 생각하십시오.

언약에 매이신 우리 하나님께 그 언약의 이름을 들고 나아가십시오. 우리 하나님이 이 땅을 불쌍히 여기사 당신의 영광의 얼굴빛을 이 황폐한 땅에 비추시기를 구하십시오. 주께서 들으시고, 그분의 역사를 행하실 것입니다.

나눔과 적용

1 다니엘 9장에서 다니엘은 미래에 일어날 일에 대한 환상과 환상 사이에, 자신이 드린 기도를 적고 있습니다. 이 구조는 하나님이 보여 주신 환상의 성취가 하나님 백성의 기도와 연결되어 있음을 보여 줍니다. 하나님은 자신의 백성과 동역하길 원하십니다. 그리고 그 방법 가운데 하나가 '성도의 기도'입니다.

● 서두에 나온 '누가 기도를 믿는 자입니까?'라는 예화를 통해 기도에 대해 새롭게 고민하게 된 점이 있습니까? 우리가 기도를 믿는다면 그 믿음은 어떻게 표현되어야 합니까?

2 다니엘 9장에는 갑작스러운 다니엘의 기도문이 나옵니다. 다니엘이 이때, 하나님이 예레미야에게 하신 '예루살렘의 회복'에 대한 말씀을 읽고 그 의미를 깨달았기 때문입니다(1, 2절). 이 사건을 통해 기도에 대해 알 수 있는 교훈은 무엇입니까?

우리는 말씀과 기도를 분리하려는 어떤 시도도 거부해야 합니다. 말씀만으로, 또는 기도만으로 성도가 온전해질 수는 없습니다. 다니엘은 말씀을 보다가 자신이 지금 해야 할 중요한 기도의 내용을 얻었습니다. 그리고 그 말씀의 성취를 위해 기도의 자리로 나아갑니다.

● 여러분이 읽고 묵상한 말씀 가운데, 지금 기도의 자리로 나아가 기도해야 할 내용은 무엇입니까? 말씀으로 기도의 자리에 나아간 경험이

있다면 나눠 주십시오.

3 다니엘의 기도 전반부(4-14절)는 자기 민족의 죄에 대한 고백입니다. 다니엘은 조국이 멸망하고 민족이 포로가 된 것이 하나님 백성인 우리가 지은 죄의 결과(7-10절)라고 말하며 용서를 구하고 있습니다. 또 다니엘은 이 고백을 들으시는 하나님께 다양한 수식을 붙입니다. 각 수식은 하나님의 어떤 성품을 강조합니까?(4, 9, 14절)

다니엘의 기도는 우리의 기도가 하나님이 들으시는 기도가 되기 위해 필요한 두 가지를 보여 줍니다. 하나는 회개의 중요성이고, 다른 하나는 기도의 대상인 하나님의 성품에 의지하는 것입니다.

● 회개는 죄를 용서받을 수 있는 성도의 특권입니다. 또한 우리가 기도할 수 있는 것은 나의 선함이 아니라 하나님의 선하신 성품 때문입니다. 기도에 대한 이 교훈을 자신의 기도 내용에 어떻게 적용할 수 있겠습니까?(히 4:16 참조)

4 다니엘이 하나님께 간구한 두 가지는 자기 백성의 용서와 구원입니다(15, 16절; 17-19절). 다니엘의 이 간구는 가브리엘을 통해 이후 이 백성 가운데 일어날 일을 알려 주는, 전혀 다른 내용으로 응답받습니다(20-27절).

● 참된 기도 응답은 하나님을 설득해서 내가 원하는 것을 얻어 내는 것이 아닙니다. 참된 기도 응답은 성도가 하나님의 뜻을 알고 그 성취를 위해 나를 내어 드리는 것으로 나타납니다. 기도에 대한 이러한 교훈을 근거로, 자신의 기도에서 변화되어야 할 부분을 나눠 봅시다.

11장 ✷ 이때는 그때가 아니다

단 9:20-27

구약 최고의 기도

우리는 이제까지 다니엘 9장에 기록된 기도를 함께 살펴봤습니다. 다니엘의 기도는, 기도의 핵심이 무엇인지를 보여 주었습니다. 우리가 기도하는 근거가 무엇인지, 무엇에 기대어 기도할 때 주님이 그 기도에 반응할 수밖에 없는지를, '세상 속에서 하나님 나라 백성으로서 살아간 믿음의 선배'의 본을 보며 배울 수 있었습니다. 다니엘의 기도가 중요한 이유는 18, 19절 때문입니다.

> 나의 하나님이여 귀를 기울여 들으시며 눈을 떠서 우리의 황폐한 상황과 주의 이름으로 일컫는 성을 보옵소서 우리가 주 앞에

간구하옵는 것은 우리의 공의를 의지하여 하는 것이 아니요 주의 큰 긍휼을 의지하여 함이니이다 주여 들으소서 주여 용서하소서 주여 귀를 기울이시고 행하소서 지체하지 마옵소서 나의 하나님이여 주 자신을 위하여 하시옵소서 이는 주의 성과 주의 백성이 주의 이름으로 일컫는 바 됨이니이다(단 9:18, 19).

다니엘은 기도의 근거를 하나님의 긍휼, 즉 헤세드와 하나님 이름의 명예에서 찾고 있습니다. 그는 이렇게 기도했습니다. "하나님, 저는 우리 안에 어떤 의도 없음을 알고 있습니다. 그러나 하나님, 저는 하나님이 우리를 지독하게 사랑하심을 압니다. 비록 우리가 지금은 비참한 상태지만, 이런 우리의 처지가 당신이 기뻐하는 모습이 아님을 압니다. 그러니 하나님, 우리를 사랑하시는 그 사랑으로, 또 우리에게 주신 당신의 그 이름의 명예를 위해, 우리 기도를 들으시고 우리를 여기서 구원하소서."

다니엘에게서 우리는 이 기도의 중심을 배워야 합니다. 본래 우리에게는 기도할 자격이 없습니다. 아무도 하나님 앞에 나아갈 수 있을 만큼 의롭지 못합니다. 그러나 우리는 기도할 수 있습니다. 무엇 때문입니까? 우리의 죄를 대신하여 죽으시고, 우리에게 당신의 의를 옷 입혀 주신 그리스도 예수 때문입니다. 그 사랑과 그 이름 때문에 우리는 은혜의 보좌 앞으로 담대히 나아가는 것입니다. 그러므로 우리는 이 사랑에 기대어 하나님께 나아갈 수 있습니다. 예수의 이름으로 나아갑시다. 우리 주님은 그렇게 나아가는 당신의 백성을 향해 구원을 베푸실 것입니다.

위대한 기도에 대한 하나님의 반응

본문은 다니엘이 올려 드린 '위대한 기도'에 하나님께서 보이시는 반응으로 시작됩니다.

> 곧 내가 기도할 때에 이전에 환상 중에 본 그 사람 가브리엘이 빨리 날아서 저녁 제사를 드릴 때 즈음에 내게 이르더니 내게 가르치며 내게 말하여 이르되 다니엘아 내가 이제 네게 지혜와 총명을 주려고 왔느니라 곧 네가 기도를 시작할 즈음에 명령이 내렸으므로 이제 네게 알리러 왔느니라 너는 크게 은총을 입은 자라 그런즉 너는 이 일을 생각하고 그 환상을 깨달을지니라(단 9:21-23).

다니엘의 기도가 끝나고 이전에 숫양과 숫염소 환상을 해석해 주었던 천사 가브리엘이 저녁 제사를 드릴 무렵 다니엘에게 날아왔습니다. 21절에 "빨리 날아서"의 원어는 '많이 지쳤다'는 의미입니다. 천사가 아주 급하게 날아왔음을 짐작할 수 있는 표현입니다. 이렇게 급하게 찾아온 이유는 다니엘에게 지혜와 총명을 주어 어떤 환상의 의미를 일깨우기 위함이었습니다. 그런데 이 이야기 속에

불필요해 보이는 문장이 들어 있습니다. "곧 네가 기도를 시작할 즈음에 명령이 내렸으므로"(23절)입니다. 다니엘이 기도를 시작할 때, 가브리엘이 누군가의 명령을 받아 출발했다는 부분입니다.

저는 "하나님이 성도의 기도를 통해 일하신다"라는 이 진리가 참 좋습니다. 그렇습니다. 하나님은 모든 것을 하실 수 있습니다. 하나님이 직접 하시면 가장 정확합니다. 그런데 하나님은 그런 방식으로 일하지 않으십니다. 당신의 자녀들, 한없이 부족한 당신의 백성 가운데서 그 백성과 함께 일하기를 원하신다는 말입니다. 많이 돌아간다 할지라도, 시간이 많이 걸린다 해도, 때로 흠이 많은 완성품이 나와도, 하나님은 성도와 함께 그분의 일을 행하십니다. 하나님의 목적은 일이 아니라 자녀들과 함께하는 것이기 때문입니다. 그래서 하나님은 다니엘의 기도에 대한 응답으로 천사를 보내 주셨습니다. 하나님은 기도를 들으시며 기도를 통해 일하신다는 사실을 이렇게 증명한 겁니다.

이것이 우리에게 얼마나 큰 위로가 됩니까? 하나님이 우리의 기도를 들으신답니다. 우리가 하는 말에 하나님이 관심을 가지신답니다. 우리는 우리 자신의 기도가 얼마나 유치한지 알고 있는데, 온 세상을 다스리고 계시는 하나님이 우리의 그 기도를 듣고 반응하시고 있다는 말입니다. 요한계시록 8장은 하나님께 올라가는 성도의 기도를 묘사하면서, 금 제단 앞 금향로에서 올라가는 향기로운 연기와 같다고 표현합니다.

> 또 다른 천사가 와서 제단 곁에 서서 금향로를 가지고 많은 향을 받았으니 이는 모든 성도의 기도와 합하여 보좌 앞 금 제단에 드리고자 함이라 향연이 성도의 기도와 함께 천사의 손으로부터 하나님 앞으로 올라가는지라(계 8:3, 4).

성도는 기도합니다. 그런데 이 기도가 제단 앞 금향로에서 끊임없이 올라가는 향연과 함께 하나님께 올라가고 있습니다. '끊임없이' 올라갑니다. 천사의 손에 들려 하나님 앞으로 올라가는 겁니다. 우리 하나님이 우리의 모든 기도를 이렇게 중요하게 여기고 계신 것이지요. 우리는 때로 우리 기도를 하나님이 들으실까 의심할 때도 있습니다. 기도하는 우리 자신을 돌아봐도, 우리가 드리는 기도 내용을 살펴봐도 너무 초라해서 하나님이 들으실 만하지 않기 때문입니다. 그런데 하나님은 우리의 기도를 듣고 계십니다.

우리는 느낌에 속을 수 있습니다. 허공을 향해 기도하는 것 같고, 시간을 허비한 것 같고, 나의 기도가 무시당한 것같이 느껴질 수 있습니다. 그러나 우리는 느낌이 아니라 기록된 하나님의 말씀에 근거한 진리를 믿는 사람들입니다. 느낌에 지배당하지 마십시오. 하나님이 내 기도를 들으심을 믿으십시오. 그 믿음으로 하나님께 나아가 모든 것을 그분께 쏟아 놓으십시오. 우리의 기도를 들으시는 하나님이, 당신의 가장 좋은 것으로 기도하는 하나님의 사람들을 채울 것입니다. 우리 하나님이 우리 기도를 들으시기에 그 사실에 우리는 위안을 얻습니다.

환상에 관한 가브리엘의 난해한 설명

이제 우리는 천사 가브리엘이 직접 해석하는 내용을 듣게 됩니다. 그런데 문제가 있습니다. 가브리엘의 해석을 도무지 이해할 수 없기 때문입니다. 이 부분은 교회사의 수많은 성경학자가 구약 성경 전체에서 가장 이해하기 어렵다고 평가할 정도로 난해합니다. 다니엘서와 관련해 탁월한 강해서를 쓴 데일 랄프 데이비스는 이 본문으로 "일흔 이레와 스무 가지 문제"라는 강의까지 한 적이 있다고 합니다. 이 짧은 본문, 심지어 이 본문에 있는 '일흔 이레'라는 용어와 관련해서만 해석상의 문제가 스무 가지나 있다는 것입니다. 그는 이 본문을 아주 간단하게 설교하는 설교자를 보면, 그들이 성경 본문 자체를 얼마나 대충 읽었는지를 확인하게 된다고도 덧붙이고 있습니다. 그만큼 해석하기 어려운 본문이라는 것입니다.

저 역시 마찬가지였습니다. 저는 다니엘서 설교를 준비하면서 7권 정도의 책을 참고했습니다. 그런데 그 책들을 볼수록 무슨 말인지 더 알 수 없게 되는 신비한 경험을 했습니다. 일단 우리말 성경과 확연히 다른 히브리어 원어 성경을 참고해 보아도, 원어에 대한 해석이 학자들마다 다릅니다. 일단 가브리엘이 환상을 해석하여 들려주는 부분은 있는데, 다니엘이 본 환상의 내용은 나오지 않습니다. 그리고 그 해석 가운데 돌연 이상한 숫자들이 등장하고, 이상한 사건과 인물 들에 관련된 내용들이 쏟아져 나옵니다. 긍정적인 이야기인지 부정적인 이야기인지 파악하지도 못한 채 해석부터 듣게 되는 겁니다. 일흔 이레, 예순두 이레, 일곱 이레, 한 이레, 기름 부음을 받은 왕이 무슨 의미인지, 성전은 세워진 건지, 무너진 건지 알 수 없습니다. 분명 한글로 기록되어 있는데 저는 이 짧은 본문이 도무지 무슨 의미인지 알 수가 없었습니다.

저는 여기서 하나님 백성이 말씀을 대하는 바른 태도를 보게 됩니다. 저는 이 해석을 기록하는 다니엘 자신도 가브리엘이 해석한 내용을 이해하지 못했다고 확신합니다. 그러나 다니엘은 자신이 들은 것을 그대로 기록하고 있습니다. 히브리어 원어를 전문적으로 연구하는 학자들도 이 본문을 해석하기 어렵다고 말합니다. 일반적으로 글을 해석하기 어려운 이유는 글을 쓴 사람도 그 내용을 이해하지 못한 채 기록했을 가능성이 크기 때문입니다. 이제까지 그토록 논리 정연하게 사고하고 말하고 행동했던 다니엘은, 자신이 들은 내용을 이렇게나 이해할 수 없게 기록하고 있습니다. 왜 그럴까요? 자신이 들은 그대로 적었기 때문입니다.

사람들은 저마다 '자신의 틀'을 토대로 외부에서 들어오는 정보들을 받아들이고 해석합니다. 그래서 우리는 결코 사물을 객관적으로 인식하지 않습니다. 늘 우리의 주관을 통해 세상을 보고 듣고 이해합니다. 그래서 관심이 있는 것만 들리고 보이는 겁니다. 지금 다니엘을 온통 사로잡고 있는 주제는 이스라엘의 회복입니다. 70년이 지나면 이스라엘이 돌아오리라는 예레미야의 예언에 지금 그의 온 마음이 쏠려 있습니다. 그래서 그는 그 일이 성취되기를 하나님께 기도했습니다. 그런데 그 기도 응답으로 천사가 내놓은 해석은 그 이야기가 아닙니다. 뭔지 정확히는 모르겠지만 분명 그가 간절히 바라던 그 이야기가 아닌 것만은 확실합니다.

어쩌면 다니엘은 자신이 듣고 싶은 대로 천사의 이야기를 들을 수도 있었을 것입니다. 그 정보를 가감해 자신이 듣고 싶은 이야기만 듣고, 자신이 하고 싶은 이야기로 만들어 기록으로 남길 수 있었습니다. 자신이 기도할 때 하나님이 천사를 보내셨다는 사건 하나만으로도 얼마든지 긍정적 메시지를 만들어 낼 수 있었습니다. 하지만 다니엘은 그렇게 하지 않습니다. 비록 자신은 이해하지 못했지만, 심지어 어쩌면 자신이 인정하기 싫은 내용일 수도 있지만, 그것이 하나님의 말씀이기에 그대로 기록하여 남겼습니다.

설교자인 저에게도 이런 유혹이 있습니다. 성도들이 듣기 좋아하는 이야기를 하고 싶은 유혹입니다. 성경에는 밝은 이야기도 많이 있습니다. 그런 이야기를 잘 정리하고, 더 쉽고 적절하게 풀어 전하면 많은 성도가 '은혜를 받았다'고 반응합니다. 아마도 그래서 많은 교회에서 선포되는 메시지가 대부분 익숙한 본문이 아닌가 합니다. 그래서 교회를 오래 다녔다는 분들도 성경 66권 중에 아주 일부만 설교를 통해 접하는 겁니다. 설교자 입장에서 구약 본문은 신약보다 해석하기가 어렵습니다. 그러나 더 문제가 되는 요소가 있는데, 구약의 메시지에 오늘날 성도들의 마음을 불편하게 만드는 내용이 많다는 사실입니다. 대표적 본문이 지금 우리가 살펴보는 다니엘서 본문입니다. 바르게 해석하기도 어렵고, 정확하게 전달하기는 더 까다롭습니다. 그런데 본문을 적용하는 문제에서도 성도들이 대부분 원하는 방향과 다릅니다. 지혜로운 설교자(?)라면 이런 본문을 그냥 넘어가는 게 맞습니다.

그런데 다니엘은 그렇게 하지 않았습니다. 자신도 그 말씀을 정확히 이해하지 못했습니다. 그리고 자신이 들은 것을 자기가 원하는 대로 바꾼다 해도 아무도 알아챌 수 없었습니다. 그러나 그는 자신이 들은 것을 자기가 이해하고 싶은 대로, 전하고 싶은 대로 바꾸지 않습니다. '이해하지 못한 대로', 그러나 그것이 하나님의 말씀이므로 적어 남겨 놓은 것입니다. 바벨론과 바사 최고의 꿈 해석 전문가인 자신도 해석하지 못한 이 말씀을 '해석하지 못한 채'로 이렇게 기록해 놓음으로 자신의 부족함을 드러내고 있는 겁니다. 왜 그랬을까요? 하나님의 말씀 자체가, 자신의 평판보다 더 중요했기 때문입니다.

우리는 은연중에 하나님의 말씀은 우리를 위해 존재한다고 생각합니다. 하나님의 말씀을 깨달아 유익을 누려야겠다는 생각입니다. 하나님 말씀까지도 나의 유익을 위한 도구로 여기는 것입니다. 그것은 바른 태도가 아닙니다. 말씀을 대하는 바른 태도는, '말씀이 나를 해석하도록 하는 것'입니다. 하나님의 말씀은 검이고, 곧 기준입니다. 말씀을 읽고 해석한다는 것은 그 검과 기준 앞에 서는 일입니다. 내가 기준이 되어 나에게 말씀을 맞추는 것이 아니라, 말씀의 기준에 나를 맞추는 것입니다. 그리고 말씀과 나 사이의 한없는 간극을 메꾸려 노력하는 과정이 성도의 성화되는 삶입니다. 이것이 말씀을 읽어 가는 우리의 태도여야 합니다. 말씀 앞에 겸손합시다.

말씀을 내가 판단하려 하지 말고, 말씀의 판단을 받읍시다. 여호와의 말씀이 내 생명보다 귀하다는 사실을 인정하십시오. 그 말씀이 나를 통해 드러나고 나타나기를 소원하십시오.

하나님 나라가 이 땅에 임하기까지

앞에서 말씀드린 것처럼 가브리엘이 들려주는 환상을 해석하기란 매우 어렵습니다. 저 역시 이 본문의 해석을 포기하고, 전하는 것을 미뤄야 하나 생각했습니다. 그러나 저는 이 말씀이 하나님의 말씀이기 때문에 반드시 해석되어 들려져야 한다고 확신합니다. 그래서 제가 할 수 있는 모든 방법을 동원하여 이 본문을 연구했습니다. 그리고 그 와중에 구약학자 김근주 교수의 책 「다니엘처럼」(대장간 펴냄)에서 읽게 된 이 본문의 주석이 가장 적실하다는 생각을 하게 되었습니다. 그 해석을 조금 풀어 전해 보겠습니다. 완벽하지 않고 여전히 질문들이 남지만 그나마 하나님의 마음을 가장 잘 드러낸 해석이라 생각됩니다.

다니엘서를 전통적 방식인 문자적으로 해석하는 분들도 여기 나오는 숫자들을 중요하게 생각합니다. 일단 "일흔 이레"라고 번역되어 있는 히브리어의 뜻은 '칠십들의 칠들'을 의미합니다. 도대체 무슨 의미일까요? 뒤에 나오는 '이레'로 번역한 단어 '쇠부임'은 '일곱'의 의미로 '한 주간'을 가리키는 것이 일반적이지만 창세기 29장에서, 야곱이 라헬을 위해 라반의 집에서 일했던 7년을 지칭할 때도 이 단어를 사용하고 있기 때문에 7년을 의미할 수도 있습니다. 그래서 이 본문의 '일흔 이레'를 '70년×7년'으로 계산하는 겁니다. 계산하면 '일흔 이레'는 490년입니다. 이 부분을 문자적으로 해석하는 학자들 가운데 일부는, 이 490년이 1차 포로 귀환 시점부터 예수께서 공생애를 시작하시는 시기까지의 기간과 일치한다고 말합니다. 하나님이 다니엘에게 구원자 예수 그리스도께서 오시는 시기를 이런 방식으로 계시하셨다는 말이지요.

이런 해석은 감동적입니다. 전하는 자나 듣는 자가 다 함께 은혜를 받습니다. 그런데 정말 그런 의미일까, 조금 더 살펴봐야 할 문제입니다. 이 기간을 계산하면 거의 490년이기는 합니다. 그러나 조금 더 살펴보면 이 견해를 주장하는 학자들 사이에서도 시작과 끝을 각각 언제로 잡아야 하는지에 관해 의견이 다릅니다. 왜 그릴까요? 이 예언을 주신 목적이 그런 식으로 정확한 날짜를 알려 주는 것은 아니기 때문입니다. 그리고 이렇게 해석할 때 문제점은 이 '일흔 이레' 아래 나오는 예순두 이레와 일곱 이레, 그리고 한 이레를 설명하기가 까다로워진다는 점입니다. 더욱이 정말 정확한 기한을 이야기하려면 그냥 490년이라고 알리면 될 텐데 굳이 '70×7'이라는 의미를 가진 '일흔 이레'라는 표현을 만들어 쓰는 이유가 무엇인가, 하는 의문이 남습니다.

제가 사용할 방법은, 전통적이고 문자적으로 이 본문을 해석하는 방식이 아니라 히브리 묵시 문학에서 히브리 숫자가 지니는 상징을 통해 메시지를 찾는 것입니다. 이전에 저는 요한계시록을 설교하면서 이런 방법을 여러 번 언급했습니다. 히브리 숫자는 그 숫자마다 가지고 있는 고유의 상징이 있습니다. 그중에 7은 그들에게 가장 중요한 숫자입니다. 하나님의 숫자이며, 안식의 숫자이고, 완전을 의미하는 숫자이기 때문입니다. 7은 '완전'입니다. 거기에 '많다'라는 의미를 가진 10을 곱했다면 그 '완전함이 많다'는 의미가 됩니다. 거기에 또 7을 곱합니다. 결국 일흔 이레는 '충만, 완전, 만족, 완성'을 뜻하게 됩니다. 이렇게 되면 일흔 이레는 하나님이 이 땅에 펼쳐 놓으신 역사 전체가 됩니다. 하나님의 그림 가운데 '완성될 인류의 역사' 전체가 '일흔 이레'를 뜻하는 겁니다. 그리고 그 전체 역사가 세 부분으로 쪼개져 있습니다. 일곱 이레와 예순두 이레와 한 이레입니다. 그리고 그 기간에 어떤 일들이 일어날지에 관한 내용이 이어집니다.

지금까지 이어 온 내용을 정리해 보면, '일흔 이레'는 하나님 나라 백성이 살아야 하는 역사 전체입니다. 그 가운데 일곱 이레는 이스라엘이 바벨론의 포로로 살았던 지난 70년의 고통스러운 시간을 의미합니다. 다니엘이 보기에 이제 그 약속된 70년이 되었습니다. 그리고 1차 포로 귀환이 이루어집니다. 고레스 왕의 칙령으로 이스라엘은 예루살렘으로 돌아가 성전과 성벽을 재건합니다. 다시 모여 성전에서 하나님을 예배하기 시작했고, 영적 갱신과 부흥 운동을 일으켰습니다. 돌아온 이스라엘은 이제 모든 것이 회복되어 지난날 누렸던 다윗과 솔로몬의 영광을 되찾게 되리라 기대했습니다.

이제 영원한 하나님 나라가 임하리라 생각한 것이지요. 그런데 아니었습니다. 일곱 이레는 일흔 이레의 10분의 1밖에 되지 않는 기간입니다.

아직 '예순세 이레'가 남아 있습니다. 일곱 이레에 비해 훨씬 긴 시간이 남아 있는 겁니다. 이 시기는 이스라엘이 기대하는 그런 행복한 시기가 아니었습니다. 일곱 이레가 끝나 그들이 겨우 붙들게 된 회복과 부흥의 역사는 오래 지속되지 않았습니다. 더 길고 더 고된 시간이 다가왔습니다. 헬라 제국이 나타났고, 이후 로마 제국이 등장했습니다. 이스라엘은 다시 식민지가 되었고 그들이 꿈꿨던 '하나님 나라'는 여전히 임하지 않았습니다. 긴 시간 동안 그들은 제국의 식민지로 숨죽여 살아야 했습니다. '예순두 이레'의 기간은 이렇게 긴 고통의 시간을 의미합니다. 그리고 마지막 한 이레가 남아 있습니다. 예순두 이레를 참았으니 마지막 한 이레에는 모든 문제가 해결될 것이라고 생각했습니다.

그런데 아니었습니다. 박해가 더 극심해졌습니다. 마지막 한 이레에 아주 강력한 하나님의 대적자가 나타났고, 하나님의 백성이 엄청난 피해를 당합니다. 그리고 그 마지막 한 이레의 끝에 진노하시는 하나님이 오셔서 땅을 고치십니다. 이 내용을 간단히 정리해 보겠습니다.

일흔 이레 : 하나님 나라 백성의 역사 전체

일곱 이레 : 지난, 바벨론 포로기

예순두 이레 : 앞으로 경험하게 될, 제국들의 포로기

한 이레 : 앞으로 경험하게 될, 결정적 박해의 시기

이 큰 흐름을 염두에 두고 본문을 읽어 보겠습니다.

> 그러므로 너는 깨달아 알지니라 예루살렘을 중건하라는 영이 날 때부터 기름 부음을 받은 자 곧 왕이 일어나기까지 일곱 이레와 예순두 이레가 지날 것이요 그 곤란한 동안에 성이 중건되어 광장과 거리가 세워질 것이며 예순두 이레 후에 기름 부음을 받은 자가 끊어져 없어질 것이며 장차 한 왕의 백성이 와서 그 성읍과 성소를 무너뜨리려니와 그의 마지막은 홍수에 휩쓸림 같을 것이며 또 끝까지 전쟁이 있으리니 황폐할 것이 작정되었느니라 그가 장차 많은 사람들과 더불어 한 이레 동안의 언약을 굳게 맺고 그가 그 이레의 절반에 제사와 예물을 금지할 것이며 또 포악하여 가증한 것이 날개를 의지하여 설 것이며 또 이미 정한 종말까지 진노가 황폐하게 하는 자에게 쏟아지리라 하였느니라 하니라 (단 9:25-27).

"일곱 이레"는 이스라엘 백성이 바벨론의 포로로 끌려와 살았던 시기입니다. 이 시기는 이제 모두 끝났습니다. 예레미야가 말한 것처럼 70년이 흘렀고, 다니엘이 보기에도 바벨론 포로 시대는 끝났습니다. 이제 하나님의 신적 능력이 나타나 이스라엘 백성을 돌려 보내실 것이고, 돌아간 이스라엘 백성은 성전을 재건하고 성벽을 쌓아 다시 한 민족을 이루게 될 것입니다. 다니엘이 그토록 간절히 기도했던 하나님의 구원이 이루어지는 것입니다.

그리고 그 해 하나님이 응답하심으로 '일곱 이레'가 끝납니다. 이 내용이 25절에 있는 "(일곱 이레와 예순두 이레 사이) 그 곤란한 동안에 성이 중건되어 광장과 거리가 세워질 것이며"라는 구절로 표현됩니다. 예루살렘 성전이 세워지고, 성벽이 올라갈 것입니다. 그토록 원하고 기다리던, 예배가 성전에서 회복됩니다.

다니엘과 포로 이스라엘 백성의 생각은 여기까지였습니다. "일곱 이레만 참으면 회복한다. 일곱 이레만 지나면 예루살렘으로 돌아가 성전을 재건할 것이고 성벽을 쌓아 올릴 것이다. 그때 우리에게 하나님 나라가 임할 것이고, 하나님의 완전한 통치를 받으며 다시는 이런 종류의 고통을 느끼지 않고 살아갈 것이다." 그런데 하나님이 그런 희망을 품은 다니엘과 백성을 향해 "그게 끝이 아니다"라고 말씀하신 것입니다.

그렇게 성전이 재건된 후, "예순두 이레"의 길고 힘든 '기다림의 시간'이 남아 있다는 것입니다. 그들이 이제껏 기다렸던 기간보다 훨씬 오래 기다려야 한다는 것입니다. 아주 지루하여 지칠 수밖에 없는, 해결되지 않는 문제들을 끌어안고 살아 내야 하는 힘겨운 시간이 기다리고 있는 겁니다. 바벨론이 망하면 끝날 줄 알았습니다. 그런데 페르시아, 헬라, 로마가 그 뒤에도 끊임없이 이스라엘을 포로로 삼아 다스리며, 그들이 하나님을 온전히 믿을 수 없도록 압제하리라는, 그들의 역사를 미리 알려 주신 것입니다. 일곱 이레만큼이나 힘든 예순두 이레가 남아 있는 것입니다.

그 예순두 이레가 지나면 무엇이 기다릴까요? "한 이레"가 남아 있습니다. 26절이 "예순두 이레 후에"라는 구절로 시작됩니다. 그런데 이 내용이 대단히 부정적입니다. "기름 부음을 받은 자"가 끊어져 사라집니다. 여기서 기름 부음을 받은 자는 예수를 의미하지 않습니다. 이것은 제사장이 없어진다는 의미로, 예배가 무너진다고 이해하는 것이 좋습니다. 성읍과 성소가 무너질 것입니다. 홍수에 휩쓸리고 전쟁으로 황폐해집니다. 이것이 '역사에 대한 하나님의 작정'이었습니다. 이 마지막 이레에 한 사람이 등장합니다. 27절에 등장하는 "그"입니다. 그는 많은 사람과 더불어 언약을 맺습니다. 처음에는 좋은 사람 같았습니다. 그런데 그가 하는 일은 '예배를 드리지 못하게 막는 일'이었고, '포악하여 예배해야 할 곳에 우상을 세우는 일'이었습니다. 이 마지막 '한 이레'가 가장 힘들고 어려운 시기가 되리라는 예고입니다.

일곱 이레가 지나면 모두 회복될 줄 알았습니다. 그 후 예순두 이레가 지나면 그때는 정말 회복될 줄 알았습니다. 그런데 아닙니다. 예순두 이레를 겨우겨우 참아 냈더니, 그래서 이제 다 끝났겠거니 했는데 마지막 한 이레에 가장 악한 존재가 기다리고 있었습니다. 그는 모두를 속였습니다. 그는 기름 부음 받은 자들을 죽였고, 예배를 금했고, 폭력을 사용하며, 성전을 우상으로 오염시켰습니다. 하나님의 백성이 하나님의 백성답게 살 수 없도록 만든 가장 지독한 존재가, 칠십 이레의 마지막에 기다리고 있었던 것이지요.

　우리가 길고 긴 믿음의 싸움을 이어 갈 힘이 어디에서 나옵니까? 많은 경우 '곧 잘될 거야!'라는 '희망'이라고 생각합니다. 그런데 하나님은 우리의 싸움이 곧 끝나지 않을 것이며, 점점 상황이 악화될 수 있음을 알려 주고 있습니다. 긴 싸움을 견딜 수 있는 인내를 요구하시며 긴 호흡으로 이 싸움을 준비해야 한다고 말씀하시는 것입니다.

'꿈꾸던 일'과 '실제 일어날 일' 사이에서

다니엘이 그 긴 포로기를 통과하며 날마다 순교하는 삶을 견딜 수 있었던 것은 그에게 꿈이 있었기 때문입니다. 세상 속에서 살아가되, 세상이 되지 않고 살아가기란 결코 쉬운 일이 아니었습니다. 사자 굴에 들어가는 위협 앞에서도 정해진 시간, 정해진 장소에서 기도하는 일은 보통 결단으로 가능하지 않습니다. 그가 그렇게 할 수 있었던 것은 하나님이 이루실 회복을 기대했기 때문이었습니다. 그의 마음에는 늘 두 가지 언약의 말씀이 있었습니다. 하나님이 이름을 두신 땅 예루살렘, 그 예루살렘에 있는 성전을 향해 기도하면 하나님이 구원해 주시리라는 약속입니다. 이것이 하나님이 솔로몬과 맺은 언약입니다. 또한 선지자 예레미야의 글에 기록된 '70년이 지나면 본향으로 돌아오라'는 예언입니다.

그 두 약속의 말씀을 붙들고 그는 전심으로 기도했고 드디어 약속된 70년이 되었습니다. 왕조가 바뀌고 새로운 제국의 왕이 나타났습니다. 그 왕의 이름은 고레스, 이사야 선지자가 예언한 '내 목자, 나의 모든 기쁨을 성취할 자'의 이름과 같습니다(사 44:28 참조). 다니엘은 이제 고통의 시간이 끝나 고국으로 돌아가리라 믿었습니다. 성전이 지어지고 예배가 회복되며 하나님 나라가 임하리라 기대했습니다. 그는 확신에 차서 하나님께 긍휼을 구하고, 하나님 이름의 명예를 위해 자신의 민족을 구원해 달라고 기도했습니다.

하나님께서 다니엘의 기도를 들으셨습니다. 그리고 하나님의 구원 계획에 관하여 다니엘이 잘못 알고 있음을 확인하셨습니다. 하나님께서는 다니엘이 잘못 알고 있는 부분을 교정해 주기 위해 가브리엘을 보내셨습니다. 지난 70년은 그저 '일곱 이레'였을 뿐입니다. 앞으로 '예순두 이레'와 가장 심각한 '한 이레'가 남아 있습니다.

다니엘과 이스라엘은 '이제 고난은 다 끝났다!'고 생각했습니다. 이제 이스라엘이 다윗과 솔로몬 시대에 누렸던 영광을 회복하게 되리라 고대했습니다. 종교적으로 흥분했을 뿐 아니라 정서적으로도 엄청나게 고양되어 있는 상태였습니다. 하나님이 그런 그들에게 이 예언으로 찬물을 끼얹으셨습니다. "너희는 이제 고작 10분의 1을 살아 낸 것뿐이다"라고 말씀하시는 겁니다.

하나님은 당신의 백성을 속이지 않으십니다. 달콤한 꿈을 꾸며 현실을 도피하여 사는 삶을 '성도의 삶'이라 칭하지 않으십니다. 하나님은 다니엘과 이스라엘이 잘못된 꿈을 꾸지 않도록 그들의 생각을 교정해 주기 원하셨습니다. 예루살렘으로 돌아가더라도 그들의 삶은 여전히 힘들고 고단할 것입니다. 성전이 세워지고 성벽이 만들어져도, 영혼이 회복되기 위해 부흥회가 열리고 함께 하나님께 회개의 기도를 올려 드린다 해도, 그들은 막막한 현실과 부딪히며 강대국의 압제를 계속 경험해야 했습니다. 그것이 그들의 현실입니다. 그리고 그런 현실이 자신들 앞에 놓여 있음을 알아야 그 현실을 준비하며 단단히 마음을 먹고 부딪쳐 나갈 수 있음을 하나님은 아셨습니다.

고레스 왕이 칙령을 내립니다. 1차 포로 귀환을 경험한 무리는 기쁨과 감격으로 노래를 부르며 예루살렘으로 돌아왔습니다. 그리고 그들은 당장 그들의 눈앞에서 폐허가 된 예루살렘을 목도합니다. 성벽도, 성전도 보이지 않습니다. 그들은 성전을 지으려 시도했으나 번번이 실패합니다. 학개, 스가랴의 노력으로 성전은 지어지지만 성벽이 없어 안전하게 예배할 수가 없었습니다. 느헤미야가 나타나 성벽을 재건하는 일을 맡았습니다. 마침내 성벽이 지어졌고 에스라를 주축으로 영적 대각성도 열어 그들 안에 있던 죄도 끊어 냈습니다.

그런데 그 후에 어떤 일이 있었습니까? 모든 것이 다시 원 상태, 하나님이 이스라엘을 치셔서 바벨론에 포로로 끌려가게 되었던 죄악의 상태로 돌아가 버렸음을 우리는 성경의 역사를 통해 알고 있습니다. 결국 이스라엘은 다시 헬라와 로마의 식민지가 되어 긴 어둠의 시간을 보내게 됩니다. 이 시기를 살았던 느헤미야는 성벽을 재건한 후 왕과 맺은 약속을 지키기 위해 바사에 1년 정도 다녀왔습니다. 그리고 고작 1년밖에 지나지 않았는데 온 이스라엘이 이전과 똑같은 죄를 짓고 있음을 보고 탄식합니다. 그의 기도의 시작과 끝이 다음과 같습니다.

> 내 하나님이여 이 일로 말미암아 나를 기억하옵소서 내 하나님의 전과 그 모든 직무를 위하여 내가 행한 선한 일을 도말하지 마옵소서 …… 내 하나님이여 나를 기억하사 복을 주옵소서(느 13:14, 31).

예루살렘 성벽을 지으면 될 줄 알았는데, 에스라를 중심으로 집회를 열면 잘될 줄 알았는데, 아직 끝나지 않은 겁니다. 잠깐 괜찮았지만, 이스라엘은 바뀌지 않았습니다. 근본이 변하지 않았기 때문입니다. 진짜 구원은 눈에 보이는 성전의 재건으로 이루어지는 것이 아니라 그보다 더 중요하고 본질적인 것으로 완성되기 때문입니다.

다니엘과 이스라엘은 지금 당장 모든 것이 회복되는 게 아님을 알아야 했습니다. 진짜 구원은 더 긴 기다림을 통과하며 더 강력한 박해를 견딘 후에 이루어진다는 사실을 알아야 했습니다. 그래야 마음의 준비를 할 수 있기 때문입니다. 앞으로 일어날, 미처 예상치 못했던 일들을 감당할 수 있기 때문입니다. 그래서 하나님이 다니엘에게 이 환상에 대해 설명해 주시는 것입니다.

동일하게 우리 역시 우리 앞에 놓여 있는 현실을 현실 그대로 봐야 하는 것 같습니다. 막연하게 "잘될 거야. 곧 끝날 거야"라고 말한다고 문제가 해결되지 않습니다. 지금 겪고 있는 코로나 시기 역시 곧 끝나리라고 생각하면 안 됩니다. 의외로 이 시기가 길어질 수 있습니다. 그래서 우리는 준비하는 것입니다. '어떻게 우리 개인의 영성과 예배를 붙들 수 있을까?', '어떻게 하나님을 예배하는 가정이 될 수 있을까?', '우리 다음 세대에게 어떻게 하나님의 복음을 더 잘 들려주고 보여 줄 수 있을까?' 교회도 고민해야 합니다. '이 비대면의 시기, 성도의 안전을 지키는 일이 가장 중요한 가치 중 하나가 된 상황에서 어떻게 성도의 육체적 안전을 도모하면서도 영혼의 성숙을 도울 수 있을까?' 이 상황이 쉽게 끝나지 않으리라는 사실을 아는 이들만이 이 시기를 어떻게 살아갈지 진지하게 준비할 수 있기 때문입니다. 하나님은 이 시기를 준비하라고 말씀하고 계십니다.

우리는 '세상 속에서 일흔 이레를 살아야 하는 성도'입니다. 이것은 보통 긴 기간이 아닙니다. "지난 일곱 이레를 사는 것도 쉽지 않았는데, 남아 있는 예순두 이레를 살아야 한다고요? 거기다 마지막 한 이레에는 이제까지 만난 적 없는 강력한 적까지 출현한다고요?" 우리는 시작하기도 전에 낙심하게 됩니다. 다니엘서 후반부를 주제로 하는 설교를 왜 좀처럼 들을 수 없을까요? 단지 이해하기 어려워서만이 아닙니다. 사람들이 이런 이야기를 좋아하지 않기 때문입니다. 우리가 듣고 싶은 메시지는 "고통은 이제 끝날 거고 곧 하나님이 우리를 구원하실 거야"라는 희망 섞인 말인데, 다니엘의 환상과 해석 어디에도 그런 메시지가 없기 때문입니다. 심지어 다니엘도 이 환상을 볼 때마다 번민하고, 아파하고, 식음을 전폐하며, 고통스러워하고 있습니다. 하나님의 사람 다니엘마저 이 예언의 무게에 짓눌려 신음했던 겁니다.

또 이미 정한 종말까지 진노가 황폐하게 하는 자에게 쏟아지리라 하였느니라 하니라(단 9:27).

우리 하나님은 왜 이러시는 걸까요? 지난 일곱 이레도 결코 쉽지 않았습니다. 예순두 이레도 만만치 않습니다. 마지막 한 이레 역시 견디기 힘들고 어렵습니다. 왜 이렇게 하나님 백성을 힘들게 하실까요? 우리의 진정한 회복을 원하시기 때문입니다.

진정한 소망을 품고_ 일흔 이레의 끝에 일어날 일

우리 대부분은 예수의 오심을 별로 기다리지 않습니다. 그리고 그 예수께서 내 삶 가운데 행하신 일에 특별히 감사하지 않습니다. 물론, 예수를 기다리고 그분께 감사하지요. 그러나 진심으로 감탄하고 감격하며 예수께 사랑과 헌신을 고백하지 않습니다. 이유는 그분이 나에게 하신 일로 말미암아 내 삶이 '조금' 개선되었기 때문입니다.

그런데 우리 가운데 '어떤 이들'은 전심으로 예수께 감탄하고 감격하며 헌신합니다. 우리 대부분과 그들 사이에 무슨 차이가 있을까요? 그들은 예수 없는 인생이 얼마나 지독하게 어두운지 아는 이들입니다. 인간의 전적 부패와 타락을 절감한 분들입니다. 사망의 그늘이 얼마나 춥고 어두운지를 생생하게 겪으며 철저히 절망해 본 사람들입니다. 그들은 내 힘과 내 능력으로는 결코 나의 구원을 이룰 수 없음을 알고 있습니다. 그리고 그런 절망 가운데 있을 때 주님이 우리를 위해 저 높고 높은 보좌를 버리고 내려오셨을 뿐 아니라, 보잘것없는 내 인생 가운데 찾아와 주셨음을 경험했습니다.

그때 감사와 찬양이 터져 나오는 것입니다. 생명까지 주님께 내어 드릴 수 있다는 헌신의 고백이 나오는 것입니다. 예수께서 나의 삶을 개선하러 오신 것이 아니라, 죽은 나, 썩어 가고 있는 나를 살리러 오셨음을 아는 자만이 그분을 기뻐하고 즐거워하며 그분께 즐거이 헌신할 수 있는 겁니다.

> 흑암에 앉은 백성이 큰 빛을 보았고 사망의 땅과 그늘에 앉은 자들에게 빛이 비치었도다 하였느니라 (마 4:16).

우리는 구약 시대를 살았던 다니엘이 아닙니다. 물론 우리에게도 예순두 이레와 같은 기다림과 연단의 시간이 있을 것입니다. 그러나 우리는 이 '일흔 이레'가 어떻게 끝났는지 알고 있습니다. 마지막 이레에 등장한 악한 자를 하나님이 어떻게 멸하셨는지 알고 있습니다. 하나님의 아들이신 예수께서 흑암에 앉아 있던 백성, 사망의 땅에 앉은 자들 가운데 '큰 빛'으로 오셨습니다. 그분이 죄와 사망을 십자가로 이기심으로 인간의 근본 문제였던 죄를 해결하셨습니다. 인간이 두려워 떨었던 사망의 권세를 꺾으시고 무덤에서 부활하셨습니다. 뱀의 머리가 깨졌고, 사탄의 통치가 무너졌으며, 영원한 하나님 나라가 이 세상 가운데 임했습니다.

이미 하나님의 계획 가운데 종말의 시간은 정해져 있고, 그때 하나님이 완전히 승리하실 겁니다. 구약의 성도는 이 일흔 이레의 '끝에 계신 이'를 간절히 바랐지만 보지 못했습니다. 그러나 우리는 그분을 봤습니다. 이미 이 땅에 오셨고, 이제 곧 다시 오실 예수 그리스도이십니다. 이미 이기신 이가, 그 승리를 완성하러 다시 오실 것입니다. 우리는 지금 이미 왔던 분, 그리고 다시 오실 분을 기다리며 이 땅에서 싸움을 치르고 있는 것입니다. 우리는 소망 없는 자가 아닙니다. 우리에게는 소망이신 그리스도가 있습니다. 그 일은 이미 하나님 안에서 정해진 일입니다. 주님이 장차 오셔서 이것을 완성하실 것입니다. 우리의 싸움은 바로 그때까지 지속될 것입니다.

이 메시지는 교회사 속에서 끊임없이 반복되었습니다. 예수를 바라보십시오. 예수를 깊이 생각하십시오. 그분이 어떤 일을 행하셨고 왜 그 일을 행하셨는지 묵상하십시오. 그분이 이루시는 구원을 목도하십시오. 그분이 이제 곧 행하실 완전한 구원을 기대하십시오. 그 소망으로 나를 가득 채우고 그 소망을 붙들고 세상 가운데 서십시오. 아프고 시린 세상, 힘들고 어려운 세상, 일곱 이레를 견됐는데 예순두 이레가 남은 것 같은 세상, 마지막 한 이레에 등장하는 악한 이들이 지배하는 것 같은 세상. 그 속에서 성도로 분투하는 삶을 사십시오. 최후 승리를 믿기에, 승리하신 그리스도를 사랑하기에, 싸움을 중도에 포기하지 말고, 끝까지 달려가 주십시오. 우리 모두 일흔 이레의 끝에, 이미 오셨고 다시 오실 우리 주님을 붙들고 이 믿음의 길을 완주하기를 간절히 바랍니다.

나눔과 적용

1 성도가 기도할 때, 기도하는 태도나 내용과 상관없이 하나님이 보이시는 첫 번째 반응은 그 기도를 '들으시는' 것입니다(21-23절). 우리의 모든 기도는 하나님께 들려집니다. 하나님은 인간과 상관없이 당신의 계획을 이루시는 분이 아니라, 성도의 기도를 들으시고 그 기도에 반응하셔서 성도와 함께 당신의 계획을 이뤄 가는 분입니다.

● 하나님이 우리의 작은 신음마저 듣고 계시는 이유는 무엇일까요? 하나님이 우리의 모든 기도를 '들으신다'는 진리가 우리의 신앙생활과 삶에 가져오는 변화는 무엇일까요?

2 다니엘 9장에 기록된 "일흔 이레"와 관련된 다니엘의 환상과 천사의 해석은 성경 전체에서 가장 해석하기 어려운 본문입니다. 역사상 많은 해석이 있었고, 현재에도 다양한 해석이 존재합니다. 또한 시한부 종말론 사상을 가진 단체들도 다니엘서에 나오는 숫자에 자신들만의 의미를 부여해 공포를 조장합니다. 본서는 히브리인들에게 숫자가 상징하는 의미와 다니엘서가 기록된 주전 2세기 정황을 고려하여 '일흔 이레' 환상을 다음과 같이 해석합니다(25-27절).

일흔 이레 : 하나님 나라 백성의 역사 전체

일곱 이레 : 지난, _____ 시대

예순두 이레 : 앞으로 경험하게 될, 제국들이 다스리는 시대

한 이레 : 앞으로 경험하게 될, _____ 시대

다니엘과 남 유다 사람들은 포로기가 속히 끝나고, 예루살렘으로 돌아가 성전을 짓고, 정치적으로 독립하여 하나님의 법을 지키며 사는 삶을 고대했습니다. 그러나 환상은 그들의 포로기가 예상보다 훨씬 길 것이며, 점점 힘들어질 것이라는 내용이었습니다. 환상의 의미를 이해했을 때, 다니엘과 남 유다는 실망했을 것입니다. 그럼에도 그들이 경험하게 될 고난에 대해 하나님이 이런 방식으로 말씀하시는 이유는 무엇일까요?

● '어떻게 해도 절망적인 결과만 기다리는 극적인 상황에서 작은 희망이 주어져 더 괴로워지는 상황'을 의미하는 '희망 고문'이라는 용어가 있습니다. 거짓 희망은 긴 싸움을 감당하지 못하게 만듭니다. 하나님은 우리가 실제 일어날 일에 준비되어 있기를 원하셨습니다. 점점 신앙생활하기 어려운 시대가 올 것입니다. 그 시대를 위해 지금 내가, 또 우리가 준비해야 할 것은 무엇일까요?

3 하나님 나라 백성의 역사 전체를 의미하는 '일흔 이레'가 끝나는 때, 마지막에 남은 '한 이레'까지 지나간 후에 어떤 일이 일어났습니까?(마 4:16 참조) 하나님은 거짓 희망이 아니라 참 희망이신 구원자를 준비해 놓으셨습니다.

● 성도는 거짓 희망이 아니라 그리스도 안에서 참된 소망을 찾아야 합니다. 다시 오실 예수님을 소망하는 우리의 삶은 어떠해야 합니까? 구체적으로 그 소망을 드러낼 방법은 무엇일까요?

12장 ✦ 큰 은총을 받은 자여, 두려워 말라
단 10:1-21

두렵고 떨리고 막막한 소식들

이 글을 쓰고 있는 지금, 저는 2020년 12월의 절반을 지나고 있습니다. 예년 같으면 한껏 성탄을 준비하고 있었을 테고, 다양한 종류의 연말연시 모임도 열리고 있었을 것입니다. 교회에서도 중요한 회의와 행사 들로 바쁠 시기이지요. 그런데 올해는 그동안 그렇게 당연하고 익숙했던 연말연시의 모습과는 너무 다른 분위기입니다. 코로나 감염병 때문입니다. 세계적으로는 '창궐'이라는 표현이 당연하다고 느껴질 만한 해였지만 우리나라는 어느 정도 관리하며 통제 가능한 수준을 유지할 수 있었습니다.

그런데 최근 갑작스럽게 확진자 수가 늘고 있습니다. 매주 방역 단계가 올라가더니 오늘 아침에는 확진자 수가 검사를 시작한 이후 처음으로 하루 천 명을 넘어섰다는 보도를 접했습니다. 이와 관련하여 정부는 3단계 조치, 즉 '셧다운'에 해당하는 최고 방역 단계로 격상을 준비한다는 소식까지 들려옵니다. 그렇지 않아도 연말 분위기를 느끼지 못하는 12월이었는데 더 어둡고 막막한 연말연시를 맞이할 것 같다는 예감이 듭니다.

우리는 이 어려운 시기에 다니엘서 말씀을 읽고 있습니다. 이스라엘 백성에게 가장 어려웠던 시기인 바벨론 포로 시대, 그 바벨론의 한복판에서 하나님 백성으로서 정체성을 지키며 살아 낸 믿음의 사람 다니엘을 살펴보고 있습니다. 그를 통해 기독교에 적대적인 세상에서 끝까지 믿음을 지키며, 심지어 세상에 선한 영향을 끼치는 삶을 살아가는 비결을 배우기 위함이었습니다. 다니엘 1-6장에는 다니엘과 세 친구의 말과 행위를 통해 세상 속에서 살아가는 성도의 본을 배워 봤다면, 다니엘 7-12장에서는 네 가지 환상을 통해 그들이 신앙의 삶을 살아 낼 수 있었던 이유를 배우고 교훈을 얻을 수 있습니다. 형식과 내용, 행위와 계시, 이 양쪽이 갖추어져 있다면, 우리는 하나님의 백성으로서, 성도로서 이 세상 속에서 제대로 살 수 있을 것입니다. 이번 장에서는 그 마지막 환상의 서두를 함께 살펴보겠습니다.

다니엘이 원하는 이야기 vs. 하나님이 계획하신 이야기

우리는 다니엘이 마지막에 보게 되는 네 번째 환상을 공부하기 전에 이제까지 확인했던 세 편의 환상을 정리해야 합니다. 첫 번째 환상은 '바다에서 올라온 네 짐승', 두 번째 환상은 '숫양과 숫염소', 세 번째 환상은 '일흔 이레의 환상'이었습니다. 우리는 각 환상의 세부 내용을 이미 살펴봤습니다. 그런데 여기까지 살펴보면서 우리는 이 세 환상 가운데 공통점이 있음을 알게 됩니다. 바다에서 올라온 짐승들은 이 세상에 일어날 제국을 상징합니다. 그 제국들 가운데 마지막 제국을 의미하는 열 뿔을 가진 짐승이 하나님의 백성을 가장 고통스럽게 만들었습니다. 숫양과 숫염소 환상에서도 숫염소의 뿔 가운데 작은 뿔 하나가 커져 결국에 하나님의 백성을 가장 괴롭혔습니다. 마지막 일흔 이레의 환상도, 일곱 이레를 보낸 후 잠깐의 쉼을 누릴 하나님 백성에게 예순두 이레의 고통이 남아 있고, 이후 마지막 한 이레는 가장 강력한 적에게 박해당하리라는 내용이었습니다. 정리하면 이스라엘 백성, 즉 하나님 나라 백성이 이후에 당할 더 큰 어려움을 예고하고 있습니다. 성도의 고난이 점점 커지고 강력해질 테니 그것에 대비하라고 권고하는 내용이었던 것입니다.

다니엘이 본 환상들을 통해 우리가 확인하게 되는 진리가 있습니다. 하나님은 '사람들이 듣고 싶은 이야기'가 아닌, '그분의 계획과 그 계획을 성취할 방법'에 관하여 말씀하시는 분이라는 사실입니다. 물론 결국 우리 하나님은 이기실 것입니다. 그러나 그 과정이 결코 쉽지는 않습니다. 이 환상들이 사실이라면, 이 환상들이 그대로 성취된다면, 하나님 나라 백성은 아주 길고 어두운 밤을 통과해야 합니다. 그렇다면 우리에게 이런 질문이 생깁니다. "그렇다면, 어떻게 그 긴 어둠의 터널을 통과할 수 있습니까?" 과연 우리가 주님이 최후 승리하실 때까지 믿음을 지킬 수 있을까요? 그 강력한 짐승들 틈에서, 그 잔인한 뿔과 적그리스도의 위협을 우리가 감당할 수 있을까요? 하나님이 다니엘에게 주신 마지막 환상, 아마도 다니엘이 죽기 직전, 그의 인생 가운데 주신 네 번째 환상이 이 질문에 대한 대답입니다.

희망은 꺾이고 깊은 슬픔에 잠기다

이번에 살펴볼 본문 다니엘 10장은 다니엘이 본 마지막 환상의 서론에 해당합니다. 늘 그렇듯 무언가의 마지막은 가장 중요합니다. 다니엘은 여러 환상을 보고 여러 사건을 경험했지만 하나님께서는 다니엘에게 그가 이제까지 본 모든 환상을 총정리하는 장면을 보여 주기 원하셨습니다. 그리고 그 마지막 환상이 매우 중요하기에 10장 전체를, 11장에 나오는 환상의 서론으로 할애하고 있습니다. 이 위대한 환상의 배경을 먼저 보겠습니다.

바사왕 고레스 제삼 년에 한 일이 벨드사살이라 이름한 다니엘에게 나타났는데 그 일이 참되니 곧 큰 전쟁에 관한 것이라 다니엘이 그 일을 분명히 알았고 그 환상을 깨달으니라 그때에 나 다니엘이 세 이레 동안을 슬퍼하며 세 이레가 차기까지 좋은 떡을 먹지 아니하며 고기와 포도주를 입에 대지 아니하며 또 기름을 바르지 아니하니라 첫째 달 이십사일에 내가 힛데겔이라 하는 큰 강가에 있었는데(단 10:1-4).

바사왕 고레스가 통치한 지 제3년이 되는 시기임을 밝히고 있습니다. 조금 더 구체적으로 마지막 환상을 보게 된 날짜는 "첫째 달 이십사일"입니다. 장소는 일반적으로 '티그리스강'으로 불리는 힛데겔 강가였습니다. 다니엘이 환상을 봤던 시점은, 자신이 무언가로 인한 슬픔 때문에 3주간 음식을 절제하며 특별 기도를 드리던 때였습니다. 우리말 성경은 큰 환상을 보고 슬퍼하여 3주간 기도한 것처럼 번역되어 있지만, 원어의 순서를 보면 슬픔 가운데 3주간 기도한 후 환상을 보았다고 기록되어 있습니다. 짧은 배경이지만 많은 내용을 담고 있습니다. 가장 먼저 드는 의문은 다니엘이 3주나 되는 시간 동안 식사량까지 줄여 가면서 특별히 기도하게 된 이유입니다. 본문에서는 그것이 '슬픔 때문'이었다고 말하고 있습니다. 다니엘은 왜 슬펐던 것일까요? 힌트는 고레스 3년이라는 이 시기에 있습니다.

고레스 왕 통치 1년, 하나님이 이스라엘에게 특별한 은혜를 부어주셨습니다. 하나님이 바사왕 고레스를 통해 역사하셨습니다. 고레스는 이스라엘 백성에게 칙령을 내려 성전을 재건하러 예루살렘으로 돌아가라고 명령했습니다. 70년 동안 바벨론의 포로로 살고 있던 이스라엘 백성에게 다시 예루살렘으로 돌아갈 기회, 성전을 재건하고 예배를 회복할 수 있는 시대가 열린 겁니다. 바벨론에 살고 있던 이스라엘 사람들 중 5만여 명이 예루살렘 성전을 짓기 위해 귀환했습니다. 아마도 이때가 이스라엘 백성에게는 출애굽하던 날 다음으로 행복했을 것입니다. 성전이 재건됨과 동시에 모든 것이 회복되리라 기대했기 때문입니다.

그 후 2년이 지났습니다. 노령으로 인해 1차 귀환자들과 함께 예루살렘으로 돌아가지 못한 다니엘은 예루살렘으로 돌아간 이스라엘 백성의 상황이 늘 궁금했습니다. 그런데 기대했던 일들이 일어나지 않았습니다. 에스라 2장과 3장에는 이때 일어난 일이 기록되어 있습니다. 고레스가 주전 538년에 조서를 내렸고, 1차 포로 귀환자들이 예루살렘에 도착한 때는 주전 537년입니다. 그들은 돌아가자마자 성전의 터 위에 제단을 만들어 제사를 드렸고, 초막절을 지키며 성전을 지을 준비를 했습니다. 1년이 더 지나 주전 536년 2월, 그들은 성전이 있던 자리를 확인하여 기초석을 놓고 성전 재건을 시작합니다. 그런데 그 모습을 보고 있던 사마리아인들이 집요하게 성전 재건을 방해했고 이스라엘이 제국을 배신하려 한다는 거짓 보고를 합니다. 결국 성전 재건은 시작조차 할 수 없었고 그 후 16년 동안 성전은 폐허로 남아 있게 됩니다. 다니엘이 음식을 끊어 가며 기도했던 이 시기가, 성전 재건 시도가 꺾인 고레스 왕 3년입니다.

고레스 왕이 이스라엘을 해방시킬 때, 거기다 성전을 재건하라며 바벨론왕 느부갓네살이 성전에서 탈취했던 성전의 물품까지 돌려줄 때, 이스라엘도 다니엘도 이제는 정말 '고통 끝, 행복 시작'이라 생각했습니다. 그런데 전혀 아니었습니다. 고통은 계속되었습니다. 잠깐 뭔가 이루어지는 것 같았는데 다시 막혔습니다. 성전을 지으러 갔는데 성전을 세울 수 없습니다. 그리고 그 소식이 다니엘의 귀에도 들렸습니다. 이전에 자신이 봤던 그 환상들, 잠깐 괜찮은 것 같으나 다음 짐승이 올라온다는 내용, 잠깐 괜찮은 일곱 이레의 시간이 끝나면, 예순두 이레의 고통이 찾아온다는 의미를 깨달았습니다. 그리고 깊은 슬픔에 빠졌습니다. 다니엘은 그 슬픔 때문에 지금 '비상한 기도'로 하나님께 나아간 것입니다.

최근 코로나 확진자 수가 치솟아 오르고 있습니다. 이제는 어디서 누가 걸려도 이상하지 않을 만큼 바이러스가 만연해 있습니다. 참 어둡고 답답하고 막막한 이 땅의 현실을 보게 됩니다. 그래서 지금 우리는 무엇을 하고 있습니까? 다니엘의 평생 소원은, '70년이 지난 후 찾아올 이스라엘의 회복'이었습니다. 그런데 그렇게 70년이 지나 포로 생활에서 풀려났는데, 성전이 재건되지 못하는 상황이 눈앞에 펼쳐집니다. 자기 생전에 성전의 회복을 볼 수 없으리라는 예감이 듭니다. 충분히 낙심하고 슬퍼할 만합니다. 여기 아흔이 다 된 할아버지가 울고 있는 겁니다. 그런데 그 할아버지는 그 모든 슬픔을 가슴에 품고 기도의 자리로 나아가고 있습니다. 그는 평소에도 늘 기도했습니다. 그런데 또 3주간 '비상한 기도'의 시간을 떼어 기도에 더 집중합니다. 왜 그랬을까요? 정확히는 모르겠습니다. 그러나 저는 그것이 그가 하나님 백성의 리더로서, 믿음의 선배로서 후배들에게 보여 주는 본이었으리라 생각해 봅니다.

이제는 상황이 어떻게 될지 예측할 수 없습니다. 어떻게 해결될지도 모르겠습니다. 계획하고 준비하는 일들을 또 어떻게 진행해야 할지 암담합니다. 그러나 한 가지, 우리는 이 시기에 우리가 무엇을 할 수 있고, 해야 하는지 알고 있습니다. 그 가운데 한 가지는 비상한 기도입니다. 더 깊은 기도 가운데 들어갑시다. 기도의 시간을 떼어 놓읍시다. 집 안 한구석에 기도의 방석을 두십시오. 그리고 이전과 다른 '비상한 기도'를 하십시오. 우리가 지금 비상 상황에 처해 있기 때문입니다. 그리고 이때에 하나님께서 하나님 백성에게 가장 원하시는 것이 기도이기 때문입니다.

마지막 환상의 주인공

마지막 환상은 이전 환상들과 시작부터 다릅니다. 이전 환상들은 짐승이나 사건 들이 보였습니다. 다니엘은 관찰자가 되어 그 환상을 보았습니다. 그리고 천사가 그 환상의 내용을 설명해 주었습니다. 그런데 마지막 환상은, 환상이 다니엘을 집어삼켜 버렸습니다. 다니엘은 환상을 보다가 그 속에서 쓰러지고 기절하고 깨어나는 일을 반복합니다. 환상인지 실제인지 구분되지 않을 만큼 그 환상에 강력한 충격을 받고 있는 겁니다. 그리고 그 강력한 꿈의 중심에 한 인물이 있습니다. 이제 환상의 주인공이 등장합니다.

> 그때에 내가 눈을 들어 바라본즉 한 사람이 세마포 옷을 입었고 허리에는 우바스 순금 띠를 띠었더라 또 그의 몸은 황옥 같고 그의 얼굴은 번갯빛 같고 그의 눈은 횃불 같고 그의 팔과 발은 빛난 놋과 같고 그의 말소리는 무리의 소리와 같더라 (단 10:5, 6).

"한 사람"이 등장했습니다. 히브리어 원어로는 '이쉬-에하드'입니다. 그런데 이 한 사람은 다니엘이 보는 순간 정신을 잃을 만큼 강력한 외모를 가진 존재였습니다. 제사장이 입는 세마포 옷을 입고 그 옷 위에 왕을 상징하는 순금 띠를 착용하고 있습니다. 그런데 그의 몸은 황옥이고, 얼굴은 번개처럼 빛나며, 눈에는 불꽃이 타오르고, 팔과 발은 강인한 놋으로 이루어졌습니다. 그가 입을 열자 그 입에서 거대한 무리가 내는 소리가 나옵니다. 이 사람은 누구일까요? 누구기에 이렇게나 무시무시하게 묘사되고 있을까요? 다니엘은 이미 천사장 가브리엘을 만난 적이 있습니다. 제국을 상징하는 무시무시한 짐승들도 목격했습니다. 많은 일을 경험하며 이제 웬만한 것에는 감정적으로 크게 흔들리지 않을 만큼 훈련되어 있었습니다. 그런데 그 다니엘이 이 '한 사람'을 보고는 그만 까무러칩니다.

학자들 사이에서는 이 '한 사람'이 누구인지에 관한 논의가 활발합니다. 그러나 저는 이 한 사람, 마지막 환상의 주인공이시며, 다니엘이 정신을 잃게 만든 이분이, 성육신하기 전의 성자 하나님, 우리가 구주로 고백하는 예수라고 확신합니다. 요한계시록 1장에서 그분은 이 한 사람과 매우 닮은 모습으로 나타나 사도 요한을 환상 가운데 초청하고 계시기 때문입니다.

> 촛대 사이에 인자 같은 이가 발에 끌리는 옷을 입고 가슴에 금띠를 띠고 그의 머리와 털의 희기가 흰 양털 같고 눈 같으며 그의 눈은 불꽃같고 그의 발은 풀무 불에 단련한 빛난 주석 같고 그의 음성은 많은 물소리와 같으며 그의 오른손에 일곱 별이 있고 그의 입에서 좌우에 날선 검이 나오고 그 얼굴은 해가 힘 있게 비치는 것 같더라 내가 볼 때에 그의 발 앞에 엎드러져 죽은 자같이 되매(계 1:13-17).

사도 요한에게 환상을 주시는 "인자 같은 이"와 다니엘이 마지막 환상 가운데 만난 이 "한 사람"이 같은 분, 우리 주 예수 그리스도라는 것입니다. 이분은 누구십니까? 세마포 옷을 입으신 우리의 대제사장이십니다. 그런데 이분은 또 순금 띠를 띤 우리의 왕이십니다. 그분의 얼굴은 찬란히 빛나기에 우리가 눈을 들어 바라볼 수 없습니다. 그분의 눈은 불꽃같아 우리의 모든 것을 드러냅니다. 그분의 몸은 결코 무너지지 않을 황옥과 놋으로 이루어져 있습니다. 그분이 입을 열어 말씀하시면 천지가 두려워 떨 수밖에 없습니다. 능력의 주님, 모든 것을 이기신 우리 주님께서 영광스러운 당신의 모습을 보여 주신 것입니다. 영광스러운 성자 하나님을 본 다니엘은 이렇게 반응합니다.

> 그러므로 나만 홀로 있어서 이 큰 환상을 볼 때에 내 몸에 힘이 빠졌고 나의 아름다운 빛이 변하여 썩은 듯하였고 나의 힘이 다 없어졌으나 내가 그의 음성을 들었는데 그의 음성을 들을 때에 내가 얼굴을 땅에 대고 깊이 잠들었느니라(단 10:8, 9).

영광의 주님 앞에서 다니엘과 함께 있던 자들은, 그 주님을 보지 못했지만 두려워 떨며 도망하여 숨었습니다. 죄인의 본성에 따라 거룩하신 하나님 앞에서 도망친 것입니다. 다니엘은 혼자 남아 그 주님 앞에 섰습니다. 그 결과 그는 힘이 빠졌고, 한순간 생기를 잃었으며, 그분의 음성이 들리자 땅에 엎드러졌습니다. 사망과도 같은 잠에 빠져들어 간 것입니다. 사도 요한이 밧모섬으로 찾아오신 예수를 만났을 때 그분의 발 앞에 엎드러져 죽은 자같이 되었듯 다니엘도 그렇게 성자 하나님 앞에서 졸도해 버렸습니다.

이 예수의 모습과, 그분을 본 다니엘과 사도 요한의 반응을 통해 우리는 무엇을 알게 됩니까? 죄인인 인간은 결코 하나님 앞에 '그대로' 설 수 없음을 깨닫습니다. 하나님께서 당신을 감추고 감춰야지 우리가 하나님과 관계 맺을 수 있습니다. 하나님께서 하나님 되심을 우리에게 드러내시면 우리는 그 앞에 거꾸러져 죽습니다. 제국의 왕 앞에서도 꼿꼿했던 다니엘입니다. 천사와 천사장 앞에서도 당당했던 다니엘입니다. 그런데 이 '한 사람'을 만나는 순간, 자신이 아무것도 아님을 깨닫게 됩니다. 이 깨달음과 함께 그분 앞에서 얼굴을 땅에 대고 엎드러지는 것입니다.

이렇게 두려우신 예수가 과연 우리에게 필요할까요? 반드시 필요합니다. 예수께서 늘 우리에게 친밀한 친구 같은 존재라고만 생각하면 곤란합니다. 아이들과 가정 예배를 드리다 보면 재미있는 일들이 종종 일어납니다. 얼마 전 아들에게 가정 예배 마무리 기도를 시켰더니 아들이 이렇게 기도하기 시작했습니다. "하나님, 오늘도 피곤하셨죠? 요즘은 뭐하고 지내세요? 밥은 드셨나요?" 저는 아들의 이 기도도 좋았습니다. 늘 자기에게만 관심이 있어 '이것 해달라 저것 해달라'는 기도만 들으시다가 하나님의 일상이 궁금하고, 하나님이 걱정되어 "하나님, 식사는 하셨어요?"라고 묻는 기도를 하나님은 기뻐하셨겠다고 생각했습니다.

그런데 우리 대부분은 이렇게까지 기도하지는 않지만, 하나님에 대해 '이 정도'로만 여기는지도 모르겠다는 생각이 들었습니다. 우리를 잘 아시고 우리를 공감해 주시며 우리 옆에서 우리를 위로해 주시지만, 막상 이 땅의 문제를 해결할 능력은 없으신 '무능한 분'으로 말입니다. 주기도문의 표현으로 하면 "우리 아버지여"로 표현되는 내재적 하나님만 알고, "하늘에 계신"으로 표현되는 초월적 하나님을 간과하고 있지는 않을까요?

예수께서는 크고 두려우신 분입니다. 그분이 그분의 영광을 다 보이시면 아무도 그 앞에 설 수 없습니다. 그분이 나를 친밀하게 대해 주시기에 내가 그분께 나아갈 수 있는 겁니다. 그분이 나를 사랑하여 주시기에 그분 앞에 설 수 있는 것입니다. 그분이 나를 사랑하신다 하여, 그분이 나와 비슷한 수준이라 생각하시면 안 됩니다. 그분은 하나님입니다. 크고 두려우신 분입니다.

천사가 늦게 도착한 이유

졸도해 있던 다니엘을 누군가 흔들어 깨웁니다. 그를 깨운 존재가 성자 예수신지, 천사인지 정확하지 않습니다. 그냥 '한 손이 있어 나를 어루만졌다'라고 기록되어 있기 때문입니다. 앞에 있는 내용과 연결하면 성자 예수시고, 뒤에 있는 내용과 연결하면 천사 가브리엘입니다. 저는 개인적으로 성자 예수시라고 생각합니다. 요한계시록 1장에서도 예수께서 쓰러진 사도 요한을 손으로 어루만지고 계시기 때문입니다. 다니엘은 정신을 차렸고 이제 천사가 들려주는 이야기를 듣습니다. 그런데 천사는 곧바로 환상에 관해 말하는 것이 아니라 자신이 늦게 온 이유를 먼저 설명하고 있습니다.

> 내게 이르되 큰 은총을 받은 사람 다니엘아 내가 네게 이르는 말을 깨닫고 일어서라 내가 네게 보내심을 받았느니라 하더라 그가 내게 이 말을 한 후에 내가 떨며 일어서니 그가 내게 이르되 다니엘아 두려워하지 말라 네가 깨달으려 하여 네 하나님 앞에

> 스스로 겸비하게 하기로 결심하던 첫날부터 네 말이 응답받았으므로 내가 네 말로 말미암아 왔느니라 그런데 바사 왕국의 군주가 이십일 일 동안 나를 막았으므로 내가 거기 바사 왕국의 왕들과 함께 머물러 있더니 가장 높은 군주 중 하나인 미가엘이 와서 나를 도와주므로 이제 내가 마지막 날에 네 백성이 당할 일을 네게 깨닫게 하러 왔노라 이는 이 환상이 오랜 후의 일임이라 하더라(단 10:11-14).

일단 천사가 온 것은 하나님이 보내셨기 때문입니다. 그런데 하나님이 천사를 보낸 시기가 다니엘이 기도를 시작한 때였습니다. 다니엘이 이 환상을 보는 시점은 그로부터 21일이 지난 후입니다. 천사는 자신이 이렇게 늦게 도착한 이유를 설명합니다. "바사 왕국의 군주가 이십일 일 동안 나를 막았으므로 내가 거기 바사 왕국의 왕들과 함께 머물러 있더니 가장 높은 군주 중 하나인 미가엘이 와서 나를 도와주므로" 이제 올 수밖에 없었던 것이지요.

천사는 하나님의 메시지를 전달하는 존재입니다. 그런데 하나님의 명을 받아 다니엘에게 메시지를 전달하려고 했는데 중간에 악한 존재에게 억류당했다가 이제야 오게 되었다고 해명하고 있습니다. 마치 택배가 도착하지 않아 물류 센터에 전화하면 들을 법한 변명을, 천사는 묻지도 않았는데 늘어놓는 겁니다. 도대체 이 말은 무슨 뜻일까요?

다니엘서의 이 구절을 둘러싸고 역시나 수많은 해석이 파생되어 나옵니다. 천사들의 계급에 관한 해설이나 마귀가 어떻게 생겼는지, 또 지역마다 다스리고 있는 지역 담당 마귀와 천사가 있다는 설 등 내용도 다양합니다. 그런데 이런 내용들은 대부분 건전한 주해 과정을 통해 나온 것이 아니기 때문에 그런 방식으로는 이 부분을 해석하지 않으려 합니다. 그렇다면 우리는 어떻게 이 사건을 읽어야 할까요?

고대인들은 이 땅에서 일어나는 모든 일이 하늘의 일을 반영한다고 생각했습니다. 특히 나라와 민족과 같이 큰 규모의 집단에게는 그 나라 또는 민족을 수호하는 영적 존재가 있다고 여겼지요. 즉, 하늘과 땅이 연결되어 있다는 사고입니다. 이 땅에서 일어나는 모든 일의 배후에는 영적 존재가 있으므로 이 땅을 사는 모든 사람은 이 영적 세계를 고려하며 살아가야 한다는 세계관을 지니고 있었던 것입니다. 이것을 신약에서는 어떻게 표현하고 있을까요? 에베소서 6장에서는 성도가 이 땅에서 살아가는 동안 치르게 될 영적 전쟁을 이야기합니다.

> 우리의 씨름은 혈과 육을 상대하는 것이 아니요 통치자들과 권세들과 이 어둠의 세상 주관자들과 하늘에 있는 악의 영들을 상대함이라 그러므로 하나님의 전신 갑주를 취하라 이는 악한 날에 너희가 능히 대적하고 모든 일을 행한 후에 서기 위함이라(엡 6:12, 13).

우리는 지금 이 싸움을 치르고 있습니다. 겉으로 보이는 게 전부가 아닙니다. 사람들이 말하는 것이 전부가 아닙니다. 이 일의 배후에 '영적 세력'이 있습니다. 성도가 이 땅에서 싸워야 하는 상대는 단지 혈과 육뿐만 아니라 영적인 것들도 포함됩니다. 이것을 기억하지 않으면 우리는 승리할 수 없습니다. 이것까지 생각하지 못하면 우리는 결국 무너집니다.

코로나 감염병이 만연하는 시기를 지나며, 이전부터 서서히 무너지던 교회의 신뢰도는 완전히 추락하고 말았습니다. 이번 3차 대유행의 중심에도 방역 지침을 무시한 몇몇 교회가 포함되어 있습니다. 교회와 기독교를 향한 세상의 시선이 이전과 비교할 수 없을 정도로 차가워졌습니다. 그 외에도 오늘 우리에게 기독교 신앙에서 수용할 수 없는 수많은 견해가 들리고 있습니다. 그런데 보이는 것과 들리는 것이 전부가 아닙니다. 배후에 역사하는 영이 있습니다. 물론, 이 싸움에는 '육적 전쟁'의 요소도 보입니다. 이것은 우리가 지혜를 모아야 하는 과학과 의학, 정치와 법의 문제이기도 합니다. 감염병에 대항하여 의료진과 공무원 들이 싸우고 있고, 개인도 최선을 다해 이 질병의 전파를 막아야 합니다. 그러나 성도는 이 모든 일의 배후에 악한 영이 역사하고 있으며, 우리는 그 영과 영적 전쟁을 치르고 있음을 결코 간과해서는 안 된다는 것입니다.

우리는 전신 갑주를 제대로 갖추고 있습니까? 우리가 입은 전신 갑주의 상태를 살펴봅시다. 길고 긴 영적 전투를 감당할 준비가 되어 있습니까? 진리로 허리를 동였습니까? 하나님의 의로 심장을 덮었습니까? 평안의 복음의 신을 신고, 믿음의 방패와 구원의 투구를 쓰고 있습니까? 성령의 검인 하나님의 말씀을 가졌습니까? 우리를 약화시키고 넘어뜨리며, 우리의 마음과 영혼이 파리해지도록 기다리는 존재를 잊은 것은 아닙니까? 이 싸움에 영적 배후가 있음을 미처 생각지 못한 채, 순진하게 눈에 보이는 것만 보려 하지는 않았는지 돌아봅시다. 우리는 지금 '이중의 싸움'을 치러야 합니다. 이 시간 하나님의 전신 갑주로 무장하기를 바랍니다. 하나님께 도움을 구하며, 이 영적 싸움에 임할 전신 갑주를 구하시기 바랍니다.

큰 은총을 받은 사람이여, 두려워 말라 강건하라!

그가 이런 말로 내게 이를 때에 내가 곧 얼굴을 땅에 향하고 말문이 막혔더니 인자와 같은 이가 있어 내 입술을 만진지라 내가 곧 입을 열어 내 앞에 서 있는 자에게 말하여 이르되 내 주여 이 환상으로 말미암아 근심이 내게 더하므로 내가 힘이 없어졌나이다 내 몸에 힘이 없어졌고 호흡이 남지 아니하였사오니 내 주의 이 종이 어찌 능히 내 주와 더불어 말씀할 수 있으리이까 하니 (단 10:15-17).

다니엘은 죄인과 함께할 수 없는 거룩하신 성자 예수를 만났습니다. 그리고 말문이 막혔습니다. 힘이 없어졌습니다. 호흡도 남아 있는 것 같지 않습니다. 더 이상 그분의 입에서 나오는 말을 들을 수 없을 것 같다고 말합니다. 그는 힘이 하나도 없고 완전히 탈진한 상태입니다. 손가락 하나 움직일 수 없고, 움직이기 싫은 겁니다. 자포자기하는 마음입니다. 평생 주님을 위해 살았고, 평생 이스라엘의 회복을 꿈꾸며 살아왔는데, 지금 자신의 민족이 처한 형편은 초라하고 비참합니다. 예루살렘으로 돌아간 이들이 성전을 짓지 못하는 상황입니다. 자신은 이미 늙었고 성전이 세워지는 것을 보지 못할 뿐 아니라 자신의 후손들이 예순두 이레와 한 이레 동안 고통당하리라는 사실까지 알게 되었습니다. 살 소망이 없습니다. 로뎀 나무 아래 머리를 넣고, "그냥 날 좀 죽여 주세요!"라고 탄식했던 엘리야와 같은 심정일 것입니다.

요즘 우리 마음이 이렇지 않습니까? 다른 성도들의 마음까지는 잘 모르겠습니다. 그런데 가끔 제 마음에는 그런 생각이 올라옵니다. 정말 열심히 하지 않았습니까? 이것저것 나름 최선을 다한 것 같습니다. 그런데 또 뭘 해야 할까요? 그리고 그렇게 한다고 될까요? 이만큼 했으면 충분한 것 아닌가요?

성탄절을 기다리며 열심히 장식을 만들어 예배당을 꾸며 두었습니다. 그러나 우리 교회 성도들은 아무도 이 장식을 보지 못합니다. 이런저런 계획을 많이 세웠습니다. 그러나 대부분 집행되지 못했습니다. 긴 감염병의 시기를 보내면서 여기저기 아프고 상하는 성도들의 이야기를 듣습니다. 제 마음도 함께 약해집니다. 조금 지친 것 같습니다. 아니, 솔직히 이렇게 말하면 안 되는데 많이 지칩니다.

여러분은 어떻습니까?

지친 다니엘은 천사를 향해 "당신과 더불어 말할 힘도 없네요"라고 말했습니다. 다니엘이 이 말을 하자, 천사가 아닌 한 사람, "사람의 모양 같은 것 하나"로 보이는 이가 행동하기 시작합니다.

> 또 사람의 모양 같은 것 하나가 나를 만지며 나를 강건하게 하여 이르되 큰 은총을 받은 사람이여 두려워하지 말라 평안하라 강건하라 강건하라 그가 이같이 내게 말하매 내가 곧 힘이 나서 이르되 내 주께서 나를 강건하게 하셨사오니 말씀하옵소서(단 10:18, 19).

"사람의 모양 같은 것 하나"는 다른 말로 '인자 같은 이'입니다. 그리고 앞에서 봤던 바로 그 '한 사람'입니다. 그분이 지친 다니엘에게 손을 얹으셨습니다. 즉, '안수'하셨습니다. 안아 주셨습니다. 그리고 다니엘의 얼굴을 보며 말씀하십니다. "큰 은총을 받은 사람이여, 두려워하지 말라, 평안하라, 강건하라, 강건하라!" 자세히 보니 그분은 10절에서 다니엘을 어루만지고 일으키셨던 분입니다. 11절에서도 다니엘을 "큰 은총을 받은 사람 다니엘아"라고 부르셨던 분입니다. 다니엘은 그 말을 들었습니다. 그런데 그 말을 들은 순간, 다 끝난 듯 탈진한 영혼에 새로운 힘이 솟아났습니다. "내가 곧 힘이 나서 이르되 내 주께서 나를 강건하게 하셨사오니 말씀하옵소서."

우리는 어디서 힘을 얻습니까? 주님의 손길과 주님의 말씀을 들을 때 힘을 얻습니다. 우리의 주님이 누구십니까? 크고 두려우신 하나님입니다. 우리가 전쟁 가운데 있지만 낙심하지 않을 이유는 이 크고 두려우신 하나님이 우리와 함께하시기 때문입니다. 이 주님이 나를 아십니다. 주님이 나를 사랑하십니다. 지금 내가 얼마나 약해져 있는지, 얼마나 지쳤는지 아십니다. 오늘 주님이, 상한 우리 심령을 어루만지며 말씀하십니다. "큰 은총을 받은 사람이여, 두려워하지 말라, 평안하라, 강건하라, 강건하라!" 이 말씀을 들으십시오. 이 말씀을 붙드십시오. 커다란 전쟁을 치르느라 지친 우리의 마음과 몸을 일으켜 이 말씀의 힘으로 일어납시다. "강건하라, 강건하라!"를 반복하시는 주님의 말씀을 듣고, 다시 일어나 믿음으로 살아가기를 소망합니다.

나눔과 적용

1 지난 장들에서 하나님이 다니엘에게 보여 주신 '세 편의 환상'을 정리해 보겠습니다. 이 환상들이 공통으로 보여 준 '하나님 백성의 현실'은 무엇입니까?

바다에서 올라온 네 짐승의 환상 :

숫양과 숫염소의 환상 :

일흔 이레 환상 :

● 다니엘이 본 이전 세 편의 환상은 모두 하나님 백성의 고통스러운 현실이 예상보다 훨씬 길고 심각할 것이라는 경고였습니다. 하나님은 이 환상들을 통해 하나님 백성이 그 긴 싸움을 단단히 준비하기를 원하셨습니다. 이 경고는 오늘을 사는 우리에게도 동일합니다. 더 길고 힘든 '세상 속 성도의 삶'을 살아내기 위해 나/우리에게 가장 필요한 것은 무엇일까요?

2 본문은 네 번째 마지막 환상의 도입부입니다. 이 네 번째 환상은 언제, 다니엘이 무엇을 하고 있을 때 주어졌습니까?(1-4절) 이전과 다르게 이 환상에는 전체를 이끌어 가는 분이 등장합니다. 그분에 대한 묘사를 정리해 보십시오(5, 6절). 그분은 누구입니까?(계 1:13-17 참조)

● 다니엘이 본 마지막 환상에서 우리는 이 모든 환상을 완성하시는 성자 하나님인 예수님을 만나게 됩니다. 하나님 백성으로 이 땅을 사는 것이 점점 힘들어지리라는 환상이 쌓이며 절망할 수밖에 없던 하나님

의 백성에게, 참 소망이신 예수님이 찾아오신 것입니다. 예수님이 우리 상황 가운데 찾아오신다는 것은 어떤 위로를 줍니까? 또한 이 예수님과 함께이기에 어떤 기대를 품을 수 있습니까?

3 갑작스러운 성자 하나님의 방문을 감당할 수 없어 기절한 다니엘을 천사가 깨웁니다. 그리고 자신의 방문 목적과 늦게 도착한 이유를 설명합니다(10-14절). 천사가 밝히는 '늦게 도착한 이유'는 무엇입니까? 이것을 통해 알게 되는 성도의 세상살이의 실체는 무엇입니까?(엡 6:12)

• 과학만능주의 시대를 사는 우리는 '보이지 않는 세계'의 영향력을 무시하는 경향이 있습니다. 그러나 성경은 성도의 삶이 어려운 이유로 일관되게 '보이지 않는 영적인 세력'의 공격과 방해를 들고 있습니다. 이 싸움을 위해 우리가 갖춰야 할 것은 무엇입니까?(엡 6:10-17)

4 감당할 수 없는 영적 세계를 경험하게 된 다니엘은, 충격에 다리가 풀렸고 호흡과 말을 잃고 쓰러집니다(15-17절). 그런 다니엘을 향해 전사는 무어라 부르며(11, 19절), 무엇을 명령하고 있습니까?(12, 19절) 이에 다니엘은 어떻게 반응합니까?(19절)

• 하나님은 다니엘을 부르시는 그 호칭으로 우리를 부르십니다. 다니엘에게 하신 명령을 우리에게도 동일하게 하십니다. 우리도 큰 은총을 받은 자답게 우리를 강건하게 하시는 이의 명령에 민응해야 합니다. 오늘 우리가 순종해야 할 '말씀에 대한 순종'은 무엇입니까?

12장   큰 은총을 받은 자여, 두려워 말라

13장 ✷ 하나님을 아는 백성아, 강하라

단 11:1-39

큰 전쟁 환상

이제 곧 우리가 읽을 다니엘 11장은, 10장에서 다니엘이 보고 놀란 '큰 전쟁'에 대한 구체적 내용입니다. 북방 왕과 남방 왕이 등장하여 서로 전쟁을 치르고 휴전을 하면서 중동 지역의 패권을 차지하기 위해 320여 년간 이어진 다툼을 예고하는 기록입니다. 다니엘 11장을 읽어 본 적이 있는 분들이라면, 대부분 크게 당황하셨을 것입니다. 본문을 읽다 보면 매우 자연스럽게 '내가 이 이야기를 왜 읽어야 하지? 의미도 없고 재미도 없고……'라는 생각이 들 수밖에 없기 때문입니다.

우리는 하루하루를 살아가는 일조차 피곤합니다. 우리나라 역사도 잘 모르고 솔직히 크게 관심도 없습니다. 그런데 그런 우리에게 2천 년 전에 일어나 중동의 패권을 차지하려 했던 두 왕국에 대한 이야기가 특별한 의미로 다가오지 않습니다. 거기에다 내용도 생소하고 분량도 매우 많습니다. 그래서 우리는 다니엘 11장을 잘 읽지도 않을 뿐더러, 읽어도 무슨 내용인지 좀처럼 기억하지 못합니다. 그러나 이 다니엘 11장도 하나님이 당신의 백성에게 주신 말씀임을 감안한다면, 이곳에도 여전히 우리에게 주실 메시지를 담아 놓으셨을 것입니다. 과연 이 11장에서 우리에게 들려주고자 하시는 메시지는 무엇일까요?

11장을 일단 크게 나눠 본다면 1-20절은 알렉산드로스의 헬라 제국이 네 개로 나뉜 후 중동 지역을 다스렸던 두 왕국 '프톨레마이오스'와 '셀레우코스'에 대한 내용입니다. 남방은 프톨레마이오스이고 북방은 셀레우코스입니다. 이 두 왕국의 갈등과 전쟁, 속임과 화해의 역사를 남방과 북방 왕국 이야기로 예언한 것입니다. 이어 나오는 21-35절은 북방 왕국인 셀레우코스 왕조의 왕 안티오코스 에피파네스 4세와 관련된 내용입니다. 그는 유대인들과 그들의 여호와 신앙을 가장 잔혹하게 박해했던 인물입니다. 구약 역사에서 유대인들을 신앙 때문에 압제한 이들 가운데 가장 악명 높은 사람입니다. 그리고 36-45절에는 '자기 마음대로 행하는 왕'이라는 별명을 가진 한 왕이 마지막으로 등장합니다.

1-20절 프톨레마이오스(남방) & 셀레우코스(북방) : 300년간

21-35절 셀레우코스(북방) 왕조의 안티오코스 에피파네스 4세
(= "한 비천한 사람") : 20년간

36-45절 자기 마음대로 행하는 왕 : 마지막 때에 오는 적그리스도

캠벨이라는 성경학자는 다니엘 11장 1-35절 안에 135개의 예언이 있는데, 이 모든 예언이 고대 근동의 역사 속에서 실제로 일어났다고 주석했습니다. 다니엘이 하나님께 이 예언을 받은 후 중동 지역의 역사 속에서 그 예언들이 정확히 성취되었다는 것이지요. 우리는 대부분 고대 중동의 역사를 모르기 때문에 이 부분에 놀라지 않지만, 그 지역의 역사를 아는 이들에게 이 다니엘 11장의 내용은 곧 역사 속에서 일어날 모든 구체적인 일을 놀라울 정도로 예고하는 '족집게 예언'과 같습니다.

같은 정보, 다른 결론_ 다니엘서의 저자 논란

그런데 놀랍게도 이러한 예언의 정확성 때문에 다니엘서는 성경 정경에서 배제될 뻔했습니다. 성경이 하나님의 영감으로 기록되었다는 사실을 믿지 않는 현대의 자유주의 신학자들에게, 하나님이 이렇게 정확히 다니엘을 통해 미래를 '예언했다'는 것은 말이 되지 않기 때문입니다. 얼추 맞아떨어질 수는 있겠지만 어떻게 135개나 되는 예언과 역사의 사실이 일치할 수 있느냐고 의심하는 것이지요.

그래서 그들은 다니엘서의 저자가 다니엘이 아니라 이 모든 역사적 사실을 다 경험한 기원후 2세기 유대인이며, 그가 다니엘의 이름으로 이 책을 썼다고 추측합니다. 그런 경우 이 책은 '위서'가 되고, 정경에 들어갈 수 없게 됩니다. 어떻습니까? 하나님이 선지자를 통해 미래에 일어날 일을 예언했습니다. 그런데 그 예언이 훗날 역사 속에서 모두 정확히 이루어집니다. 대충 상황이 비슷하게 전개되는 정도가 아니라 매우 세밀한 부분 하나하나까지 다 일치합니다. 그렇다면 우리는 이 예언을 어떻게 바라봐야 할까요?

저는 제가 믿는 하나님이 '전지전능하신 분'임을 믿습니다. 전지전능의 범위는 미래에 일어날 일까지 포함합니다. 물론, 하나님이 인간에게 미래의 일을 구체적으로 보여 주시는 방식은 그분이 일반적으로 사용하시는 방법은 아닙니다. 그러나 하나님이 이때 다니엘에게 특별한 방법으로 미래에 일어날 일을 보여 주기로 작정하셨습니다. 그리고 그에게 그의 사후 중동 지역에서 일어날 사건들을 아주 구체적으로 예언하신 겁니다.

우리가 성경 전체를 바라보는 시각은 성경 각 권을 해석하는 데 지대한 영향을 끼칩니다. 성경 속 예언이 역사 속에서 정확히 성취되는 장면을 바라보는 시각은 정확히 둘로 나뉩니다. 한쪽에서는 "어떻게 이렇게 정확히 일치할 수 있는가? 결코 이럴 리가 없다. 이 내용은 다니엘이 기록한 것이 아니라 이 역사를 경험한 후대 사람들이 다니엘의 이름으로 기록한 것이구나"라고 반응합니다. 그러나 정반대로 생각하는 이들도 있습니다. 성경은 하나님의 말씀이며 그 말씀에 오류가 없음을 믿는 입장입니다. 그런 관점으로 성경 속 예언이 성취되는 장면을 보면 어떻게 반응할까요? 하나님을 찬양하는 것입니다. "우와! 하나님이 이후에 일어날 일을 다니엘에게 이렇게 정확히 예언하셨구나!"라고 감탄하게 되지요. 우리는 어느 쪽입니까? 저는 후자입니다. "하나님은 역시 모든 것을 다 알고 계셨구나, 사랑하는 당신의 백성에게 거대한 역사의 흐름까지 들려주시는구나"라고 반응할 수밖에 없습니다. 이제부터 이번 본문에 기록된 사건들이 역사 속에서 하나하나 성취되는 과정을 보며 하나님께 찬양을 올려 드리길 바랍니다.

'거대한 전쟁'에서 우리가 배워야 할 것

그렇다면 우리는 이 거대한 전쟁들에 관한 이야기, 아주 악한 한 왕의 이야기에서 무엇을 배워야 할까요? 일단 이 긴 예언을 대략 살펴보면, 당시 포로였던 이스라엘에게는 전혀 유익하지 않은 내용입니다. 이 이야기는 유대인들에게 결코 꿈과 희망을 주지 않습니다. 오히려 길고 긴 전쟁 속에서 하나님의 백성이 고통당하는 내용입니다. 남방 왕도 북방 왕도 우리 편이 아닙니다. 둘 다 하나님을 믿지 않고 하나님의 백성을 박해합니다. 끊임없이 전쟁하는 그 두 나라 사이에 이스라엘이 끼어 있습니다. 그들의 계속된 전쟁으로, 이스라엘 나라는 점점 피폐해져 갑니다. 거기다 마지막에 나타나는 그 '비천한 한 왕'은 노골적으로 이스라엘의 '여호와 신앙'을 공격합니다. 고대 근동의 제국들은 대부분 다신교를 신봉했습니다. 그래서 피지배국이 제국의 신을 숭배하기만 하면 제국도 피지배 민족의 신들을 인정해 주었습니다. 그런데 이 '비천한 한 왕'은 유다 백성이 견지하는 여호와 신앙의 근간을 흔들며, 성전을 오염시키는 불경건을 자행합니다. 적이 매우 거대하고 강력합니다. 그들로 인해 하나님의 백성이 당하는 고통이 매우 큽니다.

다니엘이 받은 이 마지막 환상은 이스라엘을 실망시키는 예언입니다. 다니엘도 이 환상을 보고 낙심했습니다. 거대하고 강력한 왕국의 이야기 속에 이스라엘 민족이 거할 자리는 없습니다. 하나님 백성은 이 거대한 흐름에 아무런 영향도 끼칠 수가 없습니다. 이스라엘은 비참합니다. 막막하고 답답합니다. 거대 왕국에 끌려다니는 포로 신세에서 앞으로도 수백 년간 헤어날 길이 없습니다. 이것이 그들이 경험하게 될 '비참한 미래'입니다.

오늘날 감염병의 시기를 보내며 교회와 성도가 느끼는 낙심도 이와 비슷합니다. 이렇게까지 교회가 무능했던 적이 없습니다. 감염병이 도는데 교회가 할 수 있는 게 없습니다. 세상은 교회를 향해 말합니다. "제발 가만히 있어라. 제발 아무것도 하지 말아라! 너희가 나서면 문제가 생기니까 그냥 숨만 쉬고 있으면 안 되겠니?" 한국 교회는 지금까지 여러 국가적 문제에 다양한 방법으로 개입해 왔습니다. 적어도 한국 교회는, 이 사회에서 막강한 힘을 가진 집단 중 하나였습니다. 그러나 지금은 이전에 가지고 있었던 그 영향력을 대부분 잃어버리고 있습니다. 우리도 세상을 향해 어떠한 메시지를 전하고 싶습니다. 그런데 뭔가를 말하기조차 민망할 만큼 최근 교회는 이 감염병 문제에 바르게 대처하지 못했습니다. 그 결과 이 땅의 교회는 막막하고 답답한 상태, 아무 말도 못하는 상태가 되어 버렸습니다. 거대한 나라들의 틈바구니에 끼어 아무 권리도 주장하지 못한 채 얻어터지는 이스라엘의 상태가, 오늘날 이 세상에 끼어 터지고 있는 한국 교회의 모습과 매우 닮았습니다.

그러나 우리 하나님은 이 거대한 나라와 나라 이야기, 하나님 나라 백성이 어려움 가운데 고통당하고 신음하는 답답하고 막막한 이야기 속에 아주 선명한 소망의 메시지를 심어 놓으셨습니다. 스쳐 지나가면 알 수 없지만 찬찬히 살펴보면 곳곳에 '소망을 주는 메시지'들이 숨어 있습니다. 24절, 27절, 29절, 35절, 36절에서 찾을 수 있습니다. 그 구절들을 찾아 찬찬히 읽어 보십시오. 그리고 그곳에서 발견되는 공통 구절을 정리해 보십시오. 모두 다른 이야기를 하는 것 같은데, 비슷한 구절이 있습니다. 무엇일까요? 24절은 "때가 이르기까지 그리하리라", 27절은 "아직 때가 이르지 아니하였으므로 그 일이 이루어지지 아니할 것임이라", 29절은 "작정된 기한에 그가 다시 나와서", 35절은 "이는 아직 정한 기한이 남았음이라", 36절은 "이는 그 작정된 일을 반드시 이루실 것임이라"고 기록하고 있습니다.

우리는 지금 하나님이 이 세계사 속에 감춰 두신 자신의 백성을 향한 '비밀 메시지'를 찾은 것입니다. 언뜻 보면 하나님과 아무런 상관이 없어 보이는 거대한 역사, 하나님을 대적하는 나라와 왕 들의 이야기입니다. 그들은 얼마나 강력한지 하나님 백성도 어찌할 수 없는 존재 같습니다. 그런데 자세히 보면, 이 모든 일에 '다 정해진 때와 기한이 있다'고 말하고 있습니다. 정해진 시간표가 있다는 말이 무엇입니까? 이미 계획이 있고 그 계획이 차근차근 진행되고 있다는 말입니다. 때를 정한 분은 누구일까요? 역사의 주관자이신 하나님입니다. 거대한 역사의 흐름은 하나님과 무관해 보이지만, 실상 그 모든 것이 하나님의 계획대로 진행 중이었던 겁니다.

지금 우리는 이전에 겪어 본 적 없는 시간을 보내고 있습니다. 그리고 얼마간 이 힘든 시간을 더 살아 내야 할 것 같습니다. 성경은 모든 일에 하나님이 정한 때가 있고, 작정된 계획이 있음을 언급하며 이 세상이 하나님의 계획대로 움직이고 있다고 말합니다. 하나님이 정하신 때에 정하신 방법으로 정하신 일을 하실 것입니다. 우리는 이 감염병을 통해 하나님이 어떤 말씀을 하시는지 정확히 알 수 없습니다. 그러나 확신할 수 있는 것은 "하나님이 여전히 이 모든 상황을 통제하고 계시다"는 사실입니다. 분명 이 모든 상황이 끝날 겁니다. 주님이 끝내실 것입니다. 그때 이 모든 상황을 끝내시는 우리 주님 앞에, 이 어려운 시기를 어떻게 살았는지 자랑스럽게 보여 드릴 수 있는 우리가 되기를 소원합니다.

'마음대로 행하는 왕'의 출현

11장의 예언은 전반부의 '남방 왕과 북방 왕의 이야기'로 끝나지 않습니다. 중반부에 등장해 구약 시대 중에서 하나님 백성을 가장 적극적으로 박해했던 안티오코스 에피파네스 4세 개인에 대한 예언으로 끝나지도 않습니다. 예언의 후반부인 36-45절에 '또 다른 왕'이 등장합니다. 이 왕은 '자기 마음대로 행하며 스스로 높여 모든 신보다 크다는 말을 하는 왕'입니다. 이 왕은 신들의 신을 대적하고, 모든 것보다 자기가 더 크다 말하며, 이전에 섬겼던 신들도 섬기지 않습니다. 그는 '강한 신'을 공경하는데 짐승이 아니라 금과 은과 보석과 보물을 제물로 삼아 공경합니다. 해석하면, 전통적인 신이 아니라 '힘과 권력과 무력'을 숭배한다는 것입니다. 이 왕은 힘으로 주변 나라들을 무너뜨리고, 많은 이들을 죽입니다.

다니엘서의 예언과 고대 중동의 실제 역사를 연결하여 해석하는 학자들은 이 왕 역시 역사 속에서 찾아보려고 시도했습니다. 그런데 연구 결과 여기에서 언급된 '자기 마음대로 행하는 왕'은 역사에 등장하지 않았습니다. 그래서 학자들은 이 인물이, 역사의 마지막에 나타나 많은 이들을 미혹하고, 강력한 힘을 지닌 채 끝까지 하나님을 대적하는 적그리스도를 가리킨다고 설명합니다. 다니엘이 받은 예언은 고대 중동의 역사에 대한 내용이기도 했지만, 이 세상 역사의 마지막 날 우리 주님이 오시기 직전에 일어날 사건까지 확장하여 알려 주는 환상이었다는 것입니다.

예수께서 당신의 고난과 죽음, 그리고 부활에 대해 말씀하시자, 한 제자가 '마지막 때'에 어떤 일이 일어나는지 질문했습니다. 그 질문에 대해 예수께서 대답하신 내용이 마태복음 24장에 기록되어 있습니다. 마지막 때에 재난의 징조가 나타나리라고 말씀하십니다. 재난이 점점 심해져 강력한 거짓 선지자와 거짓 그리스도가 나타납니다. 많은 이들이 미혹당하고 고난당할 것입니다. 그리고 그 후에 '인자 같은 이'로 소개되는 예수께서 재림할 것이라 말씀하셨습니다. 거기서 재난이 극심해지는 지점이 15절입니다.

> 그러므로 너희가 선지자 다니엘이 말한 바 멸망의 가증한 것이 거룩한 곳에 선 것을 보거든 (읽는 자는 깨달을진저) 그때에 유대에 있는 자들은 산으로 도망할지어다 (마 24:15, 16).

그때 진정 포악한 존재가 등장하리라는 말씀입니다. 심지어 거룩한 성전 안에 우상을 세우는 악인입니다. 그 때문에 하나님 백성은 많이 고생할 것이며, 정말 힘든 시기를 보내리라고 알려 주고 있습니다. 그런데 이 왕은 아직 역사에 등장한 적 없는, '세상 끝에 올 왕'입니다. 즉, 다니엘이나 이스라엘 백성이 만나게 될 왕이 아니라, 오늘을 사는 우리가 만나게 될 왕입니다.

성도가 이 땅을 사는 것은 쉽지 않습니다. 어쩌면 우리는 그동안 너무 편하게 신앙생활해 왔는지도 모릅니다. 우리는 기독교를 잘 누렸습니다. 그런데 이제 상황이 달라졌지요. 어쩌면 이것이 일반적 상황일 수 있습니다. 성도와 교회 앞에 재난이 닥치고, 악한 왕이 기다리고 있는 겁니다. 이 강력한 적 앞에서 우리는 무엇을 생각해야 할까요?

본문에서 예고하는 그 왕을 보면 우리는 두려워질 수밖에 없습니다. 그는 늘 전쟁에서 이겼습니다. 엄청난 궁궐과 성을 쌓았습니다. 절대 무너지지 않을 것처럼 매우 강력해 보였습니다. 그런데 그런 그가 아주 허무하게 끝납니다. 어떻게요? 그의 결국을 설명하는 내용은 단 한 절도 차지하지 못합니다.

> 그가 장막 궁전을 바다와 영화롭고 거룩한 산 사이에 세울 것이나 그의 종말이 이르리니 도와줄 자가 없으리라(단 11:45).

"그의 종말이 이르리니 도와줄 자가 없으리라." 이것이 그 강력한 악인의 결국입니다. 그 강력한 악도 하나님의 손안에 있다는 것입니다. 당장 그 어떤 것과 싸워도 이길 것처럼 무시무시해 보였던 적그리스도가 온통 이 세상을 자기 마음대로 좌지우지하는 것 같았는데, 하나님이 정하신 시간이 되면 한순간 세력을 잃고 멸망한다는 것이지요. 그가 망할 때는 옆에 있던 그 많은 친구도 도와주지 않는다는 겁니다.

팬데믹 세상을 사는 우리의 선택

신학자 톰 라이트는 지난 4월, 미국이 코로나19 1차 팬데믹으로 셧다운되자 「하나님과 팬데믹」(비아토르 역간)이라는 책에서 다음과 같이 주장했습니다. 이 일(코로나19로 인한 팬데믹)이 일어난 이유를 알기 위해 "왜?"라고 질문하기보다는, 이러한 상황에서 지금 우리가 할 수 있고 해야 하는 '무엇'을 찾아야 한다는 것이었습니다. 우리는 이 모든 일이 왜 일어나는지 알 수 없습니다. 하나님께 늘 묻지만 잘 대답해 주시지 않습니다. 또 우리는 이 일의 경과가 어떻게 될지도 관심이 많지만 이 역시 하나님이 잘 알려 주지 않으십니다. 아무도 이 질병이 이렇게 오래갈 거라 생각하지 못했습니다. 금방 끝날 줄 알았던 질병이 1년 넘게 이어졌으며 도리어 더 심각해지고 있습니다. 우리는 당장 우리 눈앞에 펼쳐지는 현상의 원인을 잘 모르겠습니다.

그런데 성도는 이런 상황에서 어떻게 살아가야 할까요? 제가 찾은 성경의 대답은 이 상황이 어떻게 될지, 언제까지 이어질지 "모를 수도 있다"입니다. 그리고 또 다른 대답은, "그럼에도 이런 상황 속에서 성도답게 살아야 한다"입니다. 하나님의 교회인 우리는, 교회의 교회 됨을 이곳에서 지키며 이때를 믿음으로 견뎌야 하는 것입니다.

32-35절은 그 거대한 제국의 역사 속에서 하나님의 백성이 어떻게 살았는지 기록하고 있습니다.

> 그가 또 언약을 배반하고 악행하는 자를 속임수로 타락시킬 것
> 이나 오직 자기의 하나님을 아는 백성은 강하여 용맹을 떨치리
> 라 백성 중에 지혜로운 자들이 많은 사람을 가르칠 것이나 그들
> 이 칼날과 불꽃과 사로잡힘과 약탈을 당하여 여러 날 동안 몰락
> 하리라 그들이 몰락할 때에 도움을 조금 얻을 것이나 많은 사람
> 들이 속임수로 그들과 결합할 것이며 또 그들 중 지혜로운 자 몇
> 사람이 몰락하여 무리 중에서 연단을 받아 정결하게 되며 희게
> 되어 마지막 때까지 이르게 하리니 이는 아직 정한 기한이 남았
> 음이라(단 11:32-35).

그 거대한 왕들의 전쟁터 속에 "하나님을 아는 백성"이 있었습니다. 그들은 강하여 용맹을 떨쳤습니다. 그들은 지혜로웠고, 가르치기 어려운 상황 속에서도 많은 이들을 가르쳤습니다. 그러다 그들 가운데 일부는 칼날과 불꽃과 사로잡힘과 약탈을 당하고 여러 날 동안 몰락했습니다. 그들은 몰락에 몰락을 경험하면서도 연단을 받고 정결해졌습니다. 결국 그들은 희게 되어 마지막 때까지 살아 냈습니다.

거대한 왕들의 시대, 전쟁이 끊이지 않았던 시대, 하나님의 백성이 끊임없이 고통받던 그 시대 속에 "하나님을 아는 백성"이 있었습니다. 그들은 그 속에서 세상에 굴하지 않고 세상과 다른 방식으로 살면서 그들이 믿는 하나님을 전하며 살았습니다. 고난과 구체적인 박해를 당했습니다. 칼과 불에 죽고, 감옥에 갇히고, 재산을 빼앗기며, 몰락을 거듭하는 일을 겪었습니다. 그 상황에서 하나님의 백성

은 연단을 받아 더 깨끗해졌습니다. 이것이 그 어두운 세상 속에서 하나님 백성이 보여 준 삶의 모습입니다. 그들은 '왜?'라는 질문을 던지기보다는 '무엇'을 해야 하는지 물었고, 하나님이 주신 답에 반응하여 순종하는 삶, 연단받는 삶을 살아 냈던 것이지요. 이것이 성도가 '세상 속에서 사는 방법'입니다.

우리는 지금 팬데믹 세상을 살고 있습니다. 기독교를 반대하는 정서가 점점 짙어지고 있습니다. 기독교가 더 이상 주류가 될 수 없는 시대, 포스트크리스텐덤 시대에 들어섰습니다. 그래서 우리 앞에 놓여 있는 세상은 이전보다 더 신앙생활하기 어려운 세상일 가능성이 큽니다. 그런데 이런 일이 우리가 처음 겪는 일은 아닙니다. 이 길은 이미 수많은 믿음의 선배들이 걸었던 길입니다. '하나님을 아는 백성'은 몰락하고, 몰락하고, 몰락했습니다. 그런데 그래도 괜찮습니다. 이 몰락의 시간을 통해 우리는 정금으로 연단되고 있기 때문입니다. 우리 이 길을 함께 걸어가 봅시다. 하나님이 정하신 기간이 지금 다가오고 있습니다. 함께 이 길에서 연단받고 정결해지고 희게 되어 마지막 때에 우리 주님께 칭찬받을 수 있기를 축원합니다.

나눔과 적용

1 다니엘 11장에는 10장 1절에서 언급된 '큰 전쟁' 환상이 구체적으로 펼쳐집니다. 북방 왕과 남방 왕이라는 거대한 세력이 벌이는 끊임없는 전쟁에 대한 환상입니다. 본문을 정독하며 '큰 전쟁'의 내용을 정리해 봅시다.
   1-20절 : 프톨레마이오스 왕국 & 셀레우코스 왕조
   21-35절 : 안티오코스 에피파네스 4세

   '큰 전쟁' 환상 앞에서 다니엘과 남 유다는 자신들이 이 전쟁에 아무런 역할을 할 수 없는 무력감을 느꼈을 것입니다. 오늘날 우리 역시, 세상이 돌아가는 양상을 보며 비슷한 무력감을 느낍니다. '과연 나 혼자, 또 우리 몇몇이 신앙으로 사는 것이 무슨 의미가 있으며, 이 거대한 흐름에 어떤 영향을 끼칠 수 있는가'라는 생각에서 나오는 '무력감'입니다.

   ● 하나님이 세상에서 일어나는 거대한 전쟁의 환상을 보여 주시는 이유는 이 전쟁 가운데 여전히 일하고 계시는 하나님을 보여 주기 위함이었습니다(24, 27, 29, 35절 참조). '하나님이 세상의 큰 전쟁도 주관하신다'라는 진리가 오늘 우리에게 주는 교훈은 무엇입니까?

2 큰 전쟁의 끝에 아직 역사에 등장한 적 없는 '자기 마음대로 행하는 왕'(36-45절)이 등장합니다. 이 왕은 누구를 의미할까요?(마 24:8-15) 이 왕이 통치하게 될 때, 어떤 일들이 일어난다고 말하고 있습니까? 이 왕의 결국은 어떠합니까?(45절)

'자기 마음대로 행하는 자'는 하나님의 백성에게 극심한 고통을 안겨 줍니다. 하나님의 백성이 가장 귀하게 여기는 예배를 무시합니다. 강력한 힘으로 하나님 백성의 뿌리를 흔들고 있는 이 왕을 이후 예수님은 '마지막 때에 있을 적그리스도'라고 말씀하십니다. 가장 악한 자에 의한 극한 고통의 때가 있을 것에 대한 예고입니다.

● 적그리스도에 의한 고통의 때를 길게 설명하고 있습니다. 그러나 이 설명에서 이 왕의 결국은 "그의 종말이 이르리니 도와줄 자가 없으리라"(45절)로 끝납니다. 누구도 이기지 못할 만큼 강해 보이던 세상 왕의 허무한 종말입니다. 성도는 이 세상 왕과 이 왕에게 속한 것들이 하나님의 심판 앞에 이처럼 무너질 것을 믿습니다. 이 믿음을 지닌 우리는 지금 세상에서 힘 있어 보이는 것들을 어떻게 바라볼 수 있습니까?

3 하나님의 백성이 세상 왕들의 '큰 전쟁'의 틈새에서 고통당합니다. 끝까지 신앙을 지키지 못하고 배교하는 이가 많았습니다. 그런데 하나님의 백성 가운데 끝까지 믿음을 지켜 낸 이들이 있습니다. 그들을 부르는 호칭은 "자기의 하나님을 아는 백성"이었습니다(32절). 그들은 그 적대적인 세상에서 성도의 위대한 삶을 살았습니다(32-35절). 그들을 부르는 호칭에서 그들이 살아간 그 삶의 비밀을 유추해 봅시다.

● "자기의 하나님을 아는 백성"은 용맹합니다. 오늘 우리의 문제는 '자기의 하나님이 없다'는 것, '그 하나님을 알지(=사랑하지) 않는' 것일 수 있습니다. 하나님 알기(사랑하기)를 소망합시다. 그 하나님과의 관계에서 나오는 용맹함으로 세상 앞에 나아갑시다.

14장 ✸ 너는 별이 될 거란다
단 12:1-12

전도 왕이 받는 상?

다니엘서 후반부는 거의 설교되지 않는데, 유독 12장 3절은 설교 시간에 종종 인용됩니다.

> 지혜 있는 자는 궁창의 빛과 같이 빛날 것이요 많은 사람을 옳은 데로 돌아오게 한 자는 별과 같이 영원토록 빛나리라(단 12:3).

많은 설교자가, 그리고 성도 대부분이 이 구절을 주로 연말에 열리는 시상식 때 접하게 됩니다. 3절에 언급된 약속의 말씀을 '전도를 많이 한 사람에게 주는 상'으로 생각하기 때문입니다. 실제 설교자들이 전도를 강조할 때 이 본문을 사용하기도 합니다. 전도를 열심히 하면 하나님이 얼마나 기뻐하시는지, 하늘의 별처럼 영원히 빛나는 상을 주신다는 것입니다. 그래서인지 제가 어릴 적 해마다 연말 시상식 때 가장 많은 친구를 전도한 학생에게 주는 '전도 왕 상장'에도 이 다니엘 12장 3절 말씀이 새겨져 있었습니다.

우리는 성경을 읽을 때, 특히 감동적으로 느껴지는 구절을 찾았을 때, 그냥 그 한 구절만 읽어서는 안 됩니다. 성경을 잘못 읽는 경우가 대부분 전후 문맥과 상관없이 그 구절만 읽기 때문이며, 이단들도 주로 이런 방식으로 자신들이 원하는 대로 성경을 편집해 버리기 때문입니다. 특별히 설교하시는 분, 가르치시는 분은 결코 그렇게 성경을 읽고 가르쳐서는 안 됩니다. 우리는 이제까지 다니엘의 삶 전체를 살폈습니다. 그러면 질문을 하나 하겠습니다. 다니엘이 전도 상을 받을 만큼 전도를 했습니까? 분명 열세 상에 걸쳐 다니엘의 전 생애를 훑어보았지만 우리는 다니엘이 복음을 전하는 모습을 본 적이 없습니다. 그는 우리가 생각하는 전도 상을 받을 만큼 많은 사람을 회심시킨 전도자는 아닌 겁니다.

다니엘 12장은 다니엘의 생애 전체의 마지막 부분입니다. 다니엘은 평생 하나님 백성이라는 정체성을 띠고 세상에서 살았습니다. 수많은 위협과 유혹이 있었습니다. 다니엘은 그 모든 것을 뚫고 끝까지 성도의 정체성을 지켰습니다. 그런 다니엘에게 하나님이 친히 주실 복을 예고하십니다. 이 복이 우리가 이 땅에서 성도로 끝까지 살아 낼 때 받게 되는 복입니다. 다니엘만 받는 복이 아니라, 전도 왕이 받는 복이 아니라, 다니엘처럼 이 땅을 살아 낸 모든 하나님의 백성에게 주시는 복입니다. 과연 우리 하나님이 주기로 하신 이 복의 내용은 무엇일까요? 그리고 이 복을 받으리라고 믿으면 우리는 어디를 향하게 되는 걸까요?

가장 강력한 고난에 대한 경고

다니엘 12장은 이전 11장에 기록된 남방 왕과 북방 왕의 전쟁, 그 후에 나타난 악한 북방 왕, 그리고 그 왕 이후에 나타날 '자기 마음대로 행하는 왕'(단 11:36)의 결말을 알려 주며 시작합니다.

> 그때에 네 민족을 호위하는 큰 군주 미가엘이 일어날 것이요 또 환난이 있으리니 이는 개국 이래로 그때까지 없던 환난일 것이며 그때에 네 백성 중 책에 기록된 모든 자가 구원을 받을 것이라(단 12:1).

마지막 때의 정점에 '악한 존재'가 나타나고, 이때에 "개국 이래로 그때까지 없던 환난"이 일어납니다. 그 누구도 이전에 경험한 적 없는 고난의 시기입니다. 지난 장에서 언급한 것처럼 이것은 과거의 역사에서 이미 일어난 일이 아닙니다. 예수께서 마태복음 24장에서 말씀하신 그 '마지막 때'에 일어날 일을 예언한 말씀입니다. 성도의 신앙생활에서 가장 어두운 밤, 가장 추운 겨울과도 같기에 많은 성도마저 배교하게 될 그 마지막 박해의 때에 관한 예언입니다.

여기서, 우리는 오해하지 않도록 주의해야 합니다. 하나님이 성도에게 '고난의 때'를 예고하시는 이유는 이 예언을 듣는 성도들에게 두려움을 주기 위해서가 아닙니다. 당신의 백성을 사랑하시기 때문입니다. 우리가 구약의 다니엘서를 읽든, 신약의 요한계시록을 읽든, 우리 마음에 하나님이 베푸시는 은혜와 사랑과 구원은 보이지 않고, 온통 고통과 저주와 심판만 보인다면, 그래서 우리 마음이 두려움으로 위축되고 있다면, 그것은 성경을 잘못 읽었기 때문입니다. 하나님은 결코 그런 의도로 묵시를 주시지 않습니다. 하나님이 고난을 보여 주시는 유일한 이유는 이 고난을 사전에 준비시키기 위함입니다. 우리 마음이 준비되어, 우리 앞에 놓여 있는 이 박해의 시기를 잘 견딜 수 있도록 이런 환상을 주셨습니다.

그렇다면 다니엘서를 마무리하면서 하나님은 우리에게 이 깊은 어둠 속에서 살아남을 뿐 아니라 더 잘 살 수 있는 방법도 가르쳐 주셨을 것입니다. 과연 우리에게 필요한 것은 무엇일까요?

"어느 때까지입니까?"

우리 가운데 많은 분이 이 어둠의 때를 견디기 위해 필요한 것이 '어떤 지식'이라고 생각합니다. 여기서 말하는 지식은 '이 고통의 날들이 끝나는 시기'에 관한 내용입니다. 다니엘도 그 지식을 구했습니다. 마지막 환상이 끝났습니다. 환상을 보여 주고 설명하던 천사들이 떠나려 합니다. 그때 한 천사가 다니엘의 마음을 대변하기라도 하듯, 다니엘이 이전에도 몇 번 구했으나 답을 얻지 못했던 질문을 누군가에게 던집니다.

> 그중에 하나가 세마포 옷을 입은 자 곧 강물 위쪽에 있는 자에게 이르되 이 놀라운 일의 끝이 어느 때까지냐 하더라 (단 12:6).

강 양편에 천사가 한 명씩 있고, 강 위에 또 다른 영적 존재 "세마포 옷을 입은 자"가 있습니다. 천사들이 이 "세마포 옷을 입은 자"에게 질문하는 형식으로 미루어 보면, 그는 천사보다 높은 지위를 가진 존재입니다. 특이한 점은 그가 '세마포 옷'을 입고 있다는 묘사입니다. 세마포 옷은 일반적으로 제사장이 제사를 드릴 때 입었기 때문입니다. 그래서 우리는 이분을 유추할 수 있습니다. 천사보다 높은 자 가운데 제사장이 입는 옷을 입은 분, 이분은 우리의 대제사장이신 구약의 예수이십니다. 천사 중 하나가 그 "세마포 옷을 입은 자"에게 질문합니다. "이 놀라운 일의 끝이 어느 때까지입니까?" 그가 대답합니다.

> 반드시 한 때 두 때 반 때를 지나서 성도의 권세가 다 깨지기까지이니 그렇게 되면 이 모든 일이 다 끝나리라 (단 12:7).

"세마포 옷을 입은 자"는 수수께끼 같은 말을 남깁니다. "한 때 두 때 반 때"를 지나 성도의 권세가 완전히 깨진 후에, 그때 모든 일이 다 끝난다는 말이 도대체 무슨 의미일까요? 다니엘은 환상들을 보면서 "어느 때까지입니까?"라는 질문을 계속 던지고 있는데, 이는 다니엘의 처지에서는 매우 당연합니다. 그는 지금 자기 민족이 어려움을 당하는 현실을 마주하고 있습니다. 그는 자기 민족을 사랑했습니다. 그리고 자신의 민족은 하나님의 약속 안에 있는 언약 자손입니다. "하나님 나라는 이 민족을 통해 이 땅에 임한다"는 언약 사상이 그의 마음에 늘 자리하고 있었습니다. 그래서 그는 어떻게든 이 민족과 여호와 신앙이 회복되는 모습을 꿈꿨습니다.

그래서 바벨론 속에서 성도의 정체성을 지키려고 평생을 외줄 타는 심성으로 긴장하며 살았습니다. 털어도 먼지 하나 나지 않는 삶은, 대충 빚어 낼 수 없습니다. 그는 그런 삶을 살았습니다. 그것이 '세상을 사는 참성도의 삶'이기 때문입니다. 그의 삶은 하루하루 순교하는 삶이었습니다. 그런 삶을 살았던 다니엘의 마음에서 떠나지 않는 질문이 하나 있었습니다. "도대체 우리는 언제까지 이렇게 살아야 하느냐?"입니다. 여호와께서 왕이 되어 통치하시는 하나님 나라가 이 땅에 임하는 시기가 궁금했습니다.

때에 대해 묻지 말고, 주어진 삶을 살라

그는 지금 아흔 살을 바라보고 있습니다. 고대인들의 평균 수명을 고려하면 그는 다른 사람들의 거의 두 배를 살았습니다. 그런 그가 간절히 또 반복해 묻습니다. "도대체 우리는 언제까지 이 고통의 시간을 살아야 합니까?", "언제 당신의 나라가 임합니까?" 이에 대해 "세마포 옷을 입은 자"는 다음과 같이 답변합니다.

> 매일 드리는 제사를 폐하며 멸망하게 할 가증한 것을 세울 때부터 천이백구십 일을 지낼 것이요 기다려서 천삼백삼십오 일까지 이르는 그 사람은 복이 있으리라 (단 12:11, 12).

"천이백구십 일", "천삼백삼십오 일"은 무엇을 의미하는 기간일까요? 우리가 풀어내야 할 암호 같아 보입니다. 만약 이것이 암호라면 이것을 풀 힌트가 어딘가 있을 것입니다. 그러나 어디에도 힌트가 없습니다. 다니엘서나 구약의 많은 숫자가 그러하듯 이 숫자 역시 무언가를 상징하고 있지만 이 숫자 자체가 구체적 날짜를 의미하는 것 같지 않습니다. 그렇다면 왜 이렇게 아무런 힌트 없이, 숫자만 들려준 걸까요? "네가 물었듯, 모든 것이 끝나는 날은 분명 온다. 하지만 나는 그날이 언제인지 너에게 알려 주지 않겠다"라는 의미입니다. 대화는 이렇게 끝납니다. "다니엘아 갈지어다"(9절).

하나님은 다니엘에게 "그 때와 시기에 관하여 가르쳐 주지 않겠다"고 결정하셨습니다. 그것은 그가 알아야 할 영역이 아니라는 것이지요. 그는 그것을 궁금해하겠지만, 그분은 그것을 알려 줄 마음이 없으시다는 것입니다. 그리고 곧이어 "가라"고 말씀하십니다. 어디로 가라는 걸까요? 그가 발을 딛고 있는 세상입니다. 다니엘에게 환상에서 벗어나 다시 세상 속에서 그에게 주어진, 또 그가 살아 내야 하는 성도의 삶을 살라고 말씀하신 것입니다. 다 끝난 것 같지만, 아직 끝나지 않은 이 바벨론에서, 자신에게 얼마 남지 않은 시간을 더 적극적으로 보내야 한다는 명령입니다.

우리도 자주 그 때와 시기를 묻고 싶은 마음이 듭니다. 도대체 이 어려움이 언제 끝나는지 알고 싶습니다. 언제쯤 우리가 생각하는 그런 평안한 삶을 살 수 있을지 관심이 많습니다. 그래서 "우리는 종말의 시간표를 알고 있다"고 미혹하는 이단들의 주장에 마음을 빼앗기기 쉬운 겁니다. 요한계시록에 나오는 숫자와 다니엘서에 기록된 숫자 들을 다 계산했고, 그 결과 하나님이 정하신 마지막 때를 정확히 안다고 주장하는 이들이 지금도 있습니다. 모두 이단입니다. 하나님은 그 시기를 말씀하지 않기로 작정하셨기 때문입니다. 그저 그분의 명령은 하나입니다. "그 시기를 계산하지 말고, 그 시기가 오기까지 너는 네가 해야 할 그 일을 해라! 세상 속에서 성도로 살아라!"

우리는 예배 안에서 환상을 경험합니다. 우리는 우리의 개인 찬미 시간을 통해, 말씀을 묵상하고 기도하는 시간을 통해, 또 소모임으로 함께 예배하고 나누는 시간을 통해 이 세상에서 볼 수 없는, 하나님이 주시는 환상을 볼 때가 있습니다. 그러나 우리는 그 위대한 환상 속에 영원토록 머물 수 없습니다. 하나님은 우리가 그 아름다운 환상 속에만 머물러 살기를 원하지 않으시기 때문입니다. 그래서 하나님의 백성이 하나님이 보여 주신 환상을 경험하며 힘을 얻고 꿈을 꾸게 되면, 역설적으로 환상 밖 세상으로 내몰아 버리십니다. 그 환상을 품고 '세상 속에서', '지금'을 살아 내라고 말씀하십니다. 세상과 너무 달라 세상이 놀라는 그런 성도의 아름다운 일상, 그것이 이때를 살아가는 우리를 향한 '하나님의 명령'입니다.

성도가 받을 상 1_ 부활

고통의 때를 지나는 우리에게 필요한 것은 하나님이 우리를 위해 준비하신 '상'을 소망하는 마음입니다. 하나님이 우리를 위해 준비하신 상이 있습니다. 첫째는 '부활의 상'이고, 둘째는 그분께 받는 '인정의 상'입니다. 우리가 이 두 가지 상을 기억하고 소망한다면, 우리는 성도로서 이 고통의 때를 잘 견뎌 낼 수 있습니다.

 언제 끝날지 모르는 어둠의 시기를 보내는 우리는, 세상 속에서 '세상과 다른 성도의 특별한 삶'을 지금 살아 내라는 명령을 받았습니다. 그런데 우리가 성도답게 살려고 하면 많은 방해에 맞닥뜨리게 됩니다. 과연 무엇을 힘입어야 우리는 그 길을 끝까지 가게 될까요? 그래서 다니엘 12장 2, 3절에서는 끝까지 성도의 삶을 산 하나님의 백성에게 주시는 '하나님의 상'에 대해 말씀합니다.

우리 가운데 "교회를 다니기만 하면 원하는 모든 게 다 잘될 거야!"와 같은 전도 메시지에 이끌려 교회를 다니기 시작하신 분들이 있을 것입니다. 이렇게 전도하는 분들은 주로 신명기 28장을 인용합니다. 여기 등장하는 수많은 종류의 복을 열거하며, "예수를 믿으면 이러한 복을 받는다"고 말합니다. "들어가도 복을 받고, 나가도 복을 받을 것이니라." 복의 향연입니다. 한국인이 가장 좋아하는 단어인 '복'으로 머리부터 발끝까지 흠뻑 적시는 것입니다. 우리는 이 성경 구절과, 이 성경 구절을 인용하면서 넘치도록 축복하는 기도를 태생적으로 좋아합니다. 그런데 문제가 있습니다. 이런 가르침이 성경 전체의 맥락에 맞는지, 또 신실한 성도의 삶에서 일어나는 일들과 일치하는지 여부입니다.

정말 하나님의 율법을 모두 지키면, 신명기 28장에 나오는 '눈에 보이는 복'을 모두 받는 건가요? 하나님 말씀을 잘 듣고 그대로 행하면, 모든 복이 임해 성읍에서도 복을 받고 들에서도 복을 받고 자녀와 토지와 소산과 짐승의 새끼와 소와 양의 새끼가 복을 받고, 광주리와 떡 반죽 그릇이 복을 받고, 들어가도 나가도 복을 받는 걸까요? 그런데 분명, 그렇지 않은 날들도 있고, 그렇지 않은 성도들도 있지 않습니까? 다니엘의 세 친구는 풀무 불 가운데서 살아 나왔습니다. 그러나 많은 성도가 그 불 가운데서 타 죽었습니다. 다니엘은 사자 굴에서 살아 나왔습니다. 그러나 이후 수많은 성도가 짐승들에게 찢겨 죽었습니다. 한쪽은 믿음이 강하고 다른 한쪽은 믿음이 약해서일까요? 그렇지 않습니다. 하나님이 우리에게 주시는 복은 이 땅에서 누리는 것들만이 아니기 때문입니다.

> 땅의 티끌 가운데에서 자는 자 중에서 많은 사람이 깨어나 영생을 받는 자도 있겠고 수치를 당하여서 영원히 부끄러움을 당할 자도 있을 것이며(단 12:2).

하나님이 참된 성도를 위해 준비하신 첫 번째 상은 부활입니다. 예수를 믿게 된 이가 받게 되는 가장 중요한 상은 '눈에 보이는 것'이 아닙니다. 물론 눈에 보이는 복도 있고, 그런 복을 상으로 받는 분도 있습니다. 그러나 그것이 가장 중요한 복도, 하나님이 주겠다고 약속하신 상도 아닙니다. 하나님이 성도에게 주겠다고 약속하신 상은 바로 '내생의 복'입니다. 더욱 정확하게 말하면 '영원한 생명의 부활'입니다.

이미 죽은 성도들 가운데 많은 성도가 깨어나 영생하는 부활을 경험할 것이고, 반대로 영원히 부끄러움과 심판을 당하는 부활을 겪는 사람들도 있을 것입니다. 다니엘 12장은 구약 전체에서 부활에 관하여 가장 선명하게 선포하는 곳입니다. 눈에 보이는 이 세상이 우리 생의 전부라면, 우리는 이 땅에서 믿음에 대한 보상을 받아 내야 합니다. 만약 그 상을 받지 못하면 엄청난 손해를 보는 것이나 다름없습니다. 그런데 이 땅이, 이 세상이, 이생이 전부가 아닙니다. 부활에 관하여 가장 잘 정리하고 있는 고린도전서 15장은 이 부활이 우리 삶에서 얼마나 중요한지 정확히 지적하고 있습니다. 19절 한 절만 보겠습니다.

> 만일 그리스도 안에서 우리가 바라는 것이 다만 이 세상의 삶뿐이면 모든 사람 가운데 우리가 더욱 불쌍한 자이리라(고전 15:19).

그리스도를 믿는 성도가 원하는 것이 이 세상의 '눈에 보이는 것뿐'이라면 그는 세상에서 가장 불쌍한 사람입니다. 왜 그렇습니까? 자신이 원하는 것을 받지 못할 것이기 때문입니다. 신앙생활하면서 눈에 보이는 보상이 전부라고 생각하며 헌신했는데 그 보상이 돌아오지 않으면 어떻게 됩니까? 하나님께 화를 내게 됩니다. 괜히 예수 믿었다, 예수 믿고 손해만 봤다고 생각합니다. 사실 제대로 예수를 믿은 적도 없습니다. 그럴 거면 차라리 예수 믿지 않고 마음대로 살면서, 이 땅에서 해보고 싶은 것은 모두 하는 세상 사람들의 삶이 더 낫습니다. 그래서 이 세상을 바라보며 예수를 따랐던 사람은 가장 불쌍한 사람이 됩니다. 그렇다면 우리는 무엇을 바라봐야 하는 걸까요? 이 세상의 삶 너머에 있는 '또 다른 세상의 삶'을 바라봐야 한다는 것입니다. 이것을 내생이라는 말로 표현하기도 하는데, 성경은 이것을 '부활'로 설명하고 있습니다.

이 땅에서 주님을 위해 살면, 하나님의 말씀을 좇아 살면 반드시 복을 받습니다. 이생에서 복을 받을 수 있습니다. 또한, 이생에서 복을 받지 못할 수도 있습니다. 그러나 결국 참된 성도는 반드시 복을 받습니다. 왜 그렇습니까? 내생이 있기 때문입니다. 부활하여 영원한 생명을 누리기 때문입니다. 그 영원한 부활 이후 누리게 되는 생명은 이전과는 전혀 다른 생명입니다. 그래서 우리는 이미 복을 받은 사람입니다. 하나님이 믿는 자에게 이 복을 주셨습니다.

다니엘에 대한 하나님의 평가_ "지혜 있는 자"

부활은 엄청나게 중요한 복입니다. 그런데 하나님이 다니엘에게 약속하시는 상이 하나 더 있습니다. 저는 두 번째 상을 다루기 전, 먼저 하나님이 다니엘을 부르실 때 사용하는 호칭을 살펴보겠습니다. 하나님은 다니엘을 "지혜 있는 자"로 부르시는데, 이것이 우리에게 중요한 교훈을 주기 때문입니다.

> 지혜 있는 자는 궁창의 빛과 같이 빛날 것이요 많은 사람을 옳은 데로 돌아오게 한 자는 별과 같이 영원토록 빛나리라(단 12:3).

히브리 시에서 주로 사용하는 평행법으로, 비슷한 말을 반복해 축복을 강조하고 있습니다. "지혜 있는 자"는 곧 "많은 사람을 옳은 데로 돌아오게 한 자"입니다. 궁창은 하늘을 의미하는 말이고, "궁창의 빛과 같이 빛날 것이요"라는 말은 "별과 같이 영원토록 빛나리라"와 같은 말입니다. 누구를 향한 말입니까? 일차적으로는 다니엘을 향한 축복입니다. 동시에, 당시 바벨론의 압제하에서 신앙의 정체성을 지키고 있던 유대인 포로들을 향한 말씀이기도 합니다. 더 나아가 이 말은 오늘 하나님 백성으로 살기 어려운 세상 속에서 하나님 백성으로서 정체성을 지키며 살기 위해 분투하고 있는 우리를 향한 메시지이기도 합니다.

하나님은 다니엘을 '지혜로운 사람'이라고 부르고 있습니다. 그는 그 지혜 때문에 '많은 사람'을 옳은 데로 돌아오게 했습니다. 다니엘은 끝까지 미분된 순교의 삶을 살았습니다. 이 세상에서 많은 것을 가지고 누릴 수 있었지만, 그것들을 챙기는 데 자신의 인생을 허비하지 않았습니다. 그는 하나님의 약속이 성취되기를 바라며 그것에 자신의 인생을 사용했습니다. 그는 기도하는 사람이었고 하나님의 계시를 드러내고 전하는 자였습니다. 총리가 되어 큰 권력을 쥐기도 했지만 다른 권력자들과 달리 자신의 안녕을 위해 그 권력을 사용하지 않습니다. 그는 바보스러울 만큼 신실하게 이 땅을 살았습니다. 왜 그럴까요? '지혜로운 사람'이었기 때문입니다.

우리는 때로 이 땅을 살아가며 하나님을 섬기는 것이, 뭔가 엄청난 희생을 치르고 손해를 보는 일이라고 생각될 때가 있습니다. 하나님을 위해 내가 이것도, 저것도 포기했다는 생각이 드는 것입니다. 그런데 정말 우리가 손해를 보았습니까? 정말 그게 희생이었나요? 담임 목사가 되어 교회 안에 더 깊이 들어와 섬기는 시간이 길어지면서, 저는 '교회가 어떻게 세워지는지' 더 정확히 알게 되었습니다. 교회는 똑똑한 사람들로 세워지거나 부유한 사람들에 의해 지켜지는 것이 아니었습니다. 교회는 힘 있는 사람들 덕분에 움직이지도 않습니다. 교회는 우직하게 섬기는 사람, 신실하게 사랑하는 사람 들로 이루어졌습니다.

교회 안에는 수많은 섬김이 있습니다. 얼마 전 한 집사님이 찾아오셔서 잠깐 저를 만나고 싶다고 하셨습니다. 지난 3년간, 자원하는 마음으로 매일 3시간씩 예배당 건물을 청소해 주셨던 다른 교회 안수집사님이었습니다. 올해 하반기에 들어서면서 체력이 많이 떨어지고, 혈압이 높아져 많은 체력이 필요한 예배당 청소를 더 이상 섬길 수 없을 것 같다고 말씀하셨습니다. 아무런 대가도 받지 않으시고, 3년간 거의 매일 교회 앞마당을 쓸고 닦으셨습니다. "하나님 앞에 평생 충성하고 싶었는데, 주님의 집에서 마당쇠로 살고 싶었는데, 그러지 못해 너무 죄송합니다"라는 말씀을 하시면서 그 집사님이 울먹이셨습니다. 교회는 그분에게 해드린 게 아무것도 없습니다. 그분이 스스로 시간을 쓰고 건강을 쏟고 청소 도구까지 구입해 청소하셨습니다. 처음 2년 동안은 자신의 이름도, 전화번호도 알려주지 않으셨습니다. 그런데 그렇게 신실하게 3년이나 섬기다 건강에 문제가 생겨 이 일을 내려놓으며 하시는 말씀이 "더 열심히 더 오래 끝까지 섬기지 못해서 죄송합니다"였습니다.

그 외에도 수많은 사랑과 섬김의 손길이 있었습니다. 예수를 믿지 않는다면 결코 베풀지 않을 사랑과 섬김을 성도들은 매번 감당해 주셨습니다. 많은 분의 수고와 넉넉한 사랑 덕분에 이 어려운 시대에도 여기까지 올 수 있었습니다. 저는 그렇게 섬겨 주신 성도들을 향해 늘 미안한 마음을 품고 감사하다고 인사해 왔습니다. 그런데 이제 그렇게 인사하지 않으려고 합니다. 저는 더 이상 미안해하지 않겠습니다. 왜냐고요? 찬찬히 생각하니, 그 사랑과 섬김을 자원하여 감당하신 분들은 이미 이 세상에서 가장 좋은 것을 선택하셨기 때문입니다.

사랑과 섬김의 자리에서 수고하신 성도들은 지혜로운 분들이었습니다. 무엇이 자신에게 가장 유익한지 정확히 알고 있는 분들이었습니다. 이생뿐 아니라 내생에서까지 복을 받는 방법이 무엇인지 완전히 꿰고 있으셨습니다. 심지어 그분들은 지나치게 이기적이기까지 합니다. 자신에게 가장 유익이 되는 그 일을 그리도 열심히 하셨기 때문입니다. 이제 저는 그분들께 미안한 마음을 품고, "감사합니다"라고 인사드리지 않습니다. 그분들은 무엇 하나 손해 본 것이 없기 때문입니다. 가장 좋은 것을 선택하신 분을 부러워해야지, 미안해하는 것은 온당하지 않기 때문입니다. 그분들은 정말 지혜로우십니다. 그래서 그분들을 이렇게 불러야 하는 것 같습니다. "여러분은 정말 제대로 이기적인 분들입니다. 그리고 그렇게 이기적으로 최선을 다해, 믿음으로 살아 내 주셔서 감사합니다."

성도가 받을 상 2_ 별이 되다

첫 번째 상이 '영원한 생명의 부활'이라면, 두 번째 상은 '하나님께 받는 인정'입니다. 다니엘서에 나오는 표현으로는 '별이 되는 것'입니다. 첫 번째 상이 보편적인 상이라면 두 번째 상은 개인적인 상입니다. 우리는 하나님이 다니엘을 향해 빛나는 존재, 별과 같은 존재가 되리라고 표현하신 내용이 정확히 와닿지 않습니다. 빛나고 영원한 것이니 마냥 좋은 거겠지, 막연히 생각할 뿐입니다. 그런데 다니엘은 '별이 된다'라는 의미를 정확히 알았습니다. 그것은 하나님이 '다니엘이 바벨론에서 살았던 삶 전체를 인정하신다'는 말씀이었습니다.

> 지혜 있는 자는 궁창의 빛과 같이 빛날 것이요 많은 사람을 옳은 데로 돌아오게 한 자는 별과 같이 영원토록 빛나리라 (단 12:3).

"너는 별처럼 영원토록 빛나게 될 거야." 무슨 축복이 이럴까요? "너는 잘 먹고 잘살게 될 거야", "너는 필요한 것들을 넉넉히 공급받을 거야", "너는 유명해질 거야"라고 말씀하시지 않고, 왜 갑자기 다니엘을 별로 만들어 주겠다고 하실까요? 주석에는 이 구절에 대한 해석이 없습니다. 그래서 혼자 이 말씀을 묵상했습니다. 많이 생각하고 오래 고민하고 여러 번 읽었습니다. 그리고 다니엘의 처지가 되어 하나님의 이 약속이 무얼 의미하는지 묻고 또 물었습니다.

다니엘의 삶은 캄캄한 어둠 속에서 시작했습니다. 청소년기에 바벨론 포로로 끌려왔습니다. 하나님을 믿지 않는 세상, 그것도 왕궁 한복판에서 살아야 했습니다. 그는 그 세상을 떠날 수 없었고, 그 세상에 먹힐 수도 없었습니다. 그는 그 세상 속에서 하나님 백성이 살아야 하는 방식을 찾아내야 했습니다. 그는 세상 속에 있지만 세상과 선을 그었습니다. 세상을 섬기는 일을 했지만, 세상이 '하나님을 섬기지 말라'고 압박하자 저항했습니다. 세속의 힘을 가진 권력자였지만, 그 힘으로 일한 것이 아니라 기도라는 방식으로 하나님이 일하시게 했습니다. 그는 평생을 그렇게 살았습니다.

그렇듯 캄캄한 어둠 속에서, 치열하게 영적 전투를 치르며 살았던 다니엘에게 위로가 되는 것이 하나 있었습니다. 캄캄한 어둠이 덮인 하늘에서 '빛나는 별'이었습니다. 당시 바벨론의 박수가 하는 일 중 하나는 하늘의 별을 관측하는 것이었습니다. 다니엘은 박수들의 전체 관리자였습니다. 아마 다니엘은 자주 하늘의 별을 올려다보았을 것입니다. 그토록 어두운 하늘에서 빛을 잃지 않고 빛나는 별을 볼 때마다, 그는 알 수 없는 힘과 위로를 경험했습니다. '저 별이 어둠 속에서도 저렇게 자신의 자리에서 빛나고 있다면, 나도 저 별처럼 살아야겠다, 내가 있어야 할 자리에 내가 있어야 할 모습으로, 아무리 힘들고 어려워도 저 별처럼 견디며 저렇게 살아야겠다', 다짐했던 것이지요.

하나님은 다니엘을 알아도 너무 잘 아셨습니다. 평생 주를 위해 살았던 다니엘이 마음에 품고 있었던 이미지가 무엇인지 정확히 아셨습니다. 그래서 다니엘의 사명이 끝나는 시간, 이렇게 다니엘이 평생 품었던 '별 이야기'를 하신 겁니다. 다니엘의 귀에 하나님의 말씀은 이렇게 들렸을 것입니다.

"다니엘아, 너는 하늘에 있는 별을 보면서 많은 힘을 얻었지? 다니엘아, 이제 이 땅에서 너의 시간이 얼마 남지 않았구나. 이제야 나도 이야기하는데, 나는 너를 저 하늘의 별로 만들 생각이다. 네가 하늘에 있는 별에서 힘을 얻었던 것처럼, 네가 살아 낸 삶은 이미 이 어두운 시대를 비추는 별이었단다. 이제 나는 너를 별이 되게 하여, 이 짙은 어둠 속을 걸어야 하는 네 후손들, 너와 같은 믿음을 고백하는 이들의 길을 밝히는 빛이 되게 할 거란다." 이것이 다니엘이 받은 두 번째 상, 자신의 인생을 향한 하나님의 인정이었습니다.

별이 된 그대를 보며, 우리도

다니엘은 그렇게 별이 되었습니다. 그는 포로 된 유대인들의 별이었고, 고통 가운데 있던 하나님 백성의 별이 되었고, 오늘 또 다른 종류의 어둠 가운데 힘들어 하는 우리에게 별이 되어 주었습니다. 인생의 마지막 순간에 하나님이 친히 내 인생을 인정해 주신다면 얼마나 좋을까요? 또 하나님이 우리의 인생을 거기서 끝내지 않으시고 영원한 나라로 인도해 주시면 얼마나 좋을까요? 참된 성도는 하나님이 참성도를 위해 약속하신 그 놀라운 상을 바라보며 이 땅을 달려야 합니다. 세상을 사는 하나님 백성으로서 치열한 삶을 살았던 다니엘을 보고 즐거워하셨던 하나님, 그 하나님이 준비하신 놀라운 상을 받고 있는 다니엘, 이 둘의 이야기를 보던 저도 비슷한 소망을 품게 되었습니다. 말씀을 준비하다 쓰게 된 자작시입니다.

나도 별이 될 거야

조영민

캄캄한 밤이 무서워질 때,
난 고개를 들어 하늘을 봐
그 하늘에는 수많은 별이 있지
그 별들은 내가 사랑하는 이들이었어

그래서 난 다시 다짐해
나도 별이 될 거야
별이 되어 영원토록 빛나며
내가 사랑하는 이들의 길을 비춰 줄 거야

다니엘의 신실함을 보시고 그를 별로 삼아 주신 주님이 오늘 그 다니엘이라는 별로 우리를 인도하셨습니다. 이제 그 별의 인도로 예수를 만나게 된 우리도 별이 되어 누군가를 '옳은 데'로 인도할 수 있기 원합니다. 우리가 사랑하는 우리 주님 곁, 영원한 생명인 부활을 얻고 창조주께 인정받는 그 자리로 많은 이들을 인도할 수 있기를 간절히 소원합니다.

나눔과 적용

1 다니엘서를 마무리하는 12장입니다. 마지막 환상이 끝나고 있음에도, 포기하지 않고 하나님께 '구원의 시기'를 반복해 묻고 있습니다(6, 8절). 하나님은 반복되는 이 질문에 답하지 않으십니다(7, 11, 12절). 그저 다니엘에게, 이 예언의 말씀을 잘 보존하고 전수할 것을 명령하십니다(9절). 이 대화를 통해 알게 되는 교훈은 무엇일까요?

다니엘은 '회복의 때가 언제냐?'는 질문을 반복했습니다. 다니엘과 남 유다 입장에서 가장 궁금한 것이기 때문입니다. 그러나 하나님은 '이 때'에 관하여 알려 주기를 거부하셨습니다. '때를 아는 것'이 하나님 백성에 아무 유익이 없기 때문입니다. 하나님은 대신 이런 상황을 사는 성도가 오늘 순종해야 할 것이 무엇인지 명령하십니다.

● 오늘날, 시한부 종말론을 믿는 이들 가운데 다니엘서의 비밀을 풀어 종말의 시간표를 밝혀냈다는 이들이 있습니다. 하나님이 알려 주지 않겠다고 말씀하신 것을 '내가 찾아냈다'고 하는 이는 신실한 하나님의 종일 수 없습니다. 우리는 종말의 시간을 모릅니다. 그저 우리에게 주어진 오늘을 주님이 주신 명령에 순종하며 사는 것입니다. 오늘 나/우리에게 주신 주님의 명령은 무엇입니까? 어떻게 순종하겠습니까?

2 '세상을 사는 그리스도인'의 본으로 끝까지 하나님 나라 백성의 정체성을 잃지 않고 완주한 다니엘에게, 하나님은 하나님 백성의 구원이 어떻게 성취될지를 보여 주셨습니다(1, 2절). 그리고 다니엘을 포함해서 그런 하나님 백성의 회복을 위해 이 땅에서 수고한 하나님의 사람들에

게 주실 상에 관하여 들려줍니다(3절). 평생을 주와 주의 백성을 위해 살아간 다니엘에게 주신 이 상에 대한 약속은, 오늘을 사는 우리 모든 성도에게도 동일하게 주어진 약속입니다. 이 약속은 다니엘에게, 또 우리에게 어떤 의미가 있을까요?

하나님 백성의 구원을 위해 수고한 이들에게 주신 상의 내용은 "지혜 있는 자는 궁창의 빛과 같이 빛날 것이요 많은 사람을 옳은 데로 돌아오게 한 자는 별과 같이 영원토록 빛나리라"(3절)입니다. "다니엘, 너는 하늘의 빛과 같이 빛날 것이다. 많은 이를 옳은 데로 돌아오게 한 다니엘, 너는 별과 같이 영원토록 빛나게 될 거란다." 평생 어두운 하늘에 떠 있는 별을 보며 그 어둠을 궁극적으로 밝힐 별을 기다린 다니엘, 그 다니엘의 삶 전체를 아시는 하나님이 주겠다는 특별한 상입니다. 다니엘을 아시는 하나님이, 다니엘이 가장 소망하는 것으로 그에게 상 주시는 장면입니다. 다니엘과 포로 된 이스라엘이 이 이야기를 들었을 때, 그들의 마음은 어떠했을까요?

- '세상을 살되, 선을 긋는 성도의 삶'을 살기는 결코 쉽지 않습니다. 상황은 점점 어려워질 수 있습니다. 그러나 우리 주님은 우리의 삶을 보고 계십니다. 그분은 우리를 위해 무엇을 준비하고 계십니까?(딤 4:7, 8 참조)

- 성도의 삶은 의무와 책임에 끌려가는 삶이 아니라, 가장 좋은 것을 얻기 위해 기쁨으로 자원하여 달려가는 삶입니다. 우리에게는 이렇게 우리로 하여금 달려가게 만드는 소망이 있습니까? 이 소망이 있다면 이제 우리의 삶은 어떠해야 할까요? 자유롭게 나눠 봅시다.

나가며 ✦ 당신이 별이 되길 원한다면

그가 별이 되어 가리킨 분

우리는 이제까지 다니엘서를 통해 많은 말씀을 나눴습니다. 그런데 그 많은 내용을 압축하면 무슨 내용이 남을까요? 다니엘이 평생을 통해 많은 사람을 '인도한 자리'가 어디인지 살펴보겠습니다. 하나님이 다니엘의 인생을 기뻐하셨고 다니엘은 별이 되었습니다. 하나님이 다니엘을 그렇게나 좋아하셨던 이유는 무엇일까요?

> 지혜 있는 자는 궁창의 빛과 같이 빛날 것이요 많은 사람을 옳은 데로 돌아오게 한 자는 별과 같이 영원토록 빛나리라(단 12:3).

그가 별이 된 이유는 한 가지, "많은 사람을 옳은 데로 돌아오게" 했기 때문입니다. 하나님이 말씀하시는 그 "옳은 데"는 어디일까요? 여기서 언급한 "옳은 데"를 '바르고 정직한 삶'과 같은 도덕적인 개념이나 '율법의 조항을 지키는 것' 같은 종교적 개념으로 받아들이면 안 됩니다. 물론 다니엘은 그 두 가지 영역에서도 흠잡을 데가 없었습니다. 그러나 다니엘이 그것 때문에 이런 칭찬을 듣는 것은 아닙니다. 결론부터 말하자면, 하나님이 다니엘을 칭찬하시며 말씀하신 그 "옳은 데"는 우리가 믿고 사랑하고 섬기며 의지하는 예수 그리스도입니다. 예수께서는 신약 시대에만 계시지 않았습니다. 구약 시대에도 계셨습니다. 우리가 살펴봤던 다니엘서에는 모두 일곱 번, 예수께서 다른 모습으로 소개되고 있습니다.

첫째, 사람이 손대지 않은 돌(단 2:34, 35, 45)

다니엘 2장에는 느부갓네살 왕이 처음으로 꾼 꿈의 내용이 나옵니다. 네 가지 재료인 금, 은, 놋, 쇠로 만들어진 우상이 있습니다. 이 우상의 각 재료는 이후 나타날 제국들을 상징했습니다. 그런데 이 신상이 한순간, 작고 약해 보이는 돌 하나에 무너집니다.

> 또 왕이 보신즉 손대지 아니한 돌이 나와서 신상의 쇠와 진흙의 발을 쳐서 부서뜨리매 그때에 쇠와 진흙과 놋과 은과 금이 다

부서져 여름 타작마당의 겨같이 되어 바람에 불려 간 곳이 없었고 우상을 친 돌은 태산을 이루어 온 세계에 가득하였나이다(단 2:34, 35).

'손대지 않았다'는 것은 사람이 인위적으로 만들거나 가공하거나 움직이지 않았다는 말입니다. 신적 존재에 의해 움직였다는 뜻이지요. 그런데 그 돌이 제국을 상징하는 거대한 신상을 박살내 버립니다. 심지어 그 우상을 쳤던 돌이 어느 순간 태산이 되어 온 세계를 가득 채웁니다.

다니엘서에 나오는 예수께서는 첫째로, 온 세상을 이기시는 분입니다. 그 돌은 강력하여 모든 제국을 허물 능력이 있습니다. 그 돌이 세상 모든 권세를 허물고, 자신의 나라를 세울 것입니다. 처음에는 작은 돌 하나인 것 같았습니다. 그러나 한순간 커져 태산이 되어 온 세계를 덮었습니다. 예수께서는 건축자가 버린 돌이십니다. 친히 모퉁잇돌이 되셨습니다. 그 돌 위에 주님의 교회가 세워지고, 하나님 나라가 세워져 온 세상의 나라를 이기십니다.

예수는 누구에게도 조종받지 않는 분입니다. 그분은 하나님의 계획과 뜻을 위해 움직이십니다. 때로 그분은 약하고 초라해 보이기도 합니다. 그러나 그분이 뜻하시면 이 강력해 보이는 세상을 한순간에 무너뜨리십니다. 이 살아 있는 돌이 바로 예수이십니다. 이 예수께서 우리와 함께하십니다. 우리 모두 이 예수를 붙들며 살아가길 바랍니다.

둘째, 다니엘의 세 친구와 불 가운데 머무시던 분(단 3:25)

다니엘 3장에는 다니엘의 세 친구가 느부갓네살 왕이 만든 금 신상에 절하지 않아 풀무 불에 던져지는 장면이 나옵니다. 세 친구는 의연히 "그렇게 하지 아니하실지라도 왕이여 우리가 왕의 신들을 섬기지도 아니하고 왕이 세우신 금 신상에게 절하지도 아니할 줄을 아옵소서"(단 3:18)라고 자신의 믿음을 고백합니다. 그 결과 다니엘의 세 친구는 일곱 배나 뜨겁게 달군 용광로에 던져졌고, 기적이 일어납니다. 세 친구는 불꽃에 전혀 상하지 않았습니다. 왕이 놀라 외칩니다.

> 왕이 또 말하여 이르되 내가 보니 결박되지 아니한 네 사람이 불 가운데로 다니는데 상하지도 아니하였고 그 넷째의 모양은 신들의 아들과 같도다 하고(단 3:25).

분명 세 사람을 풀무 불에 던졌는데, 지금 그 안에는 네 사람이 있습니다. 그리고 그 넷째 사람은, 사람인 것 같으나 사람이 아닌 존재였습니다. 왕의 눈에 그 존재는 '신과 같아' 보였습니다. 다니엘의 세 친구는 그 불 속에서 인간의 몸을 입은 하나님, 이후 예수로 이 땅에 오실 성자 하나님과 함께 있었습니다.

다니엘서에 나오는 예수께서는 둘째, 불 가운데 함께하시는 분입니다. 그분은 불 밖의 안전한 곳에서 우리를 향해 손 내미는 분이 아니라, 불 가운데 들어오셔서 우리와 함께 거하시며 우리가 그 불을 이기게 하시는 분입니다. 그분은 안전한 하늘 보좌를 버리셨습니다. 그분은 먼 데서 우리를 보시며 한번 잘 싸워 보라고 응원만 하시지 않습니다. 그분은 고통받는 당신의 백성 가운데 들어오십니다. 그리고 불 가운데 함께 서 계시며 우리를 지키십니다.

셋째, 다니엘보다 먼저 사자 굴에 들어가신 분(단 6:22)

다니엘 6장에서는 다리오 왕이 조서를 내려 기도를 금지하는 법을 제정합니다. 당시 총리였던 다니엘은 이 소식을 알고도 예루살렘으로 향한 창문을 열고 하루에 세 번 기도했습니다. 그 결과 그는 사자 굴에 던져지는 신세가 되었습니다. 다리오는 다니엘을 아꼈기에 다니엘의 하나님께 다니엘을 보호해 달라고 간구했습니다. 다음 날 아침, 사자 굴 앞에서 다리오가 다니엘의 생사를 묻자, 다니엘이 이렇게 대답합니다.

> 나의 하나님이 이미 그의 천사를 보내어 사자들의 입을 봉하셨으므로 사자들이 나를 상해하지 못하였사오니 이는 나의 무죄함이 그 앞에 명백함이오며 또 왕이여 나는 왕에게도 해를 끼치지 아니하였나이다 하니라(단 6:22).

다니엘서에 나오는 예수께서는 셋째, 이미 사자 굴에 들어가 사자들의 입을 봉하심으로 당신의 백성이 화를 당하지 않도록 지키신 분입니다. 성도도 때로 사망의 음침한 골짜기를 지나야 할 때가 있습니다. 그런데 성도는 화를 두려워하지 않습니다. 왜 그렇습니까? 주께서 이 사망의 음침한 골짜기를 자신과 함께 지나고 계심을 믿는 까닭입니다. 우리 주님은 우리보다 먼저 고난 가운데 들어가셨습니다. 예수께서는 우리가 당할 고난을 미리 당하심으로 우리의 고난을 감하시는 분입니다.

넷째, 구름을 타고 오시는 '인자 같은 이'(단 7:13, 14)

다니엘 7장에서는 다니엘이 첫 번째 환상을 보게 됩니다.

> 내가 또 밤 환상 중에 보니 인자 같은 이가 하늘 구름을 타고 와서 옛적부터 항상 계신 이에게 나아가 그 앞으로 인도되매 그에게 권세와 영광과 나라를 주고 모든 백성과 나라들과 다른 언어를 말하는 모든 자들이 그를 섬기게 하였으니 그의 권세는 소멸되지 아니하는 영원한 권세요 그의 나라는 멸망하지 아니할 것이니라(단 7:13, 14).

인자는 '사람의 아들'이라는 뜻이 아닙니다. 다니엘서에 나오는 인자는 짐승같이 생긴 괴물들의 반대편에 있다는 의미입니다. 짐승의 형상을 한 무시무시한 괴물들의 반대편에서, 하나님의 백성을 위해 싸우시는 분이 '인자'입니다. 이 인자는 "옛적부터 항상 계신 이"에게 세상의 모든 권세와 영광을 받고 있습니다. 그리고 그 권세와 영광으로 멸망하지 않을 나라를 세웁니다.

"옛적부터 항상 계신 이"는 여호와 하나님입니다. 그분은 처음부터 계셨고, 한 번도 없었던 적이 없는, 항상 계신 분입니다. 그분은 온 세상 만물을 통치하고 계셨습니다. 그런데 그 여호와께 영광과 권세를 나누어 받아 이 땅에 멸망하지 아니할 나라를 세우는 또 다른 분이 계십니다. 바로 '예수'이십니다.

다니엘서에 나오는 예수께서는 넷째, 하나님께 권세와 영광과 나라를 받은 분입니다. 그분은 왕으로서 지금 모든 세상을 통치하고 계십니다. 성부 하나님의 모든 것을 다 위임받았습니다. 그분은 이제 완전한 왕이십니다. 그러므로 모든 것이 그분의 통치하에 있습니다. 우리 예수께서는 왕의 왕이요 주의 주가 되십니다.

다섯째, 하나님의 계시의 의미를 알려 주는 분(단 8:15, 16)

다니엘 8장에는 숫양과 숫염소가 싸우고, 네 개의 뿔과 작은 뿔이 등장하는 환상이 나옵니다. 환상의 의미를 도무지 알 수 없었던 다니엘은 함께 있는 천사들에게 환상의 의미를 묻습니다. 그때 한 존재가 천사 가브리엘에게 환상의 의미를 알려 주라고 명령합니다.

나 다니엘이 이 환상을 보고 그 뜻을 알고자 할 때에 사람 모양 같은 것이 내 앞에 섰고 내가 들은즉 을래강 두 언덕 사이에서 사람의 목소리가 있어 외쳐 이르되 가브리엘아 이 환상을 이 사람에게 깨닫게 하라 하더니 (단 8:15, 16).

다니엘은 자신의 언어로 그분을 표현하기가 어려웠습니다. 그래서 겨우 사용한 표현이 "사람 모양 같은 것"입니다. 그분이 천사였다면 그냥 '천사'라고 불렀을 것입니다. 그런데 그분은 사람도 천사도 아니며, 천사장 가브리엘에게 명령하는 분이었습니다. 그런데 이분은 이후에도 계속 다니엘의 환상 가운데 나타나, 다니엘에게 환상의 의미를 일깨워 주십니다.

다니엘서에 나오는 예수께서는 다섯째, 하나님이 주시는 계시를 깨닫게 하시는 분입니다. 우리가 하나님의 말씀을 이해할 수 없을 때, 또 우리를 향한 그분의 뜻을 알 수 없을 때, 우리는 예수께 나아가면 됩니다. 예수께서 우리를 위해 하시는 일이 바로 우리를 일깨우는 일이기 때문입니다.

제자들은 끊임없이 예수께 물었습니다. 그러면 예수께서는 제자들에게 '하나님 나라의 비밀'을 알려 주셨습니다. 성경을 읽다가 이해가 안 될 때, 나를 향한 '하나님의 뜻'을 알기 원하지만 도무지 감을 잡을 수 없을 때, 우리는 예수께 나아가면 됩니다. 그분은 우리가 아버지의 뜻을 바르게 알기를 원하시며, 그 분야에 있어 최고의 교사이시기 때문입니다.

여섯째, 지극히 거룩한 자(단 9:24)

다니엘 9장에는 다니엘이 본 세 번째 환상, 일흔 이레에 대한 설명이 있습니다. 힘들었던 포로기 70년을 상징하는 일곱 이레가 지나갔습니다. 그런데 앞으로 더 힘든 예순 두 이레가 남아 있습니다. 그리고 마지막에 가장 힘들고 어려운 한 이레가 남아 있습니다. 다니엘을 낙심시키고 좌절시켰던 환상이었습니다. 그런데 이 고통스러운 '일흔 이레'가 지난 후, 모든 고통의 시대를 끝내러 오시는 분이 있습니다.

> 네 백성과 네 거룩한 성을 위하여 일흔 이레를 기한으로 정하였나니 허물이 그치며 죄가 끝나며 죄악이 용서되며 영원한 의가 드러나며 환상과 예언이 응하며 또 지극히 거룩한 이가 기름 부음을 받으리라(단 9:24).

일흔 이레, 하나님이 정한 기한이 지났습니다. 모든 고난과 부끄러움의 시대, 죄가 이기던 시절이 끝났습니다. 죄악을 용서받고 영원한 의가 드러났으며 여호와 하나님의 모든 말씀이 응하고 있습니다. 그때 "지극히 거룩한 이가 기름 부음"을 받습니다. 바로 우리 주 예수 그리스도이십니다.

다니엘서에 나오는 예수는 여섯째, 성령으로 충만하여 죄를 해결하시는 분입니다. 예수께서는 지극히 거룩하시기에 죄가 없는 분입니다. 예수께서는 성령으로 충만하셨습니다. 그분은 죄가 없으시기 때문에 우리의 모든 죄를 대신하여 십자가에 달려 죽으실 수 있었습니다. 그분은 성령으로 충만하셨기에 이 땅을 떠나시며 성령을 보내 주겠다고 약속하실 수 있었습니다. 죄 사함과 성령 충만, 둘 다 예수께서 사역하신 결과이며, 그분을 따르는 자에게 주시는 약속입니다.

예수께서는 우리의 '죄를 사하실 수 있는 유일한 분'입니다. 우리를 성령으로 충만하게 하셔서 성령의 인도대로 살도록 하시는 분도 예수이십니다. 지극히 거룩하신 예수, 이 예수께 우리 모든 죄를 아뢰십시오. 성령을 이 땅에 보내신 예수께, 성도로서 이 세상에서 살아갈 수 있도록 성령의 충만을 구하십시오.

일곱째, 세마포를 입은 사람(단 10:5, 6)

마지막으로 다니엘 10-12장에는 '북방 왕과 남방 왕, 그리고 최후 전쟁'이 나옵니다. 그런데 이 속에서 이 모든 예언을 정리하고, 다니엘을 향해 세상 속으로 "가라!"고 명령하시는 분이 있습니다. 그분은 '세마포 옷을 입고 순금으로 띠를 띤 분'입니다.

> 그때에 내가 눈을 들어 바라본 즉 한 사람이 세마포 옷을 입었고 허리에는 우바스 순금 띠를 띠었더라 또 그의 몸은 황옥 같고 그

의 얼굴은 번갯빛 같고 그의 눈은 횃불 같고 그의 팔과 발은 빛난 놋과 같고 그의 말소리는 무리의 소리와 같더라(단 10:5, 6).

이분은 요한계시록 1장에서 사도 요한이 본 예수와 매우 비슷한 모습으로 묘사됩니다. 구약에 나타난 성자 하나님, 예수시기 때문입니다. 그분이 입은 복장을 보십시오. 세마포 옷은 제사장을 의미하고, 금으로 된 띠는 왕을 상징합니다. 이것은 그분이 우리의 대제사장이며 동시에 우리의 왕이심을 보여 줍니다. 그분은 죄인인 우리와 거룩하신 하나님 사이의 '영원한 중보'이십니다. 그분은 지금도 말할 수 없는 탄식으로 우리를 위해 하나님께 기도하고 계십니다. 인간 제사장이 제사를 통해 거룩하신 하나님의 진노로부터 백성을 보호하듯, 예수께서도 하나님의 진노로부터 우리를 보호하십니다. 동시에 그분은 우리의 왕이십니다. 왕이면서 제사장이신 그분은 우리의 안전을 약속하시며 "세상 속으로 가라!"고 명령하십니다.

다니엘서에 나오는 예수는 일곱째, 우리의 대제사장이며 동시에 우리의 왕이십니다. 그분은 완전한 대제사장으로서 우리와 하나님 사이에 영원한 중보자가 되어 주십니다. 거기다 그분이 우리를 통치하신다고 말씀하십니다. 제사장은 하나님의 진노로부디 백성을 보호하고, 왕은 외적으로부터 그 백성을 보호합니다. 예수께서는 우리의 대제사장이며, 우리의 왕이십니다. 그래서 우리는 그분 안에 있으면 안전합니다. 여기에 소망이 있습니다. 그분이 우리를 영원토록 지키실 것입니다.

'빛나는 별'이 되기 원한다면……

지금까지 우리는 다니엘서 전체에 나타난 예수를 살펴보았습니다. 구약에 예수께서 등장하는 이야기가 많지만, 특별히 이 다니엘서에는 성자 하나님이신 예수에 대한 내용이 가득했습니다. 저는 다니엘서를 정리하면서, 예수께서 일곱 가지 모습으로 등장한다는 사실을 발견했습니다. 제가 처음부터 일곱이라는 수를 염두에 두었던 것은 아니었지만, 성경에서 일곱은 가장 중요한 숫자로서, 완전과 충만을 의미합니다. 다시 말해 그분은 '완전하신 분'입니다. 그분이면 충분합니다. 다니엘은 자기도 모르는 사이 자신이 쓴 다니엘서를 통해 온통 그분, 예수 그리스도를 드러내었던 겁니다. 수많은 에피소드가 담겨 있지만, 그 이야기들은 모두 단 한 분 '예수 그리스도'를 가리키고 있습니다.

다니엘은 자신의 삶과 기록을 통해, 하나님과 하나님 백성 사이에 늘 계셨던 '성자 하나님이신 예수'를 소개하고 있습니다. 신약 성도들에 비해 그가 아는 예수의 모습은 매우 희미하지만, 그는 자신이 만난 예수를 전하는 데 자신의 생을 사용했습니다. 다니엘은 예수를 알았기에 '지혜 있는 자'가 되었습니다. 예수를 품고 전했기에 '하늘에 있는 빛'이 되었습니다. 결국 그가 많은 사람을 돌아오게 한 자리는 예수를 만나는 자리였고, 오늘 우리도 그 별을 좇아 이렇게 예수를 만났습니다.

저는 성도인 우리가 영원히 빛나는 별이 되기를 원합니다. 다니엘이 삶 전체로 보여 주었던 이 예수, 이 세상 그 어떤 것과 비교할 수 없는 그 예수를 보여 주고 들려주는 삶을 살아가기를 바랍니다. 그래서 사람들을 이 예수께로 돌아오게 하는 데 한국 교회가, 성도 각자가 쓰임 받기를 축원합니다.

세상을 사는 그리스도인

초판 발행	2021년 6월 15일
초판 5쇄	2023년 1월 15일
지은이	조영민
발행인	손창남
발행처	(주)죠이북스(등록 2022. 12. 27. 제2022-000070호)
주소	02576 서울시 동대문구 왕산로19바길 33, 1층
전화	(02)925-0451(출판부)
	(02)929-3655(영업팀)
팩스	(02) 923-3016
인쇄소	시난기획
판권소유	ⓒ(주)죠이북스
ISBN	979-11-981521-4-5 03230

책값은 뒤표지에 있습니다.
잘못된 도서는 교환하여 드립니다.
이 책 내용을 허락 없이 옮겨 사용할 수 없습니다.